名人孤影

梁思成 沈从文 周有光 启功 廖静文 侯恺 杨荫浏 李元庆

汪洋 陈虻 安波 耿生廉 王昆 黄源澧 吕昕 伊文思 沙飞 徐肖冰

吴天明 吕厚民 葛存壮 黄乃 程砚秋 裘盛戎 香蚕旦 谭宗尧 袁阔成 华资筠 王爱民

左权

刘红庆 著

弓宇杰 编

山西出版传媒集团

北岳文艺出版社
BEIYUE LITERATURE & ART PUBLISHING HOUSE

图书在版编目（CIP）数据

名人孤影 / 刘红庆著；弓宇杰编. —太原： 北岳文
艺出版社， 2017.10
ISBN 978-7-5378-5326-2

Ⅰ.①大… Ⅱ.①刘… ②弓… Ⅲ.①文化—名人—访
问记—北京 Ⅳ.①K825.4

中国版本图书馆CIP数据核字（2017）第212936号

书名：名人孤影	著者：刘红庆	责任编辑：关志英
	编者：弓宇杰	书籍设计：张永文

出版发行　山西出版传媒集团·北岳文艺出版社
地　　址　山西省太原市并州南路57号
邮　　编　030012
电　　话　0351-5628696（发行部）
　　　　　0351-5628688（总编室）
传　　真　0351-5628680
网　　址　http://www.bywy.com
E－mail　bywycbs@163.com
经 销 商　新华书店
印刷装订　山西人民印刷有限责任公司

开　　本　710mm×1010mm　1/16
字　　数　355千字
印　　张　24.75
版　　次　2017年10月第1版
印　　次　2017年10月山西第1次印刷
书　　号　ISBN 978-7-5378-5326-2
定　　价　88.00元

谨以此书献给姥姥周文清 姥爷赵丙辰百年诞辰

（1916—2016）

訖軆同山阿

田青書

全国政协委员、中央文史馆馆员、著名学者田青为本书题词。

谁读我爸汇聚了的精彩?

濯　缨*

　　小时候，我在学校以能坐得住闻名。因此，我爸总是带我去做采访。或许，是老要跟着去采访，所以我能坐得住?

　　作为一个媒体人，我爸的采访对象没有一个当红明星，几乎都是上了年纪的老人家。别的记者忙着报道明星花边儿的时候，我爸在忙着写一位刚去世的歌者或画家，他常打趣说："这种文章，谁愿意写啊!"

　　我想，可能是因为从小的教育方式和环境熏陶，使我很难与从不同环境中成长起来的人生发共同的话题。但是我爸却能与他们亲密无间、称兄道弟，甚至可以和比他年龄大很多的老先生辩论，和年龄相仿的女士嬉笑，和出租车司机唱歌……难道他天生是块儿媒体人的料?

　　人的一生究竟能有多少传奇呢?在我眼中，他们大多平凡。陪伴在大师徐悲鸿身边的美丽女人，在我眼中，是一位弓腰耳背的老奶奶;执掌荣宝斋多年的老经理，竟然下楼遛弯儿时买回一张假画，还给我们展示，品味半晌……更有闹革命出身的皇甫爷爷，因为怕忘记，吃饭时突然想起一事，站起来就回卧室写日记……

　　英雄与美人不可见白头，大概就是这么一回事儿吧。

　　前几天去八宝山扫墓，看着革命功臣陵园满墙逝者姓名，我爸说：

---

*濯缨，1995年生，中央美术学院壁画系学生。本书作者的女儿。

"这么多人，每个人写一本书，得有多少故事啊？"

哪个人一生的体量能值得用一篇文章或一本书承载呢？《乔布斯传》很畅销，因为读者都想从中获取成功密码。而一个在太行深处山村旷野放羊的老羊倌儿，信口唱着"墙上画虎吃不了人，砂锅和面顶不了盆"，不也是平凡人生有趣的哲思吗？

回想起来，自己参加过几次追悼会和葬礼，在这种仪式感中，我的心里几乎没有任何波动。然而，当我在被冬雪覆盖的一片空茫茫的群山中，看着奶奶的棺椁葬到真真实实的土地里的时候，我竟然止不住流泪。当送葬的乐班离去，鲜艳的花圈烧毕，没有夕阳的大山，天空是由浅蓝到暖黄色的渐变。乘车离开墓地之后，再回头望去，群山苍茫寂寥，顿时想，奶奶的天堂真是干净……

大概年少时都会有"留取丹心照汗青"的憧憬，慢慢长大才知道："回首萧瑟处，一蓑烟雨任平生"……

年轻时总难免迷茫，中年又患得患失。小说《你一生的故事》里，主人公提前预知了自己的一生，却不得不在悲哀中过着已知的一切。

记得那天和我爸在床上躺着，聊特蕾莎修女的《无论如何》，读到：

人都会同情弱者，却只追随赢家
不管怎样，还是要为一些弱者奋斗；
你耗费数年所建设的可能毁于一旦，
不管怎样，还是要建设

爸爸说："我正在努力实践。"

我爸用了二十年的时间，完成了这本《名人孤影》。这本书几乎和我同龄了。1996年，我爸在我未满一岁时做了"北漂"，也就开始了这本书的写作。不久，他把我和妈妈邀至身边，我学走路学说话，我爸老说："你刚到北京，蹒跚着和我玩捉迷藏，总是用稚嫩的声音呼叫'刘红庆，刘红庆，在哪里呀？'"

刘红庆在哪里呢？他在采访的路上或者躲起来构思他的文章。

爸爸写这些文字的时候，或供职《科技日报》《华夏时报》，或应《北京青年报》朋友的约稿而完成。他用写这本书每个字的钱，养育我成长；我的成长又反过来见证了这本书的完成。

书中的这些人，有的有交集，但更多的则并没有交集。他们生活在不同的环境中，从事着不同的工作，或创造了辉煌，或偶现小的情趣。但是爸爸的笔，让他们各自精彩的故事，交汇一处，成了一个世纪里几个值得铭记的瑰丽背影，温暖大地，也温暖我们的人生……

没有噱头，只有真诚，这样的文字还有人读吗？

或许不多，但肯定有。首先我是其中的一个，还有你！

谢谢！

丁酉　春

目 录

第三辑　水光幻影

第四辑　火样华年

梁思成：
百年，拿什么奉献给你？

选自《梁思成先生诞辰85周年纪念文集》

2002年4月20日是梁思成一百周年诞辰，五十年前他因"梁陈方案"而饱经坎坷。今天，在北京最后一段没有拆的古城墙所在地——东便门以西至崇文门三角地处，兴建一座城墙遗址公园来纪念一代宗师，我们无法兴奋，只有感慨。

4月8日在中国美术馆将展出北京明城墙遗址公园的修复方案。这个方案的设计者是北京人艺搞舞美的曾力。曾力就是曾力，但人们觉得他的名气不够大，就拿张艺谋来烘托，因为曾力曾经给张艺谋执导的太庙版《图兰朵》做设计引来如潮好评。

曾力要在残垣断壁间用透明玻璃将老城墙连接起来，历史沧桑的灰砖古墙与充满梦幻和现代感的玻璃墙相接，表达了现代人对古迹的一种尊重和追思。

曾力说，他是在用虚幻的玻璃城墙表达当年梁思成为北京城墙拆毁而心碎的记忆。"梁思成的梦想是在这个透明的地方实现的"。

"1950年梁思成关于北京规划的设想不是坐而论道，而是很有可操作性的。"曾力说，"当现在我们可以为塔利班行为愤怒的时候，为什么不建一个梁思成纪念馆，将'梁陈方案'讲给后辈们知道？"

曾力自己做了三个方案，第三个就是遗址公园方案的雏形，没有了城的形体，只有残留的城墙暗合梁思成的梦想，又是因为用的北京最后一段未拆的城墙，一下提升了方案的现实意义。

梁思成最后的温暖

梁思成在林徽因1955年病逝后一定非常伤心，不过无法放下手里的工作。

应邀帮助梁思成整理资料的林洙隔一天去梁家一次。她回忆说："大约一周后我拆开一封信，不由得笑了起来。我连忙过去向梁先生道喜。原来是一位人大代表毛遂自荐地来向梁先生求婚，还附来了这位中年妇女自己的照片。梁先生也笑了。那天我们谈到了各自生活中的问题……我们决定生活在一起。"

这是1962年的事。2001年初春，我在清华大学见到林洙的时候，她已经是白发苍苍的老人了。

1966年6月，林洙随清华大学部分师生从四清工作队撤回学校参加"文化大革命"。一进学校就有人告诉她，系里有梁思成的大字报，说他是与彭真同伙的反党分子，是反动学术权威。

学生们兴奋地反复唱着"拿起笔做刀枪，集中火力打黑帮……"每当听到这歌声，林洙都感到彻骨的寒气传遍全身。

一天林洙下班回到家，发现梁思成与林徽因为人民英雄纪念碑设计的花圈文饰草图被扯得乱七八糟。她正准备整理，梁思成说，算了吧。于是他们把这些图抱到院子里，梁思成亲自点燃火柴一页页烧掉。当最后一张图纸拿在手中的时候，梁思成凝视了良久，火光中林洙看到梁思成眼里闪动着泪花。

林洙随后烧掉了梁思成、林徽因解放前与费正清夫妇的往来信件以及解放后就北京市的规划与建筑问题给中央及北京市领导的信。但面对梁思成倾注几十年心血的文稿《营造法式注释》，林洙犹豫了。她把文稿交给家里的保姆，叮嘱："这些东西以后可以证明梁先生是没有罪的，你一定替他保存好。"保姆点点头说："我明白。"

　　红卫兵又来了，他们要梁思成林洙交出封资修的东西。林洙说，已经让前一天的红卫兵拿走了。因为她说不出拿走东西的红卫兵姓名，所以往往会招致一顿暴打。

　　为了不被革命群众歧视，林洙被打之后，依旧装出若无其事的样子去上班。

　　一天，红卫兵又开始对林洙训话了。他们说："你要考虑一下，怎样和梁思成彻底划清界限，是跟党走还是跟'反动权威'走，三天内必须做出选择。""离婚？"林洙想，"我宁可同梁先生一道被打死，也不会弃他而去！"

　　林洙在梁思成百年诞辰的时候感慨地说："我与梁思成共同生活的时间，大部分是'文化大革命'时期，那是痛苦与恐怖的十年！朋友们曾对我说：'你命好苦！'命苦？的确命不好，但是我丝毫不后悔自己的选择，并感谢上帝为我安排了这样一个角色。每当我想起梁思成在最后的岁月中所受到的屈辱与折磨时，我就更加庆幸自己能在那样的时日陪伴在他身旁，带给他以最后的一点安慰与温暖。那时我能为他做的，也就仅仅是这样的一点安慰与温暖了。"

梁思成不灭的梦想

　　记者从林洙处购得《梁思成文集》第四卷和一本纪念文集。尽管这本《梁思成文集》编辑时由于刚刚从"文革"中解放出来，人们心有余悸，选得很谨慎，但著名的"梁陈方案"赫然排在卷首。

　　在这篇题为《关于中央人民政府行政中心区位置的建议》中，梁思成、陈占祥建议：拓展北京城外西面郊区公主坟以东、月坛以西的适中地点，有计划地为政府行政工作开辟机关所必须足用的地址，定为首都的行政中心区域。《林徽因传》这样描述这一情景：他们搞出了一个北京新城的规划方案，主张以西郊三里河作为新的行政中心，把钓鱼台和附近湖泊组织成新的绿地和公园。这个方案由梁思成和陈占祥联名写成《对首都建设的建议》一文，由梁思成自费刊印，报送中央领导同志审阅。

这篇建议阐述了三个话题：第一，必须早日决定行政中心区的理由；第二，需要发展西城郊建立新中心的理由；第三，发展西郊行政区的程序，比拆改旧更经济合理。

建议说："北京为故都及历史名城，许多旧日的建筑已成为今日有纪念性的文物，它们的形体不但美丽，不允许伤毁，而且它们的位置部署上的秩序和整个文物环境，正是这座名城的壮美特点之一，也必须在保护之列，不允许随意掺杂不调和的形，加以破坏。"

《梁思成林徽因传》里也着力讲述这一时期的事情：

思成被任命为北京都市计划委员会的副主任。他曾提出了把北京改造成新中国首都的建议：

北京市应当是政治和文化中心，而不是工业中心；

必须阻止工业发展。因为它将导致交通堵塞、环境污染、人口剧增和住房短缺；

严格保护紫禁城；

在老城墙里面的建筑物要限制在两层到三层；

在城西建设一个沿南北轴向的政府行政中心。

党中央只接受了他的第三个建议，彭真市长说："毛主席希望有一个现代化的大城市，他说他希望从天安门上望去，下面是一片烟囱。"

这个消息使梁思成非常丧气。他说，保留紫禁城是不够的，城墙围起的伟大城市一定不能毁坏。他们指出，城墙顶部"十米或更宽的"空间可以变成有花圃和园艺基地的永久性公园。有双层屋顶的门楼和角楼可以建成博物馆、展览厅、小卖部和茶馆。城墙底部的护城河和二者之间的空地可以建成美丽的"绿色地带"供"广大劳动人民"划船、钓鱼和滑冰之用。

梁思成说："苏联斯莫冷斯克的城墙，周围七公里，被称为'俄罗斯的劲环'，大战中受了损害，苏联人民百般爱护地把它修复。北京的城墙无疑的也可当'中国的劲环'乃至'世界的劲环'的尊号而无愧。它是我们的国宝，也是人类的文物遗迹。我们既承继了这样珍贵的一件历史遗产，我们岂可随便把它毁掉！"

拆掉城墙和城门楼使得梁思成夫妇非常震惊。在以后的二十年中，城墙整个被毁。所有的漂亮的塔楼都被拆毁，只留下了东南角楼和南面的前门、北面的德胜门，城市的扩展甚至消除了一度享有盛名的元、明、清三代首都城墙的轮廓。

把旧城规划为文化游览区的"梁陈方案"最终未被采纳，以故宫中心发展的后果是对古都风貌的破坏。每一次，梁先生都十分伤心。在1954年前后，拆除北京城墙和牌楼的铁锤响起时，梁思成痛哭了三天三夜。

梁思成永远的疼痛

今天，当我们抱怨着北京市的发展面临着现代化与传统的尴尬时，就很容易回想起了梁思成的梦想，那是一个破碎的梦想，也是一个不灭的梦想。

当年与梁思成一同写了《关于中央人民政府行政中心区位置的建议》的陈占祥，在2001年去世了。他活了八十五岁，曾长期担任北京市建筑设计院副总建筑师、国家城市规划设计研究所总规划师，但是他作为右派将自己二十多年的时光荒废了，与他一同荒废了的是国家城市规划。

郑孝燮说：梁林两先生四十多年前提出保留北京古城墙，并改建为环城绿化带及城上公园的方案，未被采纳。其实这是个既保护又利用的两全方案。至今有不少人，包括我，认为拆城墙得不偿失。因为，一是北京古城墙以其特有的历史、艺术、科学价值闻名世界,任何国家的古城墙均不能相比。二是城市的现代化规划,特别强调区的再分区,用园林绿化带作为既隔离又连接的分区方法是比较理想的先进的一种规划手法。

分区是城市现代规划的基础,用绿化地带作为隔离空间更是现代分区的最佳选择。梁林两先生的主张一举数得。但是好事难成,遗憾难免。

半个多世纪以来,我国的城市规划工作,在取得成绩的同时,也经历过不少坎坷。"规划规划墙上挂件,不如领导一句话",城市住宅建设见缝插针。"文革"前国家城建主管部门提出的"控制大城市,发展小城市","压缩大城市地区、控制近郊区、发展卫星城"等方针原则,不但一直不能落实,反而大城市愈加膨胀。

由于种种原因,梁公关于城市规划的声音以后就不大听得到了,但梁公的思想却成了我们的文化精神遗产永远闪放光辉!

汪国瑜说:"梁先生有些有益的意见和建议未被采纳,以致造成目前北京市整体城市规划和建设的紊乱和被动,这已经受到很多中外同行和专家的非议,并为此而感到遗憾和惋惜。"

杨东平说:"城市是文化的容器。"不同的城市面貌、街道景观,是我们区别、认识不同文化最直接的途径。50年代初北京城市规划时出于保护古都文化的考虑,梁思成、陈占祥按照按功能分区的规划思想,提出在旧城之外的公主坟一带另建中央行政区的方案,遭完全否定。

50年代确立的以旧城改建、扩建为中心的思想,客观上看其实是一个"破坏性建设"的思想,这一思想一直延续至今。对二环路以内旧城的超强度开发,致使人流、物流、车流向内城过度集中,造成严重的住房压力、交通拥堵、空气污染等问题。就建筑实际效果而言,吴良镛先生总结为"好的拆了,滥的更滥,古城毁损,新建凌乱"。虽然建立功能分散的、多个城市中心的意见始终不绝,但北京仍以"铺大饼"的方式迅速扩张。许多居民需长途跋涉,到市中心工作和活动。

今日北京发展的事实已经回答了当年的争论,城市方圆约六百平方公里,是老北京城面积的十倍。而那个世界上独一无二、具有高度历史文化价值的北京明清古城，却消失了。

林洙说："当我重读梁先生关于城市规划及环境保护的著述时，他的卓识远见震撼了我的心。北京今天出现的交通拥挤、环境污染……无一不在他的预言中。我又听到了解放初期他那无可奈何的呼声：'50年后有人会后悔的！'"

读《梁思成文集》第四卷的时候，心很痛。随着4月20日的到来，中国建筑工业出版社的九卷本《梁思成全集》就要面世，各种纪念活动也将举行。北京明城墙遗址公园的修建方案和曾力的梁思成纪念馆设计方案呼之欲出。而面对梁思成，除了疼痛，还能拿什么纪念他呢？

沈从文：
十年祭

沈龙朱 供图

1988年的5月10日，沈从文平静地走完了他寂寞的一生。在北京这个令他向往过、恐惧过，但更多的日子坦然生活过的城市，他燃尽了生命的最后一点能量。其后，张兆和和他们的孩子将沈的骨灰送回他魂牵梦绕了一生的湘西，在一块粗粝中透着原始质朴的石头下面，沈先生的骨灰融入了他挚爱着的那方土地。至此，对于北京来说，沈从文这个"乡下人"也许永远不回来了，但黄永玉刻在沈先生墓地的"一个士兵不战死在沙场就要回到故乡"的话，多少抒发了沈先生的一点"倔"，一片"爱"，一丝"悲壮"。沈从文的离去是回到了他所崇尚着的自然，沈从文的回归是留在了无数为他所爱的读者心里。

当1998年的夏天正在时雨时晴的天气中渐趋炎热的时候，距二十岁的沈从文独自闯入北京的1922年已有七十六年悄然流逝，距八十六岁的沈从文独自走远的1988年，已有整整十个年头。今天，我们怀着一些感慨来说起沈从文，我们似乎少了些失去他的痛楚，多了些理解他、认识他的责任。沈从文作为20世纪中国文化的一个独特现象，会让一代代人不断地思索下去。沈从文会像他的文字常读常新一样，作为话题，他常说常新。嗟叹他的命运、推崇他的人格、钻研他的思想，让他的精神照亮我们的灵魂。

黄永玉：我家的表叔说不清

当我决定写点什么的时候，《人民日报》记者李辉首先给了我张兆和的电话。然而电话里传来非常沉静又非常青春的声音，并表示，年事已高的张先生已不很愿接受新闻媒体的采访，报纸热衷的，作为沈先生的家属不想介入。

李辉又把画家黄永玉的电话给我。黄说，如果雨天不影响我前去采访，他就在家候着。

我撑了把伞直奔通县。黄永玉把我带入他简约而阔大的画室，他一边点燃他的烟斗，一边讲起了他的表叔——沈从文。

"表叔不在了，我倒觉得更难谈。许多他活着的时候我们不曾想过的问题，现在想到了。我愈是觉出了他的深刻与博大，就愈是无法用我苍白的语言来表达。

"过去的年代里我们把臆想中的一种恩怨强调到了极端，夸大它在我们生命中的分量，要么是无限的热爱，要么是刻骨的仇恨，而这一切，在表叔的身上不存在。

"他能客观地看待自己的痛苦，对欢乐与苦难处之泰然。从容地、无声无息地、不停地发奋工作，在文化上坚持下去，从不灰心。他的深刻性要随着岁月流逝才能在另一个人的生命里呈现出来。

"据说在表叔活着的时候，国内有人跑到瑞典阻挠诺贝尔文学奖颁给沈从文。但任何对他的诋毁都扼杀不了他的光芒。他人死了，分量倒重了，这正说明了他的价值。他是期望东方文明回到自己朴素的时代的，他用一生的行动来证明他的理想。他是我们20世纪人沉重的话题，也是我们20世纪人永远的骄傲。

"表姐张兆和在《从文家书·后记》里写的话，没有人能写出比这更好的文字与意思了。我把它打成碑放在表叔的墓地，以期引发更多的人来理解他们那一代人，理解我们还不理解的沈从文。"

钱理群：提前停笔伤害了谁

劳动节跑了很远的路在燕北园见到北京大学钱理群教授时，没想到他的第一句话就说到张兆和的《从文家书·后记》。他说："我是受到很大震动的。"钱接着说：

"有一种观点认为，沈从文研究过热了，对沈的评价太高了。然而我觉得，沈从文还有很多很重要的方面没有被理解。

"写完《边城》的沈从文，到40年代一直在寻找一种自我超越。这一时期他创作的大量散文作品有一个明显的趋势，就是其浓郁的形而上的思考。如果说《边城》里通过意象来抒情发展。《看虹录》为我们留下了他这一阶段的可贵探索。1948年前他有很多写作计划，包括小说、戏剧，这表明他要向艺术的更高峰攀登。

"然而《看虹录》太超前了，它不为当时的批评家所理解。沈从文凭他独特的审美意趣苦苦撑持到1948年，终于无法按自己的意志写下去，不得不放下手中的笔，埋头到另一研究的领域里。

"沈从文是自觉地停止创作的，他不跟着走，也不反抗，他坚守自己心灵的一份纯粹与圣洁。沈从文在酝酿新的高峰时停了笔，这对他本人来说，是提前的精神死亡，对现代文学是极大的损害。如果当时能让沈从文写出他的二十部计划中的作品的话，那么整个文坛将为之改观。

"1949年以后，沈从文对他热爱过的文学仍无以释怀。从《从文家书》里可以看出，他一直在关注着中国文学的流变。在书信中他表达着他不为人们理解的那份见解。这些朴素、流畅的文字，本身就是最好的创作，同时证明，沈从文是20世纪中国知识分子精神史上一个非常独特的存在。

"我期待着《沈从文全集》的出版，我期待沈从文研究打破业已形成的相对固定的模式，以其更丰富的想象力与大胆的创造性走近沈从文，走近一个有待继续开发的独特的世界。"

凌宇：重铸民族文化品格

湖南师范大学教授凌宇因其《从边城走向世界》和《沈从文传》，成为国内沈从文研究的第一人。他从长沙来参加他的母校北京大学的百年庆典时向我谈了读沈从文作品的心得。他说："在世纪之交的今天，回过头来看沈从文的文化人格就特别具有一番意义。表现在沈从文身上的民族忧患意识、复兴民族文化、重构民族文化的历史使命感，构成了他人格中最重要的一面。

"在'民族文化重造'这一'世纪主题'的思考中，中国一大批知识分子投身其中，沈从文是其中非常重要的一个。他继承了20世纪初陈独秀、鲁迅的传统，在三四十年代继续这样一种思考，成为那个年代最引人注目的一种文化现象。

"在中国文化如何现代化的问题上，五四先驱破多于立，而沈从文更看重文化的传承，他是在中国人自己的精神领域里，呼唤新的文化人格的建立。他在批判传统的同时，又分别充分肯定了儒家积极进取的精神、道家准乎自然的生命形式、佛家人性向善的追求。从大的思路来看，沈从文所主张的是一种'新道家思想'，是对人的自然生命形态的呼唤。与其说'边城'在湘西、'湘西'在湖南，不如说它们尽在沈从文的心里。

"沈从文应该算是20世纪中国思想家中的一个，他对中国问题思考所达到的深度可以证明这一点。

"作为纯粹的知识分子，沈从文同政治、商业经济，始终保持着距离。他虽然试图向群体认同过，但他独立判断事物的理性使他完成不了这种认同，当政治运动不断袭来时，沈先生大彻大悟了，一辈子坚守自己为人为文为艺的良知，没有退让，没有出现人格分裂。他是言者，更是行者。他活下来就是要对国家、民族尽责，老老实实、不断努力，在复兴民族文化事业上求得进展。

"沈从文在20世纪的命运与遭际、光荣与屈辱，都与他对理想人格的追求连在一起。他的思想总给人以新的思考，对我们今天确立21世纪中国人文化生存方式，具有启示意义。"

李辉：艺术天才永远独立

李辉认为沈从文的出现是20世纪中国文化中的一个奇迹。沈先生没有受过正规的教育，他那纯粹的来自自然的民族文化与宗教的灵气，使他创造了那么多耐读的文字。李辉说，20世纪达到这种程度的作家是绝无仅有的。沈从文完全以一个乡下人的姿态进入由从英美归来的学问家组成的京派文人沙龙，他在这里接受了另一种文化的洗礼，使他骨子里，形成一种文化人的关怀。李辉说，沈从文一生以"独立的一分子"出现，所体现出的独立意志和独立人格，对20世纪一个中国作家来说非常难得。

李辉曾用数十万字的笔墨描述过沈从文，他说沈先生的平和，说沈先生的"不安分"。他不太追究沈先生的作品与思想，但他笔下的沈从文温和地笑着，可爱而慈祥。

这慈祥的笑容一去十年。当我再次拨通张兆和的电话，依然是那个沉静而青春的声音，她似乎说了张兆和不在的话，但随即又说张不能见我。不过这次她答应提供一些我所需要的照片。约半个钟点后，我赶到崇文门外，在沈先生的故居，我见到了沈从文定格着的笑容。

张兆和是在我推门的一刻掩门而进到另一屋里的。她想必是烦了世间的纷扰，唯愿独享一点晚年的宁静吧。沈家平和冲淡的家风，传及年轻的孙女、社会学家沈红，她始终沉静的口气，似乎让人见到了沈从文不卑不亢的精魂。

我想要的安放沈从文骨灰的湘西那块山清水秀的墓地的照片，沈红在给我准备好的几张中尤其推荐墓地环境分明的一张。她说最近她回去了一次，在墓地前植了十棵树。家里不希望在这只是一个人安息的地方营建亭台楼阁。不要太阔、太闹了，只静静地让一个老人的灵魂依附在他所生长的土壤上，像许多曾经生活过的，也像许多将要生活着的人们一样。

我最后选定的照片，环境没有了，但凸现着的是沈从文的心迹："照我思索，能理解'我'，照我思索，可认识'人'。"

附：

这个人也许永远不回来了

> 在我还很年轻的时候，
> 沈从文老了。
> 当我渐渐地老去。
> 沈从文还依然焕发着青春的光彩。

我二十岁的时候，被命运抛到太行一隅、晋冀交界处的桐峪，在那里的一所镇办中学，开始了我的黑白生涯。大概是极厌恶同事们的老朽、庸俗与无聊，便和与自己年龄相仿的学生日渐亲密了起来。记得一次是河北索堡娲皇宫的庙会，几个男孩子来约我去玩，我就默许了他们逃学，并同他们搭乘了便车南去。

一个为妻子不孕犯愁的同事请了假，来求娲皇娘娘送子给他。当他从烟雾缭绕的香炉前抬起昏花的眼，正看见我和我的小伙伴们在虔诚的人群里胡侃乱歌。不难想象，他回去向校长告了密。

在乡间学校待的时间愈久，我就愈是觉得教育对于一个人灵感与才情的扼杀。我不喜欢那些为着去拿高分数，整天把自己拴在练习册对勾上的少年。他们往往自以为智力过人，却不自觉地做了课本的奴隶。而一切真正有益于人生的，他们未必获得到。这种人即或混到大学毕业，指定了一份固定而安逸的职业给他，他也只能是所在位置上的一个符号。有他，不多余；没有他，人们也感觉不到缺失。

我喜欢那种自然造就的、个性张扬的学生。他们心里没有框框，没有尊卑，能率性而为。我要求于他们的，只有一个真，是真性情；还有一个善，是好心肠。

我带着对这样一群伙伴的眷恋离开桐峪那个我称之为"边镇"的地方。一进北师大，我就疯狂地阅读了起来，直到有一天我读到了《从文自传》，我才从书本上挪开自己的眼，回望我所生活过的那个乡间小镇的韵味。

现在我想，自己之所以在沈从文众多作品里而独为《从文自传》着迷，与我的这段乡下生活有关，与我的对于生命形式的珍爱有关。

《从文自传》结束的时候，沈从文刚到北京。二十岁的湘西青年经过十九天奔波，一下火车为高高的前门楼震了，但随即他镇定了下来，默默地在心里说："前门楼哪，我是来征服你的！"

而我读到《从文自传》的时候，岁月已过六十年。沈从文留给我一个美丽的背影悄然而去。北京有了比前门楼更高的建筑，我便无话可说。然而沈从文的独有的那份进取精神与激扬着生命情感的文字，传递着一股原初的张力，叫你放下他的书之后，不能不去做些什么，以求把有限的生命，投入到无限长河里的一件有益的事上面。

那段时间读了四川版的《沈从文选集》、花城版的《沈从文文集》、凌宇的《从边城走向世界》和《沈从文传》。其后把《沈从文别集》和金介甫的书买回家，完全成了一个沈从文的信徒。

那段时间我最神往的地方是湘西。我相信它是天底下最美的小城，最美的女子在青雾后的吊脚楼上浅吟低唱。我听说师大中文系有位吉首来的女同学，就兴致勃勃地去找她，计划着有一次结伴湘西游的经历。然而，当我找到这女子时，她约略使我失望了。人倒也结实，但没有翠翠透明。没有翠翠的湘西，多少会使人觉出些恐怖。同时似乎还有经济上的原因吧，我筹划了许久的湘西之行就成了一次未竟的夙愿，到现在便是用十年的时间，把它埋在了1988年。

那段时间我还有一个创作的冲动。我决心用沈从文一样美丽的文字，来续写美丽的《从文自传》。我不敢保证我能有别人的作品那么好，但我相信进入沈从文的世界，最好是选择他自己的方式。文字本身应该是一种美的极致。

冲动总是有过，但成绩却什么也没有。由别人写的沈从文传记在一本本地出，我也一本本地收拾在案头。但在记忆里留下显明印迹的，凌宇、金介甫之外，却很寥寥。

现在，写过《太阳下的风景》的黄永玉、沈学权威凌宇、写了《沈从文与丁玲》的李辉都采访过之后，我又在电话里结识了北京师范大学中文系的刘洪涛，他以一本《湖南乡土文学与湘楚文化》在学

沈从文1938年在昆明　　沈龙朱 供图

界获得好的口碑，他告诉我，他正为四川文艺出版社写作一本《沈从文评传》，书名也可能取《荒原上的精灵》，或谓之《荒野上的精灵》。

刘洪涛认为他的书在展示沈从文个人情感与描述沈从文创作周期两方面，较前人会有所不同。面对沈学鼻祖凌宇、沈学洋博士金介甫，年轻的刘洪涛渴望超越。

我是不是还会鼓起勇气去续写《从文自传》呢？我不知道。但知道我当年的创作冲动并与我相交十年之久的北师大出版社的李强，却一直在刺激我那旧愿复燃。一次他兴奋地拍着我的肩膀给一群他的朋友介绍说："这是我的哥儿们沈从文。"他的朋友们显然吃了一惊，李强就又眼对眼细细打量了我一番，恍然大悟继而又呈失望状，说："噢，他现在还是刘红庆。"

其实，不管我能不能写出那些美到极致的文字，沈从文都已是我生命

　　第一辑 金色思绪

中重要的组成部分。我不能想象没有沈从文的我会是什么样子。依然在乡下？在一份平庸的教职上刻板地消磨着时光？为一个模范的指标去贬损别人抬高自己？为成批地训练考试工具而消解了山里孩子们可能一生有用的灵气？

留着一份爱，以一生的时间去呵护它、完成它。这是沈从文告诉我的。他还告诉我，不要计较什么，不要附庸什么，在不同的太阳下，让自己的工作有所进展，对民族文化的建设尽"一分子"的责任。

沈从文去了，去了十年。而我每一次读他留下的文字都无限沉醉。《从文家书》有许多他六十年前的文字，每次捧读，每次落泪。我相信：在我还很年轻的时候，沈从文老了。当我渐渐地老去，沈从文还依然焕发着青春的光彩。

沈从文去了，去了十年。在他活着的时候，我没有见过他，但他像我的亲人一样，在我身边。我常常想，这个人去了，也许永远不回来了，不过，也许明天回来。

沈从文：
我成于思毁于思

1934年11月20日，沈从文苦追张兆和获得爱情后结出了第一个胜利果实——儿子出生了！这一年，沈从文三十二岁。他给儿子取名"龙朱"。2011年夏天，七十七岁的沈龙朱坐在北京城南家中接受采访时，沈从文和他的妻子已经回到湘西凤凰的泥土中，成了泥土中永远的一分子，依托着那里灵性的山，滋养着那里灵性的水。

在为数不多的与沈从文家人接触的过程中，我发现，沈家人、张家人，都平和而可亲。不争不事，克己而谦让。我从沈家人、张家人身上，看自己的不足，看时下社会令人痛心处。他们家族传承的"温和的美""自醒的美""贫寒中高贵的美"，怎么就成了越来越稀缺的东西？

2011年初夏，主持新星出版社文化版块出版事务的我的朋友老愚，约我编几本沈从文的书。我说出了我多年前的一个愿望：听沈从文的儿子来讲讲沈门往事。老愚不仅答应了，而且不断地催促我，于是有了《沈从文家事》。

听沈龙朱聊往事是一件愉快的事情。他说的故事，有的是我知道的，有的是我隐约知道的，还有更多的细节是我从来不知道的。从细节中，呈现一个更微观的沈从文，这是我和高晓岩的约定，恍惚也是命该如此的一个与沈从文的约定。关于沈从文的书已经很多，我希望这是不同的一本，是渴望了解沈从文的人都想获得的一本。也许这里没有什么思想启示与人生励志的内容，我也不能靠这样一本缺少技术含量、学术规范的书去获取博士学位文凭，但我真诚地在聆听沈从文儿子的讲述，并从中聆听沈从文的足音，聆听沈从文的心跳……

沈从文的足音和心跳都属于过去，但是，慢慢听来，又仿佛属于今天，属于未来！

"世界变了，一切失去了本来意义"

北平快要解放的时候，沈从文去了清华大学，在金岳霖家休养，梁思成家吃饭。一个对新社会抱了热情的真诚的人，看不到新体制对自己的一丁点的包容。从清华大学回到家里，沈从文自杀了两次。

第一次，沈龙朱亲自经历了。他看到消沉的父亲用手反复去触摸插销，觉得不对头："啊？是要中电的呀！"龙朱顺手把插销拔了就走了。

一两天之后，沈龙朱的舅舅张中和到家里来，沈从文一个人在家，从里面顶着门，中和着急之下破窗而入。一进屋发现：沈从文用很锋利的刀片，把手腕、脖子都割了，血到处都是。家人马上把沈从文送到了医院。沈龙朱记不清有没有缝针，但解决了伤口问题。包扎好后，沈从文就被送到北郊神经病医院——安贞医院了。

沈龙朱说：

这时候，我们认为他神经不正常了，只要自杀就认为你有神经病的倾向。没有人直接威胁你，虽然外头的政治压力肯定有，并且也确实有恐吓信，后窗还有人往里边看。但父亲总是觉得有人在监视他，有人要逼他，他自己可能就是有点问题了。事实上，我们认为没有人要他怎么样，很容易转变的事情，为什么转变不过来？我们觉得没什么了不起。

沈从文两次寻短见的时间间隔很短。那怎么没人专门看着他？沈龙朱说："没有想到他会频繁地做这些事。"

我追问："那家人没看见父亲情绪有变化？"

沈龙朱说："反正那几天一直就很低落，老是唉声叹气的。头一次之后，我们还照样去上学，妈妈也在革命大学上学。第二次之后，妈妈才停下了，不得不回来照顾爸爸了。第一次的时候大家都没在意，没察觉他的严重性。直到他割了手腕才让大家警惕起来。"

我问："爸爸自杀这件事对你触动大不大？"

沈龙朱说："那当然大了，家里头很大的一个事了。"

沈从文自杀发生在阳光即将普照大地的时候，虽然后来自杀的文人学者很多，但是在新中国即将到来的日子里自杀，这一行动多少让当时的人不能理解。他的朋友们是后来逐渐明白的。沈从文1949年5月30日写道："世界变了，一切失去了本来意义。"这是一句多么有预见性的话啊！这句话却被那时的人认为是"疯话"！

沈龙朱说："刚解放时候，大家还是高兴的。从整体来看，跟国民党统治时期不一样了。我们看到国民党特务打到北大宿舍里去，东斋西斋被打得稀巴烂。因为学生运动，他们抓学生，学生躲到中老胡同32号院教授们的宿舍里。"

沈龙朱感觉过去社会太糟糕了，能够改变一下真是太好了。沈龙朱充满热情去迎接解放，那时的年轻人差不多都一样。他们的情绪从王蒙的《青春万岁》里可以感受得到。

而沈从文是过来人，他的思考比大家更超前。但他的观点被朋友、家人视为落后。包括张兆和在内，也不能完全理解沈从文。

沈龙朱说：

我母亲也是希望这个社会变化的，这是很自然的。我父亲其实也是希望社会变化的，他并不是向往国民党，他从来就没有对那个感兴趣过。但他对所有的政治都怀疑，他对政治、对集权，对拿权了以后

　　　　第一辑　金色思绪

1958年沈从文全家　　　　　　　　　　　　　　沈龙朱 供图

干什么，整个历史、历代的变化，在政治上争权夺利是个什么东西，他大概理解的看的东西太多了。所以他认为他不能轻易表态。

父亲一个是不轻易表态，一个是他觉得照这样下去，自己做不了什么事情。我本来是写东西的，要这样的话，我就没法写了。这笔没法写了，只好放弃。

沈龙朱说："当时确实有些吓唬人的东西。因为我们家在中老胡同32号院北大宿舍，后墙外就是小胡同，而后窗是很细的木头格子，就好像现在的铁栅栏一样。夏天开窗的话，外头的声音、东西都能进来。有人就爬上窗子往里头看。而且，父亲确实也收到过恐吓信，不知道是谁写的，我都没看到过这些东西。"

沈从文精神上有很大压力，尤其是郭沫若的文章。沈龙朱说："那就是先下个定论，那等于先行划到那边去了。"

我问："虽然自己进步着，但肯定不希望看到爸爸这样。"

沈龙朱说："那当然不愿意看到。父亲的这个举动，后来叫作'自绝于人民'。当时还没有这个词，实际上就等于是。你怎么对革命是这样一个态度呢？我有这样的想法。"

有这样的想法，但是没有办法和爸爸交流。沈龙朱说：

有些东西没有办法交流。我们的交流好像都是讲革命道理。我们觉得自己还说得通，但是父亲不理解啊。我们简直就没有共同的说法。

父亲的思路，我们不太好想象。我觉得：你凭什么？这有什么了不起的？人家一个检讨就过去了，写个文章登报声明一下就完了。国民党那么大的官都没事。你既不是国民党，也没有杀过人放过火，绝对到不了那个水平啊！你连个国民党的兵都不是啊，你当的是老军阀的兵，对不对？

所以，我们对父亲的举动太难想象了。而且当年也确实有很多人关心他，老早去解放区的湖南老乡也很关心他。

"在一切作品上我的社会预言大都说中"

沈从文只能以沉默向现实学习，和家里人还比较和谐，落后归落后，他不生气，而是努力适应新的生活。但是他内心的不甘，还是留在了文字里。他说："看看十年前写的《昆明冬景》，极离奇，在一切作品上我的社会预言大都说中，而一些知识分子改造问题，弱点极其相互关系，以及在新的发展社会中的种种，我什么都想到说到过，可是自己不意却成了一个冻着了生命活泼性，发展性的知识分子。……我成于思毁于思。思索能力亦因之而毁，真是一种奇事。能够好好地来真正为人民工作多好！能够做的因头受伤而失去思索和用笔能力，根本无什么思想的，在技术上还不能毕业的……各以因缘在那里浪费纸张篇幅，能做最高宣传的笔在手上冻着，什么都无法写。这就是人生。"

1949年11月18日，沈从文在像日记一样的文字这样说：

和孩子们谈了些话。恰如一幕新式《父与子》。两人躺在床上，和我争立场，龙龙还一面哭一面说。

很可爱，初生之犊照例气盛，对事无知而有信，国家如能合理发展，必可为一好公民，替人民作许多事！

这一年，沈龙朱才十五岁。他不能理解爸爸的"落后"，力图说服爸爸。因为自己有"信"，而爸爸一定说"思"。这使得十五岁的沈龙朱很委屈，很着急，所以辩论还哭着辩论。很多年后，七十七岁的沈龙朱对我说：

初中的时候，我"左"得很。有时候我们从学校回来，在家里，几个人是要辩论的，要讨论的。但不一定每次都针对父亲，我们也发表对其他一些问题的看法。

关于父亲，我们总觉得，你看那么多人都因为写了篇文章，马上就解放了——后来才叫解放，以前不叫解放。我们和父亲这样说："写篇文章从报上登出来这件事，你怎么就那么难呢？"

我们理解很简单，拥护党，拥护社会主义，拥护毛主席，这就行了。他不说，他告诉我们说："我不懂政治"。他老是用这个词。

我们说："政治还不好懂？拥护党，拥护毛主席，拥护新的政权，这就是革命，这就已经是革命了！你就站过来，立场转过来，你就可以放开了干了。"

现在想来，当时我们的头脑非常简单。

沈从文、张兆和1982年在金鞭溪

沈龙朱 供图

社会教育和家庭教育发生冲突的时候，我们应该怎样坚持？毕竟孩子成人后要做社会人。家人，尤其是两个儿子在学校接受的教育，和沈从文脑子里固有的思想，发生了严重的冲突。两个儿子的行为，让沈从文经受着心灵上的巨大创痛。十三岁的儿子沈虎雏不理解爸爸，沈从文不主张把夫妻间的讨论说成"斗争"。

沈龙朱说："家里头怎么谈得上斗争的问题呢？但那个时候它是有这个问题，教育你的就是这样，即使在家里头也有阶级斗争的问题，也有思想斗争的问题。我们当时受的教育就是这样。"

沈龙朱说：

> 我们不光是认为爸爸很落后，并且觉得他怎么这么不争气啊！你怎么搞的呢？你看人家表个态，写个东西，或者稍微写个检讨，不就解决了吗？那没什么了不起的嘛，就那么难啊？我们对爸爸的态度理解不了。

"库藏实物等着霉烂，我自然说不上什么了"

1953年历史博物馆在东堂子胡同给沈从文分了宿舍。"文革"横祸袭来，沈从文不得不把在东堂子胡同的三间房的东边两间腾出来让给一个姓张的工人师傅使用。本来就紧张的房子为什么还要让出去呢？沈龙朱说：

> 这全是我惹的祸。我戴着帽子，摘了帽子也还是"摘帽右派"。
> "文革"开始后，红卫兵押着我回去抄家。他们押着我，大家都是骑车去的。回到家里，一边批判，一边到处搜。搜的目的，主要是想搜出点房契、地契之类的东西。实际上，这些东西家里根本就没有。

发生了这件事情以后，历史博物馆的造反派觉得：眼皮底下的"反动派"，自己不去抄家，反而让别的单位的革命派抢到了前面。于是，他们也组织起来，到沈从文家来抄家、造反。历史博物馆的造反派接连抄了六七次家。有些书信就搜走了，大量的书被封存了起来。

历史博物馆的造反派认为，像沈从文这样的"反动派"，不应该有好的待遇。这些房子应该让那些受苦的工人阶级来居住。于是，家里只好把两间连在一起的屋子腾出来。这样，就更没有地方搁放东西了。

"文化大革命"深入发展到1969年秋天，沈龙朱的母亲被下放到了湖北咸宁干校。六十七岁的沈从文在张兆和下放两个月之后，也不得不离开北京。向湖北出发前，沈从文给虎雏写了一封信。他写道：

> 你们收到这个信时，有可能我已上咸宁的车了。这是馆中昨日通知决定的。妈妈走时，还比较从容，我们可不免相当忙乱。这时正下午六点，一桌文稿，看来十分难过，虽允为好好保存，我大致已无可望有机会再来清理这一切了。比较难过，即近廿年搞的东西，等于一下完事，事实上有许多部分却是年轻人廿卅年搞不上去的。也可能以后永远不会再有人搞的。但是库藏中却还有十万八万实物等着霉烂！我自然说不上什么了。
>
> ……大致将老死新地。一切看条件去了。

不论环境怎样变化，恶劣也罢，稍好也罢，沈从文最惦记的是自己的研究工作。在各项研究中，尤其惦记《历代服饰研究》。沈龙朱回忆说：

> 到丹江口住了有半年，在这当中父亲几次要求回来整他的《服饰史》。包括给我写信，让我当面向王主任提出来他要回北京来搞研究。他亲自给王主任写信，人家不理他，就给我写信，多次让我转信，我就正正经经地交给王主任，王主任说："他那东西还没有批判呢，现在还搞什么呢？"
>
> 我知道这话对父亲会有刺激，但是我还是原话告诉他了。
>
> 他要求把东西还给他，有些他要求改，有些要求补充东西，最后没人搭理他。
>
> 在干校，他凭记忆写了一些东西，都带回来了。后来就基本没有

再丢了。

"我放弃一切个人生活得失上的打算"

想以工作的名义回北京根本没有人搭理，而沈从文颠簸几年之后，身体也明显的更坏了。不得已，他向干校请了病假回到北京，理由是回北京看病。只要不工作，不从事被批判的那些事情，回北京还是可以的。沈从文的要求在干校获得了批准。

1972年8月，张兆和退休了，从干校回到北京。但是东堂子住家实在太小了，没有办法住下。怎么办呢？作家协会给张兆和在小羊宜宾胡同安排了房子。

东堂子与小羊宜宾胡同隔着两里路。沈龙朱说："东堂子胡同出去是南小街，南小街再往南过去一个胡同扎进去，就是大羊宜宾胡同和小羊宜宾胡同。两个羊宜宾是串在一起的。"

小羊宜宾胡同是作家协会的大院。在院里，给了张兆和东房。一大间，一小间。沈龙朱说："本来这边东房也是三间，靠北面的两间有人住了。南面的一大间，小门下去一个很高的台阶，是后来加出的一个小间。"

母亲还没到北京，沈龙朱就先去刷房子、打扫。他认为自己做这些事情是行家里手。小羊宜宾住处，厨房是公用的，大家在外头一起烧饭。

沈龙朱回忆说：

> 妈妈住在离爸爸两里远的地方，这样她就每天去爸爸那里给爸爸送饭、照顾爸爸。有时候过去给爸爸打扫一下。
>
> 后来爸爸一般是晚上过来小羊宜宾吃饭。吃完，带着第二天的早饭和午饭再回东堂子胡同。爸爸晚上不在妈妈这里住，因为他晚上要工作。每天晚上提溜着一个小兜，走两里路，也等于是运动了。
>
> 爸爸那边，我就给他在门口搭了一个小棚子。因为门口有一个非常窄的小台阶，这个台阶正好放一个炉子，下雨就不行了。所以就搭

一个小棚子，这就是他的厨房。

　　妈妈回来的时候，我已经开始玩月季花了。小羊宜宾院子是一个很好的院子，我觉得妈妈回来了，让她种点花。她退休回来六十多岁了，她也喜欢花，我说让她就玩玩吧。把人家地里的月季花挪了很多到妈妈那里，好极了。

　　家庭生活的温馨不足以温暖七十二岁的沈从文。按理，一般的退休人员，这个年纪有个和睦安乐的家庭也就够了。但是，如果那样的话，也就不是沈从文了。陈徒手在《人有病，天知否》中写道："'文革'渐近尾声，1974年七十二岁的沈从文找到馆长杨振亚，谈话中流下眼泪。他希望得到最后的帮助，但没有得到满意的结果。回来后，激动之中给杨振亚写了长信……"我不知道《沈从文全集》里怎么没有这封长信。但是陈徒手的文章引用了沈从文的长信。沈从文写道：

　　因为留在馆中二十五年，几乎全部生命，都是废寝忘食的用在这样或那样常识积累上面，预备为国家各方面应用，为后来人打个较结实基础，觉得才对得起党对我的教育、信任和鼓励。我放弃一切个人生活得失上的打算，能用个不折不扣的"普通一兵"的工作态度在午门楼上做了十年说明员，就是为了这个面对全国，面对世界的唯一历史博物馆在发展中的需要，特别是早就预见到馆中少壮知识上差距越来越大，才近于独自为战的。在重重挫折中总不灰心丧气，还坚持下来。把不少工作近于一揽子包下，宁可牺牲一切，也不借故逃避责任，还肯定要坚持到底！

　　这些话在近四十年后，依旧有振聋发聩之感！说了这么多之后，沈从文最后说："……馆长，你明白这个十年，我是用一种什么心情来爱党和国家，你就理解一个七十二岁的人，和你第一次谈话中流泪的原因了！"

　　历史博物馆也做过一些努力，比如解决一下房子问题。但是这些努力都不足以解决沈从文的实际困难。1977年8月，为了住房问题，沈从文给邓颖超写了信。在信中详细阐述了周恩来是如何重视《中国古代服饰资料》，自己在不断的运动中是如何坚持下来的。我们不知道邓颖超接到这封信了没有，也不知道她此后做了点什么。几个月后，还是为住房问题，沈从文再给统战部长乌兰夫写信，说因为住房紧张正浪费着自己的生命，"对于国家来说，未免太不经济"！

在历史博物馆，可能房子问题终于无法解决，最后不得已，沈从文选择了离开。

"为墓地扩容的冲动始终存在"

1992年，沈从文去世四年后，他的骨灰回到了故乡，一半撒入沱江，一半埋在山上。十五年后，2007年5月20日，张兆和的骨灰来到了沈从文身边，两个患难一生的情侣，一个只爱过一个最好年纪的人的沈从文，永远和这个最好年纪的人在一起了。

张兆和活了九十二岁。她的骨灰回到凤凰，是孩子们送回去的。妈妈骨灰入葬的那天早上，沈龙朱早早去了墓地，借了铁锹和镐，在埋放爸爸的地儿挖了两尺左右的坑，因为安葬父亲也就那么深。他们再把妈妈的骨灰倒下去。上边砌的小石子只用土糊着。放妈妈骨灰的时候，只通知了黄家老五黄永前表哥。

沈龙朱说：

> 墓地从一开始，家里头——从妈妈那时候——定下的原则就是：比较宁静，不要弄得很花哨，而且不要影响周围老百姓正常的耕作生活。
>
> 因为那个地方的那条路，可以到后山去的，常常有牛群上上下下。我说，不要拦人家，不要挡住人家，这是人家正常生活的道路。因为山上头、山后头还有田坎，人家干活去呀。哪怕是拉了牛粪在这

儿，这也没有什么了不起的。这些都很好嘛。

实际上，这个原则县里头并不完全理解。

不完全理解，就不能完全遵守。县里认为墓地太小，不能供很多人同时瞻仰，就要扩建。扩建，就要把宝坎拆除重来，要往外延伸，道路也就势必重修。县里一定还要重新做台阶。沈家坚决反对，希望保留土坡，保持原样。可是县里还是有一次把坝子拆了想扩大了，后来也只好按原样恢复。

沈家一再声明原来提出的原则：不要东搞一块碑，西搞一块碑，不要挂很多东西，这里就是一块很普通的墓地。沈龙朱说："我们自己都不在上头刻什么东西，都没有专门写一个什么玩意儿，然后列一大堆名字在底下，我们都不想搞这样的。所以再加什么，这儿加一块，那儿加一块，不赞成！"

即使妈妈回到爸爸身边，沈龙朱也希望县里不要做任何改动，也不要刻什么东西。但是县里重新做了一个碑，田世烈草拟文字的那块碑被取代了。沈家反复强调："不管占多大地方，都不要干扰老百姓的生活，不要影响老百姓的生产劳动。"沈龙朱说：

妈妈骨灰回去，我们就把她埋在那儿，和爸爸埋在一起就完了。我们认为，什么也不用说，说他干什么呢？

我们自己回去的时候，会思念这个事，会纪念这个事，可能会送花，花上我会写上什么东西。但是没必要一定给大家都说明白，非要刻在石头上，没必要，不要那些。

沈从文给当地带来一些好处，我们绝对不反对，这是好事。生意上好了，生活上好了，有些旅游估计还开发得挺好的。但不光是因为他呀，当地原来风景确实是很好呀。

因为以不恰当的方式纪念沈从文而毁掉凤凰，太可惜了！

与沈从文故居相比，墓地改动得少。难道是因为没法卖票没人承包才保留了一些沈从文的精神的吗？沈虎雏说："不是。有人是想卖，实在不便于卖票。"倘若圈上围墙，就可以卖票了。但沈虎雏说："弄围墙绝对要受到谴责，所以这事他们没做。把墓地当赚钱的东西，这事绝对通不过。能维持现状也很不容易。总有一些人觉得这不像样，太破烂，太简陋，不够气派，总想让它用他新的一种世俗的眼光来衡量。这些人就是不明白这个墓地的人的风格。保持这个风格，保持原来的这个状态，比较妥当。是吧？他们总想画蛇添足，加这个加那个。这种冲动始终是有的，以后也会有的。"

但是沈龙朱、沈虎雏也有管不了的无奈，毕竟哥俩不能守在那儿。但他们始终坚持："不能够建围墙，不要公园化，维持它原来的这个风格。"尽管他们理解这种按捺不住的冲动充满好意，和故居拼命抬高门票价格的意图是不同的。但是好意总是会让风格改变，就令沈氏兄弟很是无奈。

沈龙朱说："真正保持原样已经不可能了。过去坡下头、口外头是一个旧的水车、碾坊，但是这块地现在盖起了三层楼，看不见河了。老百姓私下乱建，县政府也没办法。"

沈虎雏说："河道本来很幽静，两边柳树很好。结果现在沿河都抢着盖出来旅馆，三层的甚至更高的，几个月他就能赚回钱来，而且都是违章建筑。违章建筑一直逼近墓地，堵着墓地的进口，全都盖满了，而且高度把从墓地往外的视野都挡住了。去了墓地，原来的感觉也没有了。盖房子的是当地的居民。盖房速度非常快，几天房子起来了，政府去制止，制止不了。你管我，那家你怎么不管？沿河几里路都盖上了，那就难办了。"

好多去过凤凰的人对凤凰很失望，看了沈从文的书，再看凤凰，没法看了。从沈龙朱第一次回乡到今天，仅仅过去了二十年，沈龙朱说："那个地方不灵了，没有以前那个味道了。"

"边城，不是爸爸的边城；墓地，其实没有墓地"

边城不在凤凰，凤凰不是边城。沈从文写《边城》的时候，沈龙朱、沈虎雏兄弟都没出生。沈从文去世多年后，沈龙朱、沈虎雏兄弟来到了父亲笔下的边城——茶峒。茶峒在湖南省吉首市西北，在湖南、贵州、重庆交界处，也就是花垣县的茶峒镇。2005年7月，茶峒以政府更名的方式，正式成为"边城"。沈虎雏不能理解这种做法，他说："更名'边城'本身就是很可笑的做法，名字叫茶峒，很好嘛，改成边城，莫名其妙。你改这干什么？很奇怪。"

但为了改名后吸引游客，政府没有少花力气。著名的大手笔，一是投入一千万修建了"翠翠岛"，上面有民间绝技表演场和汉白玉翠翠雕像。二是修建了"中国边城百家书法园"，把六万多字的小说《边城》以书法样式刻在岩石上。沈龙朱说："花垣县曾征求我的意见，我们家里就明确表示：'不要搞'，结果还是搞了。花好多钱，请很多书法家，把《边城》整个用各种字体抄一遍。"

沈虎雏说："完全变了味了。你看了《边城》再到那儿看，根本找不到感觉，完了。弄了一个城市公园一样的东西，很丑。你去看看就知道了。去了之后，你看，跟你从文章上看到的完全不是一回事。"

旅游开发的做法，让不熟悉历史渊源的游客，很可能以为是沈从文写错了。

茶峒，这个美丽了中国，美丽了世界，以内在的精神力量感动了无数读者的著名边城，在政府发展旅游的冲动中，已经从世间消失。翠翠是沈从文有感于边城人生命的美丽而创造出来的形象，当政府把这种创造转化成俗气的景点的时候，翠翠和边城就只能在沈从文的文字里找到了。

不过，也有一种观点认为，凤凰就是边城。可是，无论怎么说，由于主持开发的行政人员不能理解沈从文，不能理解沈从文那不凡的气质，不能理解沈从文寄托在"边城"的社会理想与道德主张，以背离沈从文思想的方式开发沈从文的文学遗产，于是，我们看到的今人以大量资金和拙劣手段塑造出来的"边城"，都去沈从文的精神境界越来越远。

翠翠想：这个人也许永远不回来了，也许明天回来。

我想：这边城也许永远回不去了……

沈从文的骨灰融入了泥土，那块五彩石上只刻着："照我思索，可理解'我'；照我思索，可认识'人'。"这是沈从文自己的话。把这句话刻在石头上，是全家讨论的结果。

我问："当时有没有别的选择？考虑过写'沈从文之墓'吗？"

沈龙朱说："没有。就没有'沈从文之墓'这个词，没有这个标牌。后来县里在底下做了个说明性质的东西，说到是'沈从文之墓'。"

张兆和与龙虎兄弟选择了"照我所思"这句话，肯定了沈从文思考的一生，是否也表明了家人对沈从文的理解过程呢？沈龙朱说："对。我们后来逐渐理解了爸爸，觉得爸爸这个话很重要。他坚持：我不管人家到底认识我到什么程度，我自己该是什么样就是什么样。你别看我父亲表面软里咕叽的，但他的性格还是很倔、很犟，非常犟，软硬软硬的，软犟软犟的。有些不想做的事情，他就不做。"

沈从文说：

> 宇宙实在是个极复杂的东西，大如太空列宿，小至蚍蜉蝼蚁，一切分裂与分解，一切繁殖与死亡，一切活动与变易，俨然都各有秩序，照固定计划向一个目的进行。然而这种目的，却尚在活人思索观念边际以外，难于说明。人心复杂，似有过之无不及。然而目的却显然明白，即求生命永生。永生意义，或为生命分裂而成子嗣延续，或凭不同材料产生文学艺术。也有人仅仅从抽象产生一种境界，在这种境界中陶醉，于是得到永生快乐的。（见《沈从文全集》24卷12页）

在沈龙朱、沈虎雏身上，沈从文活着；在沈红、沈帆身上，沈从文活着；还有更多的似乎和沈从文没有血缘关系而实际上延续了沈从文艺术良知的人身上，沈从文一样活着！沈从文站在中华民族伟大思想家的行列中，用他的思考和爱，温暖昨天，温暖今天，温暖未来！成为我们民族贡献给世界的伟大财富，与人类共享！

沈从文既在凤凰，也在世界各地每一个热爱他的读者的心中，永生！

张充和：
流动了一个世纪的水

张以迪 供图

2015年6月18日早晨七点，在北京西二环住着的沈龙朱，接到九十多岁舅舅张中和的电话："四姨走了。"张中和不是亲舅舅，但是两家关系很好。舅舅是从远在美国的儿子张以林那里获得消息的。张充和在美国去世，当地时间是17日下午一点，两个小时后，网上就有朋友发了消息。因为此时北京都还在睡觉，所以这边亲人是在张充和去世三四个小时后，才接到那边电话告知的。沈龙朱说，弟弟虎雏比我知道得还早。接着，沈龙朱得到美国妹妹发来的电子邮件。本来沈龙朱今年9月要到美国参加学术活动，这几天正办签证，他渴望那时与四姨相见。没有想到四姨先走了，沈龙朱格外沉痛。

四姨和她的姐姐弟弟们一起创办过一份中国最有名的家庭刊物——《水》，刊登过的那许多家庭趣事，温暖了一个世纪中国人对于和睦家庭的记忆。前几年，这份刊物由舅舅张寰和转到沈龙朱手里继续办。虽然也刊登一些趣味文字，但这些年老人们陆续去世，《水》主要成了家庭里缅怀亲人的公共平台。尤其是去年底到现在，舅舅张寰和与二姨张允和的儿子周晓平先后去世，让八十岁的沈龙朱有"办不下去了"的感受。这不是经费问题，是那心情不舒服。

沈龙朱给美国的凌宏（大姨张元和的女儿）表妹夫妇回复电子邮件时说："得到此消息，明知四姨已堪称高寿，心情仍十分沉重。本想9月能见一面，竟成泡影！追思会请代为志哀。"他告诉记者：四姨是睡觉时平静地走的，她一辈子做了自己喜欢做的事情，应该欣慰。不过，他在电话里说这话时，记者能听出他对四姨的不舍和眷恋……

合肥四姐妹

沈龙朱的外公，即张充和的父亲叫张吉友。张充和的爷爷张华奎无子嗣，就过继了堂弟的第四个儿子张武龄。但是，这个家族中最著名的是张充和的曾祖父张树声。他是淮军领袖，担任过两广总督和直隶总督。影响力仅次于李鸿章。

在现有资料中，我整理出张充和太祖以来的传承世系：

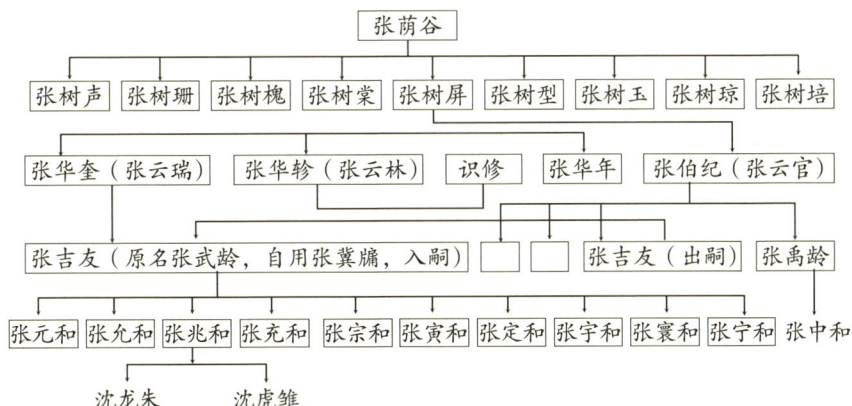

张吉友从合肥先迁到上海，再定居苏州。创办学校，提倡新式教育。在近现代苏州影响力巨大。尤其是他哺育的十个子女中的四个女儿，个个

嫁了名家。成为现代中国可以与"宋氏三姐妹"比肩的"合肥张家四姐妹"。如果说"宋氏三姐妹"在中国近现代政治舞台上扮演了重要角色的话，"张家四姐妹"在中国现代文化建设上的影响力，完全可以与前者匹敌。

合肥的家业很大，但是沈龙朱的外公张吉友把钱拿来，在苏州办了乐益女中。我2006年到苏州拜访了依旧居住在乐益女中旧地上的沈龙朱的五舅张寰和。老人告诉我："我们小时候家里挺大的。每个孩子还都有一个奶妈、一个保姆。奶妈走了以后就是保姆照顾。不吃奶的就叫'干干'。我的干干很可怜，我一岁多她就死了。后来就大姐的'干干'和大哥的'干干'都照顾过我。"

沈龙朱的外公在合肥的时候，娶了扬州盐商家的女儿陆英为妻子，那时候张吉友才十七岁。据说扬州陆英家陪来的嫁妆放满了一条街，把合肥张家府邸的几进院落的家具，都换成了紫檀的。陆英为张吉友生了十四个孩子，活下来九个。她在生第十四个孩子的时候，去世了。她临终前把所有带孩子的保姆都叫到身边，每人给了两百块大洋，愿她们把孩子们拉扯到十八岁。做完这事，陆英就去世了。果然，这些保姆，每人带一个孩子，真把孩子们带到了十八岁。沈龙朱从母亲、姨妈和舅舅们回忆保姆的文章中了解到了外公外婆的早年故事。

沈龙朱的亲外婆去世的时候才三十六岁。后来张吉友办学娶了学校的女教师韦均一。沈龙朱说："妈妈的亲妈妈，因为去世早，我没有见到。母亲的继母，在苏州我们都见过。她是乐益中学的教员，也当过校长。"这个外婆和外公又生了一个孩子，这就是沈龙朱最小的舅舅张宁和。他们姐弟名字的寓意是，所有男孩子都有宝盖头，要支撑家业；女孩子都有两条腿，意思是要走出去嫁人。

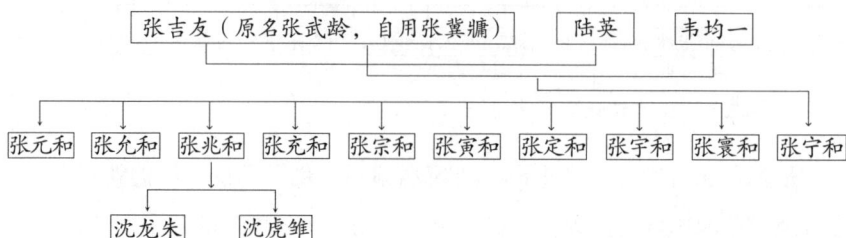

```
张吉友（原名张武龄，自用张冀牖）    陆英    韦均一
   ┌──────────────────────────────────────────┐
张元和  张允和  张兆和  张充和  张宗和  张寅和  张定和  张宇和  张寰和  张宁和
              │
          沈龙朱  沈虎雏
```

正是前面这四个女孩子，使得张家的名望在张家沉寂很多年后，依然为世人所乐道。

都嫁了名人

1936年，沈龙朱两岁，被妈妈抱着回了苏州，那时候，他肯定见过这些姨妈和舅舅。但是他还不懂事，对那次经历完全没有记忆。到了云南，他渐长，对经常来往的五舅、大舅、四姨熟悉了起来。沈龙朱说："妈妈的十个兄弟姐妹，她总要说的，当故事说的。"

因为抗战，十姐弟天各一方。"真正大团圆是1946年在上海，十个兄弟姐妹都见到了。"沈龙朱说。这也就是大家都知道的那张著名的全家福拍摄的时间。这全家福，为世人所熟知的有两张，一张是张家十姐弟，一张是十姐弟、三个女婿、三个外孙。这三个女婿分别是著名昆曲演员顾传玠、语言学家周有光、文学家沈从文。三个小孩是二姐张允和与周有光的儿子周晓平，三姐张兆和与沈从文的儿子沈龙朱、沈虎雏。沈龙朱回忆说："其实那时候已经有别的小孩了，就是没凑到一起吧。周晓平比我大半岁，是三个孩子中最大的。"

我说："不论她们四个人本身怎么样，但她们四个人都嫁的是有名的丈夫，这在文坛也成了个佳话。"沈龙朱反驳说："这是从现在的角度看，

张家四姐妹和她们的丈夫、孩子

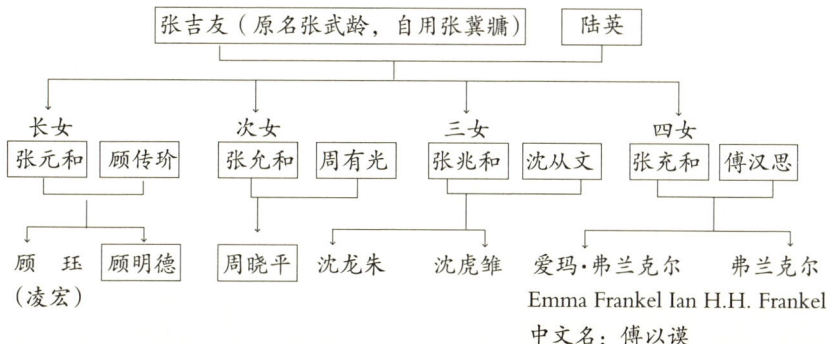

张吉友（原名张武龄，自用张冀牖）　陆英

长女　张元和　顾传玠
次女　张允和　周有光
三女　张兆和　沈从文
四女　张充和　傅汉思

顾珏（凌宏）　顾明德
周晓平
沈龙朱
沈虎雏
爱玛·弗兰克尔　弗兰克尔
Emma Frankel Ian H.H. Frankel
中文名：傅以谟

有名了。以前不见得算有名。有段时间，尤其是论出身和阶级成分的时候，不是不太理想，是很不好的!"

张家大小姐嫁的是昆曲"传字辈"里最有名的小生顾传玠，而张家二小姐张允和嫁的是语言学家周有光，张兆和嫁的是文学家沈从文。张家四小姐张充和，嫁的是美国汉学家傅汉思。张充和在美国传播优秀的中国传统文化，获得了更多的赞誉。

在昆明：四姨乱弹琴

1938年底一到云南，沈龙朱随爸爸妈妈落脚在昆明城里一个叫北门街的地方。沈龙朱记得是一个大宅子，还有很大的院子，有小小的楼房，但谈不上很讲究。在这里，住了好几家。一家是杨振声，一家是邓颖孙。沈从文一家，还有沈龙朱的四姨妈张充和。

四姨张充和在《三姐夫沈二哥》一文中说："七七事变后，我们都集聚在昆明，北门街的一个临时大家庭是值得纪念的。杨振声同他的女儿杨蔚、老三杨起，沈家二哥、三姐、九小姐岳萌、小龙、小虎，刘康甫父女。我同九小姐住一间，中隔一大帷幕。杨先生俨然家长，吃饭时座位虽无人指定，却自然有个秩序。我坐在最下首，三姐在我左手边。汪和宗总管我们的伙食饭账。在我窗前有一小路通山下，下边便是靛花巷，是中央研究院史语所所在地。时而有人由灌木丛中走上来，傅斯年、李济之、罗常培或来吃饭，或来聊天。院中养个大公鸡，是金岳霖寄养的，一到拉空袭警报时，别人都出城疏散，他却进城来抱他的大公鸡。"

后来把家搬到乡下——呈贡龙街。这里不只沈从文一家，西南联大教授中，不少人把家安在了龙街上。就在龙街，就在杨家大院、孙伏熙、杨振声、张充和都住过。四姨妈回忆说：

> 同三姐一家又同在杨家大院住前后。周末沈二哥回龙街，上课编书仍在城中。……由龙街望出去，一片平野，远接滇池，风景极美，

附近多果园，野花四季不断地开放。常有家村妇女穿着褪色桃红的袄子，滚着宽黑边，拉一道窄黑条子，点映在连天的新绿秧田中，艳丽之极。农村女孩子，小媳妇，在溪边树上拴了长长的秋千索，在水上来回荡漾。在龙街还有查阜西一家，杨荫浏一家，呈贡城内有吴文藻、冰心一家。我们自题的名胜有："白鹭林""画眉坪""马缨桥"等。（见张充和的《三姐夫沈二哥》）

张充和提到的查阜西、杨荫浏，都是顶级的音乐家。和杨荫浏在一起的曹安和，与四姨妈张充和来往多。张充和愿意和曹安和、杨荫浏等人一起吹笛子，唱昆曲，弹琴。这些曲友、琴友，到石碑村大榕树底下，露天弹古琴。小孩子们不懂，但愿意去看热闹。那里人多，沈龙朱也去了。但是，这些音乐大师们的琴声，让小龙朱很是失望。他说：

我觉得这个琴怎就这么难听啊？"咚……咚咕噜咚，哽哽哽，咚咚咚……"简直就不成个音调。而唱歌多么悦耳舒展！尤其是抗战歌曲，多顺嘴呀！

中老胡同的恋爱："四姨、傅伯伯"

北京中老胡同32号院由四个东西并列而相互串通的四合院组成。1900年，一座皇室贵族的大院，到了1946年，成为云集了这个国家最好大学里最优秀的一群教授的大杂院。1947年，是中国知识分子在大陆的最后一段自由的时光。随着1948年的到来，他们自由的日子就不多了。在这难得的最后轻松氛围里，这些多数从西南联大回来的教授们，投入了新的紧张工作中。沈龙朱说："我父亲1946年从上海直接飞到了北平，接着就上课了。我和母亲、弟弟在苏州住了一段时间，1947年回到北平才住到这里。"

沈从文家在院里很背的地方，在最西北角上，经过日本人改造，这排房子变成了贯通的窄条子。家虽是一长条，但是样样齐全。沈龙朱回忆

1946年7月，张家十姐弟于上海。前排左起：张充和、张允和、张元和、张兆和。后排左起：张宁和、张宇和、张寅和、张宗和、张定和、张寰和

张以迪 供图

说："（最东边）一个门进去就是厨房，厨房穿过去是餐厅，餐厅后面有一小间是保姆住的地方。再过去（正）门对（着）的是一个厕所，再过去一小间，再过去一小间，再过去一小间，再过去一小间，一下子四小间，是一个大通条。"

张兆和、沈龙朱、沈虎雏回到沈从文身边之后，张充和也来了。她在《三姐夫沈二哥》一文中回忆说：

1947年我们又相聚在北平。他们住中老胡同北大宿舍。我住他家甩边一间屋中。这时他家除书籍漆盒外，充满青花瓷器，又大量收集宋明旧纸。三姐觉得如此买下去，屋子将要堆满，又加战后通货膨胀，一家四口亦不充裕，劝他少买，可是似乎无法控制，见到喜欢的便不放手，及至到手后，又怕三姐埋怨，有时劝我收买，有时他买了送我。所以我还有一些旧纸和青花瓷器，是那么来的，但也丢了不少。

在那宿舍院中，还住着朱光潜先生，他最喜欢同沈二哥外出看古董，也无伤大雅的买点小东西。到了过年，沈二哥去向朱太太说："快过年，我想邀孟实陪我去逛逛古董铺。"意思是说给几个钱吧。而朱先生亦照样来向三姐邀从文陪他。这两位夫人一见面，便什么都清楚了。我也曾同他们去过。因为我一个人，身边比他们多几文，沈二哥说，四妹，你应该买这个，应该买那个。我若买去，岂不是仍然塞在他家中，因为我住的是他们的屋子。

这个时候，到北京大学来的德裔美国籍犹太人汉学家傅汉思，常常跑到中老胡同北大宿舍与这些教授们交流，其中包括沈从文家。到沈家以后，谈天、吃茶、吃饭。虽然到沈家的人很多，尤其是年轻的学生或者热心写作的人，但是沈从文对他这个外国人也格外好。沈从文既要写小说，还要在北大教课，也得款待各路来客。不过，沈从文很快发现傅汉思常常来的用意。连傅汉思自己说起来，都有点忸怩："过不久，沈从文以为我对充和比对他更感兴趣。从那以后，我到他家，他就不再多同我谈话了，马上就叫充和，让我们单独在一起。"

沈龙朱回忆说：

四姨就是在我们家恋爱的。我们住在北大的时候，我们单独为四姨开辟出一间房子。我们那一串宿舍是一间两间三间四间，接着一个厨房客厅厕所，都很小。个别的当中有出去的门，但都是封死的。家里把这一串尽头的一间给了四姨，把相连的那门堵死，她单独在那。她可以单独开门出去。

四姨当时在北大。杨振声把我们接到颐和园霁清轩度暑假，四姨也去了，傅汉思也去了，这样他们就恋爱了。回到城里，也住得近了。他们到景山去遛弯的可能性就多了。因为我们家在沙滩，出去是景山，再过去是北海，很近很近。

傅汉思的中文洋味很足，但是他能够跟你慢慢交流，跟小虎说话，跟我说话都行。小虎把他称之为"四姨傅伯伯"。傅是姓，叫"四姨父"可以，叫"傅伯伯"可以。但小虎创造性地把两个掺在一起，大家觉得非常有趣。

是在四姨和傅汉思要确定没确定关系的时候，弟弟用这个词的。而我没有使用过这个词，我稍微大一点，也好像要稍微严肃一点了。

傅汉思也记得：大的龙朱那时十三岁，是个善良、爽直的孩子，随时都准备去帮助别人。小儿子虎雏同小龙一样可爱，比哥哥小两岁，淘起气来充满了诙谐与幽默。

接触最多是四姨

沈龙朱回忆说：

从小跟四姨的接触是最多的，尤其在昆明的时候。抗日战争以前，四姨在北京待过，主要就住在我们家。在云南，她也和我们住在一起，不论在乡下还是在城里。后来，她到四川去就分开了。等抗战胜利回到苏州，便又在一起了。

回到北平，四姨又住在我们家。她就是在我们家跟傅汉思恋爱的。四姨在北京嫁人，两口子都到美国去了。再后来，有时候是傅汉思随文化代表团单独来，有时候俩人一起来。我弟弟在四川自贡的时候，傅汉思到中国访问，还专门到自贡去跟弟弟见面。而我在北京，见他的机会倒不多。当时他到北京来，我在西郊。他到爸爸妈妈那看看就走了。

2006年夏天，我在苏州采访张寰和的时候，他告诉我：

美国的四姐，现在也是一个人，家里请一个男保姆。她先生在

1946年7月上海聚会。前排左起：周晓平（张允和、周有光之子）、沈龙朱（张兆和、沈从文之长子）、沈虎雏（张兆和、沈从文之次子）；二排左起：张元和、张允和、张兆和、张充和；三排左起：顾志成（张元和丈夫，又名顾传玠）、周有光、沈从文；后排左起：张宗和、张寅和、张定和、张宇和、张寰和、张宁和

张以迪 供图

2003年过世了，很可惜的，是两次医疗事故，一次是开刀开坏了，还有一次是药给错了。他们是相信美国的医疗，实际上咱们国内的医疗要好一些的。四姐前年回来了一次，开了个书画展。

四姐算是苏州走出去的一个名人吧。她很不简单，三十多年在香港、澳门、台湾、美国的大学讲课，宣传中国书法和诗词。她有几个方面是中国的顶级水平，比如昆曲、书法、诗词。她上课能载歌载舞，没有笛子她可以自己做，自己园子里长着竹子就自己做笛子，因为在美国买不到笛子。

我没有去美国看过四姐。她年轻时候忙，讲课没有时间，现在她老了，我们去了增加她的负担。如果要去，那麻烦得很。80年代她让我们去，说去了她可以开车子带我们去玩。

说到张充和的字，国内收藏界也是狂追。沈龙朱小时候有很多时间和四姨在一起，但是手里却没有留下四姨的字。他说："那个时候不懂，包括在云南的时候都知道她写字，知道她弹琴、吹笛子，吹笛子吹得很好。家里边吹笛子一个是大舅吹得很好，一个是她，吹笛子，昆曲配笛子。在云南的时候，四姨还抚琴，真正是陶渊明那样的东西。她跟音乐研究所里的杨荫浏搞这些，杨振声可能也参与这些事，但是他自己不动手，只欣赏。"

《周有光年谱》的作者要沈龙朱写个东西，写完了，人家又提出要沈龙朱找四姨题写书名。沈龙朱说："现在打搅四姨不太合适了，因为她岁数大了。虽然在她附近我也有亲戚，表妹就住她附近，我知道四姨有些东西是准备给我们各家一家一份的，很宝贵的东西，手装的《桃花渔》的书画册。我上次就请表妹去帮我讨，不光给我讨，还给我五舅讨。希望她能够要来，想办法带回来。但她也只要了五舅的，没敢要我的。岁数大了，不合适。"

2012年，张家十个姐弟还剩下美国的四姨张充和与苏州的五舅张寰和。2014年11月21日，五舅走了。而今随着张充和去世，十姐弟没了，四个连襟只剩下周有光了。

沈龙朱手里的《水》还在，下一期刊登的是四姨的故事……

周有光：
像九如巷的水一样绵长

沈龙朱 绘

1月13日出生，1月14日去世，前一天生后一天死，看似一天的人生，周有光走了整整一百一十一年。他曾形容自己的恋爱是"流水式"的，不是"冲击式"的。他的恋爱是慢慢地，慢慢地，顺其自然。实际上，他的生命就是一股清流，一天，却长流了一百一十一年；一百一十一年，却也如一天，平和，无奇。

"人的生死，我们决定不了的"

周有光走在了春节即将来临的时候。两年前也是快春节了，他的儿子、著名气象学家、中国科学院大气物理研究所研究员周晓平因病去世。虽然讣告说周晓平活了八十二岁，但实际年龄应该是八十一岁。

人能活到八十一岁，真算是长寿了，所以，不该有什么遗憾。但是，周晓平特殊一点，因为一百零九岁的父亲还健在。晓平一走，大家怕周有光受不了。

所以，周晓平1月22日去世后，家人决定对周有光封锁消息。电视、报纸、网络都在传播周晓平去世的消息，于是，家人尽量不让这些消息进入周有光的视野。

可是，封锁消息毕竟不是长久的办法，因为周有光脑子很好使。沈龙朱曾给笔者介绍，周晓平和父亲都住在北京，但住处相隔遥远。不过，周晓平非常孝顺，每周都必定去看望父亲一次，并且父子俩共同之处很多，看法一致，很能聊在一起。即使周晓平2013年做了胃切除手术，这种父子间周周交流的惯例依旧保持着。

2015年1月初，周晓平住了医院。这是周有光知道的。但是在医院究竟怎样了？周有光能不关心吗？一次，他和家里人说起晓平的病，家人似乎感受到老爷子猜测到了周晓平去世的事，但彼此没有说透。

到2月初，也就是周晓平去世两周之后，大家觉得老瞒着不好，决定告诉老先生了。本来计划2月1日和老爷子说，但大家担心老爷子受不了，应该有急救措施。于是推迟到工作日的2月2日，请急救的医护人员守在门外。

起初有人提出要慢慢讲给老先生，其方案是从空气污染说起，讲到癌症病人多了。另有意见就说，这样绕着讲，怕老先生听不进去，走神。所以，由谁讲，谁的压力大。

笔者是在家人对周有光讲清楚周晓平去世消息的第二天到沈龙朱家拜访的。那天，沈龙朱和妻子一直在等电话，看周老先生对这"坏消息""消化"得如何。

沈龙朱作为最亲近的晚辈，前一天和弟弟沈虎雏到周有光住处寒暄，开玩笑。说着说着，其他亲戚也陆续进来几个。在一种比较轻松和热闹的气氛中，沈龙朱提及周晓平，并说："晓平已经不在了，大家不想告诉你，希望你理解。"

"我是真不知道。"周有光听到这个消息后表示，"人的生死，我们决定不了的……"

那天，大家说了会儿话，退出来，由保姆照料周有光。大家想：老先生对自己的生死看得很淡了，但是周晓平的去世，会不会造成很大的打击？他如何去消化这打击？大家释然的是，以老先生的阅历和人生经验，应该会比一般人做得好。

其实，这不是周有光第一次经历这样的打击。抗战期间，周有光和家人在四川。他的女儿周小禾，得了盲肠炎，没有合理的治疗，夭折了。周有光曾回忆说："这是一个打击。……这是最悲惨的事情。"

他们一家在成都，儿子周晓平在花园里被打来的流弹击中，肚子上穿了五个洞。好在附近的美国空军医院救了孩子一条命。那次惊心动魄的抢救，估计周有光也是一次揪心的经历。

而今，周有光在儿子去世两年后走了，走得很平静，但是关注度很高。不过，这也是他自己决定不了的。

"流水式"的恋爱，不是大风大浪的恋爱

苏州九如巷张家十姐弟，在父母教育下，个个成才。而张家四姐妹，更是很早就有了名。叶圣陶曾预言："无论是谁，娶了张家四姐妹，都会幸福一辈子的。"周有光有幸做了张家的二女婿，周有光会是最幸福的一个吗？

抗战期间，沈龙朱跟着母亲张兆和到昆明父亲沈从文身边，他回忆说："妈妈的十个兄弟姐妹，她总要说的，当故事说的。……妈妈老讲，大姨在家里是最漂亮的，长得最称头、最端庄的；二姨呢，在重庆，四川什么地方，在二姨身边，还有我一个哥哥，当时我没有见过的哥哥。然后，还有个小舅，在上海学音乐的；三舅是黄自的学生，搞作曲的；四舅，是搞农业的；五舅，后来在管学校。"

沈龙朱曾说："张家家族太大了，人太多了。……在四姐妹里头，我母亲是最腼腆、最普通的。她既没有大姨那个长相，端庄，也没有二姨那个机灵，又没有四姨那个学问，就是老底子学问。她就是老老实实上学，

可能运动比较好，打篮球这些事还比较好，又黑，晒得黑黑的，那样一个，她在里头是最不出众的。"

我说："不论她们四个人本身怎么样，但她们四个人都嫁的是有名的丈夫，这个在文坛上也成了佳话。"

沈龙朱反驳说："现在有名了。以前可不见得算有名，有段时间还不太理想，很不好。"

与大女儿张元和跟昆曲演员顾传玠的苦恋不同，与三女儿张兆和跟沈从文的"偏爱偏不爱"不同，周有光和张家二女儿张允和进行的是"流水式"的恋爱。

起初，周家和张家都住在苏州，周有光的妹妹在张允和父亲办的乐益女中读书，和张允和是同学。张允和常到周家找周有光的妹妹玩。如果是假期，张家姐弟和周家的孩子们还结伴玩耍。所以，周有光和张允和很早就熟悉。

后来他们都到上海读书了。李怀宇撰写的《周有光百岁口述》这样写道："我与张允和从认识到结婚的八年时间里，可以分三个阶段：第一个阶段，很普通的往来，主要在苏州；第二个阶段，到了上海开始交朋友，但是还不算是恋爱；第三个阶段，我在杭州民众教育学院教书，而她本来在上海读书，正好赶上浙江军阀与江苏军阀打仗，苏州到上海的交通瘫痪了，于是她就到杭州的之江大学借读。在杭州的一段时间，就是恋爱阶段。"

周有光说，他们从做朋友到恋爱到结婚，很自然，也很巧。常在一起，慢慢地自然地发展，不是像现在大风大浪"冲击式"的恋爱，而是"流水式"的恋爱。他回忆说："我和张允和谈恋爱时，社会上已经提倡自由恋爱，特别张允和的父亲完全采取自由化。可是当时恋爱不像现在，那时候和女朋友同出去，两个人还要离开一段，不能勾肩搭背，还是比较拘束。一种社会风气要改变，是慢慢地一步一步来的。"（见李怀宇撰写的《周有光百岁口述》）

对"艺人""乡下人"连襟抱有温厚的关爱

张家四姐妹，各自嫁了人。按照叶圣陶的看法，娶她们的人都幸福了，而亲戚圈里怎么看她们的婚姻呢？

张家大女儿张元和，年轻时漂亮，又是名门闺秀。那时候许多男孩子仰慕她，但不敢追求她。苏州"传字辈"艺人、昆曲名伶顾传玠离开舞台，从"有志者事竟成"中取名"顾志成"进学读书，做了张家儿子们的同学。于是，顾传玠有机会跟张元和认识了。一次义演前，久不登台的顾传玠练习时卡壳了，张元和自然提醒道："一枝红艳露凝香……"于是，两人的友谊加深了。

周有光曾在《逝者如水——周有光百年口述》中说："张元和在上海读大学，人漂亮，读书也好，是大学里的'校花'，被捧得不得了，再加上张家的地位，一般男孩子不敢问津……张元和因为喜欢昆曲，和顾传玠相识，顾传玠想追求她，但她不敢接近顾传玠，因为当时演员的地位很低。所以拖了很多年，到抗日战争的时候他们才在上海结婚。"

张元和要嫁给顾传玠，需要下多大的决心呢？她写信向妹妹张允和求援。张允和后来说："在当时的社会条件下，一个名门闺秀、大学生，和一个昆曲演员之间的悬殊地位，使他们的结合引起来自各方面的舆论，这确实给了大姐不小的精神压力。我理解她、支持她，一接到她的信就马上回信代行家长职责：'此人是不是一介之玉？如是，嫁他！'"

周有光也在晚年回忆道："我有一个非常有钱的亲戚，是上海一个银行的董事长。这位大银行家也是考古学家，自己在上海有一栋七层楼的房子，最高一层放的全是他的古董，其中最重要的就是甲骨文。我和张允和结婚后就去上海拜访老长辈，受到了他的热情接待。我早年搞经济学，在大学教书，因此他很看重我。但是，张元和与顾传玠结婚后一起去看他，他不见，搞得张元和很尴尬。这个例子说明，张元和结婚晚就是因为封建思想严重的年代看不到艺术家的价值，看不起演员。"

沈龙朱曾和笔者说："正因为这样，大姨结婚晚，比我妈妈、二姨都晚，孩子也比我们小，老大都比我们小。后来大姨就到台湾去了。"

到台湾以后，顾传玠一心一意办种植场，从事商业活动，不再登台演戏。1965年因肝炎去世时才五十五岁。张元和在演出《长生殿》时演到《埋玉》一折，内心不禁感慨："我埋的不是杨玉环，而是顾传玠这块玉呀！"

张家三女儿张兆和嫁与沈从文，后来周、沈两家都定居北京，周有光和沈从文来往多，沈从文和有留洋背景的周有光比，就是"乡下人"了。但周有光对沈从文的评价是"了不起"。

沈从文与张兆和的爱情早为读者所熟悉，遗失在苏州战火中的情书，更成了有待破解之谜。1995年张兆和为《从文家书》写的后记和大姐张元和面对顾传玠的死发出了同样的"悔意"："从文同我相处，这一生，究竟是幸福还是不幸？得不到回答。我不理解他，不完全理解他。后来逐渐有了些理解，但是，真正懂得他的为人，懂得他一生承受的重压，是在整理编选他遗稿的现在。过去不知道的，现在知道了；过去不明白的，现在明白了。他不是完人，却是个稀有的善良的人。对人无机心，爱祖国，爱人民，助人为乐，为而不有，质实素朴，对万汇百物充满感情。"

这话，是不是可以很好地诠释周有光所谓的"了不起"？

长寿之极，如"九如巷""水"样绵长

1955年，周有光调到北京工作。姐弟十人，有三家定居北京。张允和回忆说："三妹、三弟定和跟我三家。算是欢欢喜喜，常来常往过日子。"

可是到了1966年，"文化大革命"来了，全部四散而去。周有光下放到宁夏农村接受劳动改造，张允和没有一起去，因为她身子太弱，也太疲倦了，没法一起去受罪。但在北京，她要给害青光眼的周有光买眼药水寄去，也需要勇气和智慧。

在《合肥四姐妹》中有段这样的对话：

允和：同志，我爱人需要治青光眼的药，请你写个单子，批准给他开药。

同志：让他去医疗室拿不就行了？

允和：他们医疗室没有这个药。

同志：那就让他去医院拿药。

允和：医院在三十多公里外呀，而且那医院也没这药。

同志：那就叫他别用这药算了！

允和：如果他瞎了，就不能劳动，也不能改造自己了。

张允和温婉着，执着地要给周有光买到药。在那段非常岁月里，张允和在北京担惊受怕。于是，她亲手毁掉了几乎所有私人信件、文凭、日记、照片及零星创作。一个星期后大功告成，她说："我的指头好酸，全身都痛。我把珍贵的东西毁得一干二净了。"（见《合肥四姐妹》）

张兆和也下放了。沈龙朱住在集体宿舍，星期天回去看看父亲，干点活。安炉子、拆炉子、捅烟囱等，都是沈龙朱干的。张允和独自带着孙子住，沈龙朱知道二姨需要帮手，所以，二姨家捅烟囱，装、拆、包扎挂起来这些事，他都干。他回忆说："干完活，姨妈给我做一顿好吃的。还有妹妹家，因为那时候我就是一个普通工人，她们的男人都在干校什么地方，所以这些事情我就来帮着做做。"

沈龙朱和弟弟沈虎雏在父母、二姨都去世后，更愿意多陪陪二姨夫周有光。尤其是过春节等重要节日，去看望老先生，一起吃顿饭，感觉很幸福。

九如巷四个女婿，大女婿顾传玠寿命最短，只活了五十五岁。三女婿沈从文、四女婿著名汉学家傅汉斯分别活了八十六岁和八十七岁，都算高寿。

能给人带来幸福的张家四女儿，个个长寿。大女儿张元和活了九十六岁，二女儿张允和、三女儿张兆和都活了九十三岁。四女儿张充和活了一百零二岁。四个人年龄加起来，高达三百八十四岁。

八个人中，最后一个走的是周有光，活了一百一十一岁，成了八人中的长寿之极。人们给了周有光很高的评价，但是周有光大约比谁都清楚，他的文字本身是生命最好的注脚。

九如巷张家四姐妹和四连襟

	姓　　名	出生年月	主要成就	
大女儿	张元和	1907—2003	著名昆曲度曲家	96 岁
大女婿	顾传玠	1910—1965	昆曲"传字辈"名家	55 岁
二女儿	张允和	1909—2002	昆曲专家、昆曲活动家	93 岁
二女婿	周有光	1906—2017	语言学家	111 岁
三女儿	张兆和	1910—2003	北京师范大学附中、二附中教师，《人民文学》编辑	93 岁
三女婿	沈从文	1902—1988	著名文学家、文物学家	86 岁
四女儿	张充和	1913—2015	哈佛大学、耶鲁大学执教，传授书法和昆曲	102 岁
四女婿	傅汉斯 Hans Hermannt Franke	1916—2003	德裔美国籍犹太人，著名汉学家、耶鲁大学东亚语言文学系教授	87 岁

启功:
十年祭,《全集》里有智慧

李强 供图

2015年6月30日,是启功忌日。他离开我们十年了。2005年启功去世后,北京师范大学出版社"书画编辑室"改为"《启功全集》编辑室",李强是这里不变的主任。那时他想,在启功去世的最初十年里,曾经深得启功教诲的人不做点什么,那么十年后真的有可能就没人再提启功了。李强是有这种自觉的,他愿意将启功没有被社会化的东西社会化。他说:"社会化后,大家就记住了。好比私人硬盘里的东西扔到公共硬盘,扔到云硬盘里了。云硬盘大家来回拷,想彻底删除就难了。"

实际上,"启功门前牛马走"成了李强的人生理想已经很多年。他告诉笔者:"孔子比启功伟大,但是孔子的背影太遥远、太模糊,我够不着。而启功,是我身边的大儒,我怎么可以不虔诚地匍匐在他门前学习并传播他的精神呢?"

十年过去了,虽然二十卷《启功全集》已于2012年出齐,但李强依旧沉浸在启功给予他的生命温暖里，忙出版，忙画展，忙电影，忙西城区文委想做的"启功书院"。不远的未来的一天，你到北海公园游玩，在一处僻静小院里的门楣上写着"启功书院"，你走进去，坐在那里接待你的很可能就是曾经游走在启功身边的李强……

80年代中期，将启功写在宣纸上的作品，直接用糨糊贴在校园墙上

1981年，李强从西安考进北京师范大学。他的一位长辈说："哎呀，你可以见到启功了？和启功在一个学校，那是多么幸福的事啊！"一年后的1982年，李强已经成为学生中的活跃分子，在北师大八十年校庆时，启功写了几幅字，李强和同学们拿去装饰校园，他们把启功写在宣纸上的字，直接用糨糊贴到墙上。多年后他对笔者说："那时候也不知道保存，现在想想才知道可惜呀！"

1983年，李强出任《北京师范大学社团协会会刊》美术编辑，《会刊》封底有两行字：封面题字：启功；封面设计：李强。自己的名字和启功如此近地印在一起，让李强着实高兴了一阵。1984年、1985年，他给出版社设计封面，名字就经常和启功的名字并在一起。他说："现在大家'傍大款'，我从来就是'傍大师'的人。"

1985年，李强毕业留校在《师大周报》工作。这时候，有一位先生经常拿启功的作品找李强或者他的同事来拍照，这位先生是北师大校长办公室主任侯刚。

那时，随着启功影响的逐渐扩大，学校计划专门为启功设一个秘书。启功知道后否定了。他说："我耽误不起年轻人。他给我当秘书，不是把他的事情给误了？"于是，教育部、文化部要字，校长办公室主任侯刚就担当起直接与启功打交道的任务。侯刚去启功家里拿一幅字，要送给日本人，而他就想留个资料，怎么留呢？他就去《师大周报》找李强或别的同事："你们谁能给我照一下？"

李强们给侯刚照了，把底片给他，启功送出去的字就在侯刚手里有了

一份底儿。后来，校长办公室有了复印机，侯刚就用复印机留底了。李强说："复印件虽然效果差，但起码样子留了下来，相当于拓片。拓片是黑底白字，复印件是白底黑字。"

到启功更加红火的时候，已经成为北京师范大学出版社编辑的李强受出版社委派，去找启功："出版社要成立一个编辑室，为您做书，叫'启功书画编辑室'，您觉得怎么样？"

启功说："不要用我的名字。"

李强说："那就叫'书画编辑室'如何？"

启功说："行。"

书画编辑室成立了，李强做了编辑室主任。不久有位先生找到李强，要求出版他自己的书画。李强说："我们这里只做启功先生的书画。"

新世纪十年，做了两件启功不愿做的事，鬼敲脑袋了吗？

书画编辑室先将启功三十六种《坚净居丛帖》刊行了。2004年，启功九十二岁生日，李强编辑出版了《启功口述历史》《启功韵语集》《启功讲学录》《启功题画诗墨迹选》等。

有一次，李强和启功聊天，他问："为什么书法史上的大事小事，您都这么清楚？"

启功说："有些事情是我和你都了解的，比如书法史上王羲之的事情，本来就没多少，他也没什么专著。但是有没有你不知道而我知道的，有。但是没多少，我告诉你，你不是就知道了？"紧接着，启功更加坚定地说："有一些事情是你在追寻、而我也不知道的。但是，我还告诉你，这事谁都不知道！"

李强后来反复琢磨启功的话，他觉得这不是表达无知，是表达做人。世界上冒充导师的骗子太多了，启功把孔子所谓"知之为知之，不知为不知，是知也"换了一种说法。李强说："有些人攒了一堆乱七八糟的东西，成了博士生导师，就总是想教训人，总要说别人对与不对。因为见识少，所以他才会有这种自信。见识多了，就不会有这种自信了。"

2005 年，启功去世后，北京师范大学党委决定编辑《启功全集》。随即，师大出版社成立《启功全集》编辑部，主任最恰当的人选当然是李强。

"牛马走"的姿态，在启功去世后，李强保持得更加虔诚。他在侯刚、启功家人章景怀和启功学生们强有力的支持下，做了两件启功明明不愿意干的事情。

第一，编辑《启功全集》。启功健在的时候，曾有人劝他印《全集》，启功在诗里说："或劝印《全集》，答曰殊不妥。"李强在做启功不愿意做的事情，他自我解嘲曰："作家、学者亲手编辑自己的《全集》可能不妥，但您老人家走了，剩下的事情我们办，也不算是违背您的意志吧？"从四十岁做到五十岁，李强做得紧张而有乐趣。他甚至跑到汇文中学搜寻少年启功的资料，居然找到一份启功同学写的作文《启功印象记》。那时启功十九岁，在同学眼里"天资聪颖，嘴上不饶人"。

第二，搜集启功的诗。启功曾给大家讲，郑板桥编好自己的诗集后说："谁要在我死后，把别的诗编入这个集子，我就变厉鬼击其脑"。说罢，启功开玩笑说："谁要把别的诗编入我的诗集，我也变厉鬼敲他的脑袋。"启功在世，编定的诗集有三部，分别是《韵语集》《赘语集》《絮语集》。李强把三本合为一本，以《启功韵语集》出版，其中诗歌一共八百七十多首。李强说："紧接着我们编委会又搜集了他的八百多首诗，叫《集外集》。"

李强是编委会主任，他不怕启功变成厉鬼敲脑袋，因为李强在启功家里找到一本启功编好而没有出版的诗集，是启功搜集的郑板桥诗集以外的诗，叫《击脑集》。李强说："郑板桥怎么说的呀？启功你怎么做的呀？你还至于击我的脑袋吗？所以，我不怕。"

有一阵子，李强真梦到启功。他醒来盘算："启功在击我脑袋？没有吧？……"

颠沛又狼狈，启功始终待在原地没动，而动着的大队部又回来了

人常说"三十年河东，三十年河西"，也说"遇贵人犯小人"。经常把启功作为思考对象，李强认为两句俗话的哲学意味在启功身上体现得特别明显。他把启功一生划分为四个阶段，分别用"晦""吉""否""泰"来概括。

启功 1912 年出生，到 1933 年的这二十一年里，李强给出的是"晦"字。启功本来是天子贵胄，皇族。可是 1912 年旧有的体制没了。他出生时的四世同堂大户堂皇，一年后，父亲先去世了；十岁，祖爷爷去世，不到一年，爷爷去世。家里就剩母亲、姑姑和启功。孤儿寡母实在活不下去了，他祖爷爷的两位门生出两千块银圆买了一笔公债，启功家每月去领三十块钱大洋，领了八年。这第一段算家破人亡，倒霉到头了。

1933 年进辅仁大学到 1952 年，近二十年里启功顺风顺水，李强给出的是"吉"字。李强说："启功从一个一般小子成了北京少有的副教授。1952 年才四十岁，已经副教授好几年了。启功走的是家学的路，连个高中毕业证都没有，一进辅仁大学，身边都是大学问家，他压力很大，可也进步很快。环境自由，校长陈垣又特别赏识他，待他挺好。"

从 1952 年到 1978 年，这是启功人生第三阶段，李强给出的是"否（pi）"字。这二十多年里，启功从带着金丝眼镜、戴着礼帽，穿着貂皮领子大衣的民国高级知识分子，变成一个共和国大学里穿破棉袄的"臭老九"。李强说："首先是知识分子的精英意识被瓦解了，'反右'，启功被定成'右派'，'文革'拖泥带水没有好日子过。"1957 年，母亲和姑姑死了。1975 年，老伴也死了。他没有子女，这时便成了孤家寡人，绝望中的启功可能想到了死，于是写下非常有名的《自传墓志铭》："中学生，副教授。博不精，专不透。名随扬，实不够。高不成，低不就。瘫趋左，派曾右。面微圆，皮欠厚。妻已亡，并无后。丧犹新，病照旧。六十六，非不寿。八宝山，渐相凑。计平生，谥曰陋。身与名，一齐臭。"这一时期的启功实在可怜，手里头缺钱，仅仅靠眼力攒了几块砚，也索性捐出去了。

1978年到2005年，在社会上名声日隆，启功叫作"迟来的春天"，而李强给出一个"泰"字。为什么春天会降临到启功头上？李强说："启功出生时清朝结束，民国建立。到2005年去世，他几乎跨过了整个20世纪。这一个世纪里，启功是顺着中国传统文化的水流过来的，没有拐弯，没有挣扎。而更多的人'向左转'或者'向右转'，寻找新的价值去了。因为左转的势力太大了，所以坚持着的启功就很狼狈。但是，到了21世纪初，曾在20世纪左转的那些人又都转回来了。大家突然发现，启功根本就没动。说他保守可以，但他的价值没变，只是别人又回来了。"李强说得有点激动，他强调："启功的价值不是他发现了过去我们没有发现的精神和价值，而是他坚守了我们传统的精神和价值。"

体会启功的快乐，更感觉到启功是社会历史的一面镜子

李强一直觉得奇怪，早于启功出生的人全都向西方学习了，启功居然彻头彻尾守着个传统。他比老师陈垣晚生三十多年，但恨不得有一些做派比陈垣还老。不过，陈垣教启功做学问要"竭泽而渔"，倒真是帮助到了启功。这种方法就是把所有可能性举一遍，以证明没有例外。这说明启功受到现代科学影响，很有理性精神。比如关于语法，启功说：用英国人的语法套用到中国文学，不合适，这也不算了不起的学问。主谓宾定状补？启功说：唐诗里的"红远结飞楼"，这个语法结构你帮我分析分析？启功举出例外，说明那个理论不是放之四海而皆准的。

启功晚年是"无我之我"。李强说："启功1978年说要死了，结果没死。活过来后他有吃有喝有钱有美女有地位，但哪一个对他有用处？吃点冰淇淋，还要拿开水涮涮，倒进嘴里头。睡的地方，就一个破架子床。无论多么漂亮的姑娘，他还能有什么想法？而再大的官位，对他不都是虚的吗？"

所以，启功只有更加社会化——把自己贡献给社会——才有意义。于

是，李强帮着启功把琐碎的事情收拾收拾。他在启功家里搜出一张条子，上面有启功写的一首诗。这首诗如果用书法很漂亮地抄出来，就成作品了。但写完扔到一边没抄，很有可能丢失。李强把它理出来印到书上，从此这首诗就丢不了了。

做了十年，李强不但完成了目标，还超额完成了目标。他说："我坚定地认为，咱们国家或者整个社会，太缺乏对人的价值认定了。现在很流行的观点是，钱很重要，马上享受很重要。你问我'这些重要不重要？'我说'重要'。但我再问'有没有更重要的'，我的回答是'一定有'。如果十个人里头，只有两个人认为没有了，我觉得没事。五个人认为除了吃喝人生就没有意义了，而另外五个人认为还有一些其他的意义，这也算好。但是，如果十个人里九个人甚至十个人全都觉得除了吃喝人生就没有别的意义了，那么，启功就成了一面镜子。启功发现了很多我们根本没有发现的价值；启功体会了很多文化的快乐，而成天贪污很多钱的人根本没有体会……"

《启功全集》二十卷，李强认为普通读者应该先从《启功口述历史》读起。作为责任编辑，李强头一遍看完觉得自己读懂了。但是，过些年再看，又发现了曾经未发现的真谛。他说："启先生真是文章大家，说话绕了多少圈子？一抖，跟提毛笔一样，一甩，劲儿就出来了。"

启功说："叶恭绰说过，天皇贵胄的子孙，总有这样聪明绝代人物。"启功说过就完了，但李强说："这话多深呀！""聪明绝代人物"除了启功还有谁？启功说了什么藏了什么，不反复读就读不出那深意。李强说："启先生的字为什么好看？就是那种轻盈的绵柔里藏着的硬硬的骨感……"

李强说，启功是中国传统文化自觉的坚守者，坚守了一个世纪。而同时，启功还是一个在家修行的大菩萨。一般，写个牌匾都可以。但你说："给我写个'活海鲜商场'。"那不行，启功是佛教徒，不干这事……

启功：
十年祭，电影中有知己

"真事。……这是真事。……这也是真事……"

启功十年忌日前夕，笔者在北京清河永泰庄的一处普通居民楼里，由父子导演丁荫楠、丁震陪着观赏他们刚刚完成的传记电影《启功》，丁震作为编剧兼导演，不时提醒我，哪些情节是真实发生过的。

电影一开始是一节课，中年启功作为北京师范大学中文系教师，给学生们讲王勃的《送杜少府之任蜀州》。启功讲："海内存知己，天涯若比邻。人有了知己就不会寂寞……"

正在这时，外面高音喇叭大喊"文革"最新指示，同学们纷纷起身涌出室外，教室里只剩下讲台上的启功。他无可奈何地擦掉黑板上的字，粉尘飘起，堆积出片头字幕：启功。

丁震征求了我的意见，播出的是未压缩的完整版，两个多小时。但是，电影院线更希望是九十分钟的片长，这样每天的排片量可以多出一场，有利于营销。丁震不得不忍痛剪掉半个多小时。在我看片的过程中，他也不时摇摇头提醒我："这组镜头在正片中已经没有了……"

"文革"写大字报，闪回童年爷爷教画画，"文革"搬家，闪回三十年代家破人亡，"文革"买粮，闪回日占时期北平买粮……故事讲得沉静而感人。

一把墨梅折扇三开合，尽现启功人生的跌宕与起伏

丁荫楠出生在1938年，比启功晚生二十六年；丁震出生在1976年，比启功晚生六十四年。但是，对20世纪中国历史研习，使得父子俩对启功所经历的大环境不能说完全陌生。

1987年，丁荫楠以电影《孙中山》展示了"辛亥革命"历程，这次革命结束了孕育启功的那个满族人为贵的时代；1993年，丁荫楠再以电影《周恩来》呈现"文革"风雨，这是颠覆掉启功所有价值观的特殊年代；2003年，丁荫楠又以电影《邓小平》描写"改革开放"的波澜壮阔进程，这就是启功"迟来的春天"。因为伟人三部曲，丁荫楠获得了"政治家传记电影大师"称号，而他的儿子在他身边，从一个在珠影厂长大的中文系大学生，成长为痴迷电影的新生代电影人。

2005年，在政治家电影获得巨大成功后，丁荫楠转身做文化人电影，他选择了鲁迅。而儿子丁震成了助理导演。当他们父子忙着拍摄"孤独、无奈的鲁迅"时，九十三岁的启功去世了。到2012年启功百年诞辰前，他们已经全力以赴投身电影的准备，丁震写出了电影文学剧本。丁荫楠说："我为什么搞文化人？搞文化人我自由得多啊！"

丁震找到了一把墨梅折扇作为构成影片叙事的那条重要线索。折扇是古代文人的符号之一，梅花是文化品格的象征之一。童年启功在爷爷辅导下，在一把折扇上画出一枝墨梅，体现了爷爷手把手传递给他的文化种子：不计严寒，傲然开放。几年后爷爷去世家庭败落，孤儿寡母被扫地出门，少年启功从变卖掉的家当中抢回这把墨梅折扇。他迷惘了："封建的国"不在了，"民主的国"还没有建立起来……

"画扇""抢扇""丢扇""撕扇""烧扇""修扇"……如果丁震再能表现一下在战乱中墨梅折扇丢失或者在"文革"中这把珍贵的折扇被撕毁，最后在"迟来的春天"里修复这把传承了百年的扇子，那么，这部电影就像昆曲名剧《桃花扇》一样可以叫《墨梅扇》了。一把扇子承载了家

国兴亡故事，也就成了启功一生的写照。

"为什么启功那么磨难一辈子，最后走向辉煌？"丁荫楠总结说，"由于道德和文化。有文化能化解一切矛盾，豁达对待人生。他在磨难的时候没有绝望，始终在自己最美的地方，最喜欢的世界里生活。抗战时期最苦的时候，他在家里画画；把他打成'右派'了，他就去念古诗词了。他喜欢的一套东西成就了他，支撑了他的生命。'文革'结束改革开放了，重新唤起对传统文化的兴盛，他如鱼得水，一下子就辉煌起来了。"

四位知己三次下跪，不孤独的人生更懂得感恩

起初，丁震对父亲筹备的《启功》不太有把握，觉得太爷辈的启功和自己熟悉的生活距离太远。而自己才疏学浅，能拍好《启功》吗？而丁荫楠的最大体会是，每拍一个人物，都从拍摄对象身上获得很多教益。因为采访，深入到了传主的世界里去。丁荫楠便语重心长地对丁震说："即使拍不成，通过研究剧本，你学习启功为人、做事，对你都会有很大的好处。"那年，丁震三十六岁。

丁震不答应便罢，一旦答应就咬住不放，执笔完成了电影剧本的创作。

电影是以启功讲唐诗引申出"有知己便不寂寞"开始的，结束也以同样一节课画上句号。那么，我理解的电影主题便是：中国文化需要懂得它的人和环境。一个时代尊重传统、尊重文人，那么这个时代就是一个昌明的时代；反之，则是一个混乱的时代。文人命运，肯定是时代的试金石。"囚我国乱，知我世昌"——这是我观影后得到的电影主题。"我"是传统文化孤独的灵魂，囚我知我，我都像骆驼、像寒梅一样，或者低头前行，或者独自绽放。

"知己"可遇不可求。而且作为传统文人，启功"脸皮欠厚"，他根本没有主动推销自己的热情，甚至不屑去这样做。于是，对有缘碰到的"知己"，他用下跪叩头来表达满满的感激。

丁震在电影中成功描写了启功的三次下跪，一次比一次催人泪下……

第一次，画家贾曦民认为少年启功具备绘画天赋，愿意收他为徒，启功下跪。以贾曦民为代表的一群传统画家，是旧有文化体系的传承者，接棒传棒，每个生命都是文化传承的一环。启功对上面的那一环的叩拜，是尊重，是感恩！

第二次，恩师陈垣寿诞，启功画了寿桃献上后，还行下跪礼为老师祝寿。陈垣作为辅仁大学校长、北京师范大学校长，发现并重用启功，是启功一生中最重要的伯乐型"知己"。虽有"知遇之恩"，却无涌泉相报，启功下跪，情感饱满，观者不能不怅然。

电影中的启功，人艺老演员马恩然饰演

李强 供图

第三次，相濡以沫的妻子辛苦操持家务，在自己最落魄的日子里，不离不弃，生死相守，而且用真切的爱留存了启功早年作品。启功一生没能给妻子豪宅、豪车、奢侈品，甚至连起码的温饱都受到挑战。所以，给妻子下跪，是他一生愧疚的表达，也是爱的表达。配合着台词，你不能不落泪。

这三者都足以称为"知己"。但是，如果启功生命中只有这三者，他还是太孤独，因为这三者都先于启功离开了世界，启功作为文化传递者，他接过来的东西，传到哪里去？

于是，丁震把自己设计进了故事里，他糅合几个学生向启功求学的真事，组合出"雨辰"这么一个形象。"雨辰"就是"震"，以此表达生于1976年经历了唐山地震和国家震荡的一代人对传统文化摧毁时的反思。

"雨辰"在"文革"中偷撕启功书写的大字报，将之珍藏起来偷偷临摹学习。这一细节表明，即使在那样特殊的年代，传统文化的美还是不容置

丁荫楠导演父子

疑地有其接受者。这是启功能够迎来春天的文化基因所在。无论全民革命还是全民学外语学炒股，懂得文化审美的人在你不知道的地方悄悄地关注着你，这是启功获得新生的土壤。所以丁震在塑造"雨辰"时不惜笔墨，一次又一次让他出现在启功身边。从与启功"对立"到"教训"启功、封了启功的资料，到主动向启功表露心迹向启功"求学"，最后拿出自己的研究成果请老师"题签"。"雨辰"陪伴了启功的后半生，丁震用自己的语言告诉观众，这是一个高压时代的文化渐醒过程。

因为是自己这代人，丁震专门写了不完美，甚至是大缺憾。"雨辰"的女儿去给启功祝寿，把"恭"字写错了。启功耐心地一笔一画教"雨辰"的女儿写这个字，并说，"恭"的下半部，是"心"的变体，而非"水"字。因为"恭"表"敬"，是需要用"心"的。

丁震说，我用这段情节表达一个意思，就是我们这代人做事太功利了，用心不够。电影中启功给恩师祝寿是自己画的画儿，老伴蒸的寿桃；而"雨辰"给老师祝寿是超市买的礼品。启功祝寿行了下跪礼，而"雨辰"已经不再下跪了。这是我们更文明了？还是传统已经渐行渐远了？

十二次教学活动以不同方式频现银幕，"师道"最终明白呈现

"你别起霸。"丁震在拍电影的时候会对父亲这样说。

"起霸"是京剧表演程式之一，源自描写楚汉战争的《千金记》。其中"起霸"一折，表现气吞山河、不可一世的楚霸王项羽出征垓下前，整盔束甲，检查上阵前的准备情况，试验穿上铠甲后的活动能力如何。以后，武将上阵前所做的整盔、束甲等一套舞蹈动作都泛称"起霸"。

丁荫楠拍电影塑造人物，是地地道道的革命现实主义。即使不是"高大全"，也深受"高大全"影响。丁荫楠说："我的风格是大史诗、大开大合的东西。我要拍'行为世范'的话，肯定大石头拿锤子雕刻。因为我英雄主义表现得太多了。"

但是丁震不这样。他说："你老起霸，没人看。我都不喜欢！"丁震懂得现在青年人的审美：一定要接地气，一定要跟普通人对话。如果电影是心灵上的悄悄话，观众就接受。所以，电影虽然是丁荫楠总导演、丁震导演，但是总体风格是丁震的。丁荫楠说："电影是沉重的，因为导演有使命感。《启功》里面说话都带'骨头'，如同启功的字。北京电影学院的书记看完后很激动，他说，你们呈现的是'苦难中的辉煌'。在这么灰暗、苦难的生活里，有这么辉煌的启功！他觉得丁震挺厉害的。因为现在都搞娱乐片了，没人搞这个了。"

对比手法是各种艺术常用的手法，丁震在这部电影里用得比较精妙。比如，民国时期知识分子在北海公园打雪仗，自由轻松浪漫；而"文革"时期知识分子噤若寒蝉。日占时期，中国知识分子因宣传红色思想被抓，"文革"中国知识分子因为宣讲传统而被斗等等。而在大对比中，又有小对比。在北海公园雪地上漫步，年轻的启功就去做官员还是留在大学教书举棋不定。恩师陈垣说："你在大学拿的是聘书，拿聘书就是宾客；你到政府拿的是委任状，拿委任状，你就是僚属。"启功明白了这个道理，就坚持留在大学。这是启功不做官，或者传统知识分子中一大部分人不屑做官的理由。

电影还有启功与妻子两次拥抱的对比，启功在日占时期、"文革"时期两次盖章遭遇的对比，都不能不叫观者心动。但是作为职业教师，描写课堂上的启功，丁震毫不犹豫地浓墨重彩去铺陈，场景多达十二次。试想，在一个九十分钟的电影中，课堂教学画面出现十二次，如果导演没有十足的信心，该是怎样的一种重复和臃肿的场景啊？但丁震表现得游刃有余，得心应手。

呼应法拍课堂：启功前后两次讲"知己"如此，启功课堂受"政治冲击"、受"娱乐冲击"如此；对照法拍课堂：要求一律的刻板课堂与个性化教学的游走课堂；"文革"时门可罗雀的偷着办的家庭课堂，"文革"后趋之若鹜的爆发式课堂。在成熟思想指导下，丁震调动各种可能的视觉语言，把如此频繁出现的课堂讲述得清晰、温暖、合情合理，意味无穷……

"师魂养成"真不易，两次落款显滑稽，"知己"已群起

1994年，北京师范大学出版社装修了办公楼，楼前买了俩狮子，领导说："在这狮子上写俩字。"启功是出版社名誉社长，就写了八个字："师垂典则，范世群伦"。

北师大校长袁贵仁看到了，说："太好了，拿这个当校训吧!"

启功说："这个当校训，看懂的人不多，我给你重写吧。"

回去，他写了："学高人之师，身正人之范。"

这回，他又觉得太白。再加推敲之后，他跟校长说："我理了这几个字，您看怎么样?"他最后定稿写的是："学为人师、行为世范"。

自从这八个字出来后，大家感觉确实好，又精炼又容易懂，传得很远。胡锦涛在两届教师节上讲话都用了，习近平也在不同场合使用。2014年教师节，习近平到师范大学讲话，又讲了这八个字。这已经成了中国教育的标准了，因为它跟教育的根连在一起。"学和行"就是"知与行"的关系。学要达到人师的标准，行要能作为别人的榜样。当习近平一次又一次引用这八个字时，丁荫楠感觉到中央在呼唤启功所秉承的"师魂"精神，丁荫楠对笔者说："启功传承了老师的品格，再传承给他的学生，完全无私地把一生积累教授给别人。"

尽管有自己的理解，但是电影市场已经不是20世纪80年代的电影市场了。现在电影院都是二十几岁的人看，今天很难找到一个五十岁的电影观众。一次，丁荫楠和一个分管文化的官员争取经费支持。这个官员的话很

伤丁荫楠的心，人家问丁荫楠："你拍个《泰囧》还有人看，你拍个《启功》谁看啊？"

丁荫楠说："如果电影院只要《泰囧》，我宁愿放弃电影院。我是干专业的，我的电影就不在这儿演了，你也别来看。我想拍正经的东西，守住这块艺术阵地！"

为什么没有市场也要坚持？因为丁荫楠对启功和启功所代表的传统文化有敬畏心。经历了四年搏击般的努力，电影《启功》拍成了。丁荫楠说："如果传记片导演对传主没有敬畏心理，就只好去编。但我选择的都是优秀于我的人。试问，哪个导演能有启功的水平？难道你能替他想象？反正我的文化、生活、性格各方面，就想象不出比他更有意思的东西。我只有挖掘他，把他最有意思的东西表现出来。启先生在天之灵考验我们的耐心，我总觉得冥冥当中启先生看着我们，他在看我们是不是诚心诚意地做。不是对他有没有利，而是我们做事是不是有掏心窝子的态度。如果对传主没有敬畏心，做他干吗？你敬仰他，还拿他开心？把你个人的东西塞在里面，用他的嘴说你的话？"

丁震与父亲有不同，但更多的是继承。他在电影中两次表现落款问题，因为中国书画很重视落款。第一次，是少年启功，书法不成熟，他画了画，别人不叫他落款。半个世纪后，中国遍地是"启功"的字，真启功看到那样多的"假启功"，更懂得珍惜与包容，毕竟，仿造"启功"这也一种"知己"式的认可。

你家的墙上是不是也有一张"启功"？实际上，字的真假不重要，重要的是你对传统文化葆有的那份尊重。这就是丁氏电影要告诉你的。2015年教师节影片将隆重公映，希望你走进影院，做一回《启功》的"知己"，获取比我更多的感动……

廖静文：
故事随奔马而去，或者随奔马留下

如果说徐悲鸿是20世纪中国画坛一匹不羁的奔马，
那么，廖静文就是专属这匹马的厩。厩在马就在。
而今，厩没有了，但是奔马似乎没有走远。
原来，厩的温度一直让我们感受着奔马的存在……

"2015年5月4日，九十五岁的李可染夫人邹佩珠去世，5月29日九十四岁的石鲁夫人闵力生去世，6月16日晚，九十二岁的徐悲鸿夫人廖静文辞世。这几位大师遗孀都很高寿，她们活着，画坛就活着。她们走了，留下了画坛美谈，也带走了中国画坛的珍贵记忆……"侯晓明正在和山西大学美术系同班同学米家山、王燕光拍摄二十集纪录片《大师的背影》，他们获悉廖静文去世，立马到灵堂前敬献了花篮。总撰稿王燕光告诉记者："《大师的背影》不讲画画，讲画画背后的故事。我们想记录20世纪中国画坛那些最感人的瞬间。可是，老人们今天不采访，明天或许就采访不到了……"

2014年夏天，摄制组采访拍摄九十一岁的廖静文，主要请她讲述徐悲鸿发现晚辈画家的故事，给观众塑造出徐悲鸿画坛"伯乐"的形象。

王燕光说，廖静文这么大年纪了，一贯地化了妆，坐着也很端庄。她耳背，听不了说话，王燕光需要把问题写在纸上。廖静文可以看懂，然后就认真地回答。王燕光记得清楚的是徐悲鸿发现、提携傅抱石的一段往事，廖静文讲得非常生动。

大约是在1933年，徐悲鸿在南昌发现了傅抱石的才华，约好次日去傅抱石家里拜访。那时，傅抱石非常穷困，他的妻子罗时慧甚至没有一件像样的衣裳。徐悲鸿穿着白色的长衫来了，有点羞怯又觉得衣衫不够体面的罗时慧就紧急躲进大衣柜里。可是，她哪里想到，客主聊得投缘，不觉过去很久。罗时慧在柜子里待着实在难受，也顾不得衣衫问题了，悄悄地推开柜门出来，轻轻地为两位先生捧上粗茶。这时，徐悲鸿才发现家里还有一位女主人，自是一番寒暄。傅抱石和徐悲鸿有说不完的话，罗时慧看着到了饭点，就去外面买了包子和玫瑰饼，就着粗茶，算窘困着的傅家招待徐大师。

徐悲鸿边吃边夸"好吃，好吃，从来没吃过这样好的饼子"。多年后他告诉廖静文，真是为了安慰两位年轻人才这样说的。为了答谢罗时慧的款待，徐悲鸿留别时画了一幅《鸭子》送女主人。

徐悲鸿认定傅抱石是可造之才，就亲自跑去找江西省政府主席，请他公费派遣傅抱石到法国留学。可是主席说，到法国的名额已定，不好挤占。徐悲鸿就画了一幅画，据说这幅画在当时可卖五百大洋。一向对徐悲鸿画作求之不得的政府主席就安排傅抱石留学日本了，这为傅抱石日后技艺精进打下了坚实基础。有论者说："没有徐悲鸿就没有傅抱石。"

一样，蒋兆和也得到过徐悲鸿的帮助。蒋兆和留学前，白天画画，晚上就住在徐悲鸿家里。后来，徐悲鸿设法安排蒋兆和留学法国。蒋兆和回国后创作的《流民图》成了一个时代的经典。蒋兆和的儿子对王燕光说："没有徐悲鸿就没有蒋兆和。"

廖静文说，徐悲鸿不仅关心年轻人的成长，而且对主流画坛排斥的独

2008年廖静文

创性前辈艺术家给予肯定。在徐悲鸿主持北平国立艺专的时候，就请齐白石这样的画家来教书。后来徐悲鸿被排挤南下，齐白石也干不下去了。到新中国成立后，徐悲鸿主持中央美术学院工作时，力邀齐白石出山教课。那时，齐白石快九十岁了，怕讲不了课，就推辞，徐悲鸿说："你来，在学生们面前比画比画也算。"

徐悲鸿给齐白石在讲台上装了电扇，而且给的工资比他这个院长还高。

齐白石看徐悲鸿对自己这样好，就对徐悲鸿说："我老了，我要有个三长两短，我儿子你得管！"他把儿子托付给徐悲鸿，是对好朋友的最大的信赖。

没想到，1953年徐悲鸿突然去世了。廖静文怕齐老受不了，就没有说。廖静文经常去看望齐白石，齐白石每次问起徐悲鸿时，廖静文都说："忙，出国了！"一直到一年后，齐白石觉得蹊跷，亲自坐了人力车找到徐悲鸿家。可是一看，已经写着"徐悲鸿纪念馆"了，齐白石顿然明白了。他抱怨廖静文："悲鸿死了，你怎么能不告诉我？"接着问："设灵堂没有？"廖静文说："没有。"齐白石就到房间里，在徐悲鸿像前，沉默良久，然后对着遗像大声说："悲鸿，我是齐白石，我来看你，来迟了！"说着，老泪纵横……

九十一岁的廖静文把画坛掌故，耐心地讲给《大师的背影》摄制组。实际上，摄制组里的侯晓明，他的父亲侯恺是荣宝斋经理，母亲是美术编辑，他对画坛掌故并不陌生。侯晓明1951年出生，或许在母亲的襁褓中见过徐悲鸿。到"文革"时，他已经是美术专业的学生了，在荣宝斋资料馆，他见过廖静文。

荣宝斋号称"靠徐齐起家"。侯恺曾回忆说："一天，徐悲鸿先生拿来一幅《奔马》，说他的一位英国朋友看上了，非要不可，但他自己也喜欢，送出去，自己就没有了。他问我，荣宝斋能不能复制一批，他自己留个副本，其余还可由他签名出售。我一口答应下来，并且为荣宝斋获利不小。"

《奔马》，大的通过荣宝斋，小的通过邮票已经进入千万人的视野。而徐悲鸿以他奔腾向前的性格，影响了中国20世纪画坛的格局。如果说徐悲鸿本身就是一匹"奔马"的话，那么，廖静文就是那精致安逸沉静的厩。即使"奔马"走了，只要还有厩，世人便可感受到"奔马"的存在，因为厩里全都是"奔马"的故事……

二十多年前在北京师大念书时，我常常路过新街口的徐悲鸿纪念馆。等到女儿有了绘画兴趣拜侯晓明为师，侯晓明就带她去见廖静文，聆听画坛传奇。不过，女儿说："我'奶奶，奶奶'地叫，她听不到……"

女儿上了美术学院附中，徐悲鸿的塑像就屹立在校园里。一日几次走过大师塑像，年轻的学子们可以感受到一种精神的力量：徐悲鸿挺立着，基座就是廖静文了。

而今，廖静文走了，她和中国画坛的故事随着"奔马"四处散去，或者随着"奔马"精神而留在每个爱美的人心里……

这一次，这个"大师的背影"，凝固在2015年的夏夜。

侯恺：
荣宝斋掌门人，人去情在

2015 年 2 月 14 日中午 12 点 50 分，当很多异乡人奔走在回家的路上，而大街上的年轻人忙着与情人约会的时候，在北京南城万明路家中，被誉为"民间故宫掌门人"的荣宝斋老经理侯恺，安静地走完了自己九十三年的人生历程。

侯恺无疑是优秀共产党员，杰出的无产阶级文艺战士，功绩卓著的中国书画艺术传播者和经营者。他二十七岁主政濒临破产的琉璃厂南纸店——荣宝斋，为了不存私见，侯恺放弃了自己的美术创作。正由于他苦心经营，荣宝斋在短短几年时间内，成为最有价值的文化品牌。

侯恺的一生，对保护国家文化遗产，向世界传播中华优秀传统文化，做出了不可磨灭的贡献。他上中央电视台的《东方之子》，成了"新中国六十年百名优秀出版人物"之一，都不足以体现他全部。他的老朋友黄永玉感慨地说："侯恺，好人！"

山里少年的担忧："没有山，天掉下来怎么办？"

侯恺喜欢把自己的出生年份说成"民国十一年"，那是1922年。那年农历四月初六，他出生在山西和河北交界处的太行山辽县。虽然家庭贫困，但深爱着他的父亲，让他入了冬学，他"念滑嘴"背会了《百家姓》《三字经》《上论语》等蒙学读物，但是并不认识文字。因为在山里成长，所以，一次父亲和他说，到了太谷阳邑，就没有山了。"没有山了？天掉下来怎么办？"少年侯恺想："老天爷有大山给撑着，多放心啊！"

1936年，年仅十四岁的侯恺进了县城，好在县城也有山。他在华丰蛋厂打杂。第二年7月，因日本入侵，蛋厂倒闭，他只得返乡继续为地主干农活。

侯恺第一次出门远行，一口气两天走了三个省四个县，从太行山到了河北大平原。

1938年5月，辽县召开抗日总动员大会，检阅各抗日组织、团体，儿童团也是其中之一。于是各自然村胆子大一点的小孩就被集中到县城参加大会。会后，他被留在县里集训。到了年底，上级决定派人到冀西开辟我们党的报纸、书刊发行工作，但派谁去呢？

单位共有十几个人，负责人是外地来的知识分子，年岁比较大。除了一个炊事员和一个通讯员，大家都是县城上过高小的年轻人，虽都比侯恺大，但也大不了多少。他们说："东乡的大山里常有狼群虎豹出没，到冀西必经那里，危险难免。小侯是东山里长大的，对地形熟，又有与虎狼周旋的经验，他去比较合适。"当他们征求侯恺意见时，侯恺毫不含糊欣然应允。

事情定下来后，侯恺便带上通讯员和129师政治部的介绍信出发了。离开辽县县城往东，山愈来愈深，路愈来愈险，翻越一座座高山峻岭，克服无数艰难险阻，攀十八盘，登摩天岭，从山西经河南入河北，穿越大半个辽县，掠过涉县边界，到达武安办完事，转赴邢台地区，住在浆水川抗日县政府所在地。在这里，侯恺第一次看到没有高山支撑，天也高高地浮在上边，人们并不害怕它倾塌。这时候，他才不由得想，少年时的担心，是怎样的多余。

在河北，侯恺第一次在他乡过年，不过从此也再没有机会回家乡过春节了。

在左权将军殉国的"十字岭血战"中死里逃生

1941年秋，"太行鲁艺"招生，十九岁的侯恺报了名。冬天，他考入鲁艺美术系，同时任鲁艺教务干事。1942年5月，日军对太行山进行"五月大扫荡"，在左权将军殉国的那场"十字岭血战"中，侯恺死里逃生。

他曾向笔者回忆说："一条长四十华里，宽不过丈许的峡谷，人在谷底，插翅难飞。敌人堵截在前，追赶在后，飞机顺着峡谷扫射轰炸，整个峡谷几乎成了血河肉海。敌机发泄完从我们的视野里消失了，脸色铁青的罗瑞卿挂着一根木棍艰难地走了过来，与他同行的还有后勤部长杨立三等几位领导。罗瑞卿给大家鼓劲：虽然我们腹背受敌，但只要坚持到太阳落山，就有突围的希望，这左边的小山沟给我们留着生路呐！"

躲过了无数生死考验，更大的一枚重型炸弹落在侯恺左侧，火光冲天，弹片石块尘土顷刻间噼里啪啦把瘦小的侯恺淹没。他想："这下一定完了！"

"我真的死了吗？"又一枚炸弹落到右侧的峡谷，光焰刺眼，侯恺想："我可能没有死。"他侧身问写了《王贵与李香香》的李季："怎么样？"

"也许是弹片落下来烫了一家伙。"

两人禁不住都笑了起来。

这场血战，左权将军牺牲了。当年7月7日，太行军民公祭左权将军，侯恺参与了左权将军巨幅遗像的绘制。

1942年9月太行鲁艺停办，侯恺等鲁艺学员被送往延安深造。当到达晋西北120师司令部时，贺龙劝他们留在晋西北创办了"晋绥鲁艺"。一年后，"晋绥鲁艺"停办，侯恺被调往晋绥抗日救国联合会任文书科长。1944年秋，晋绥边区新民主主义教育实验学校成立，侯恺出任教务干事；其美术作品《锄头与枪杆》获"七七七文艺"乙等奖，奖金两百元。

1946年春，由著名作家孙谦主持，侯恺与杏花村汾酒厂老板的女儿杨娜结婚。1947年冬，回到太行根据地进入华北新华书店总店编辑部工作，为《大众报》美编。这期间，他与赵树理共事，并受益匪浅。1948年冬，在石家庄出任大众美术社副总经理、编辑室主任。1949年底，在妻子去世一年后，侯恺与话剧演员白燕结婚。进京后，侯恺在国家出版总署任美术科长。1950年夏，二十七岁的侯恺，出任荣宝斋党委书记、经理。

想服务大众，结果把荣宝斋搞了个一塌糊涂

初入荣宝斋，从革命根据地枪林弹雨中出来的侯恺，颇多困惑。经营生产什么？服务对象是谁？在最初的一段时间里，侯恺一筹莫展，经常一个人跑到天坛祈年殿前的石板甬道上仰天苦思。

老荣宝斋经营的是古玩字画、文房四宝，附设小作坊，木版水印生产一些诗笺之类，服务对象大抵是一些文人墨客、士大夫悠闲阶层及一部分政界人士，少数汉奸、贩毒暴发户等。这一切与侯恺从革命根据地所受教育形成的观念格格不入，他认为老荣宝斋的一套模式与新民主主义教育毫无关系。为了面向广大工农大众，他把店堂里的古玩字画换成领袖像、连环画和新画报。许多年后侯恺告诉笔者："开始时把荣宝斋搞了个一塌糊涂。"说这话时，他自嘲地笑着，笑容天真而灿烂。

在主管部门领导和文化界名流的启发下，侯恺逐渐明确了荣宝斋的发展方向。他想，荣宝斋不是杂货店，经营的不是柴米油盐酱醋茶，因此它不承担直接面对广大民众的责任与义务。荣宝斋为工农兵服务，是间接的，即通过古玩字画，展现我国劳动人民创造的悠久历史、灿烂文明，展现我国劳动人民的聪明智慧、浪漫情怀及丰富的精神世界，从而增强民族自信心、自豪感。于是，荣宝斋的办店方针明确了，侯恺说："以其业务

侯恺走了

所长，对内进行了爱国主义教育，对外增进国际文化交流。"

为了充分发掘和展示我国源远流长的绘画传统，侯恺在荣宝斋原有藏品的基础上，提出在荣宝斋内创办《中国绘画的源流与发展》大型展览这一宏大构想。他积极从民间收集历代名家名作，将国宝级文物送交故宫博物院及各地博物馆，同时将故宫和各地博物馆的多余藏品，拿回荣宝斋。他以自己的个人魅力，团结了一大批古玩鉴赏专家，确立了荣宝斋的良好信誉，赢得了故宫及各地文物部门的赞赏与支持。

故宫博物院和辽宁博物馆有一些旷世奇宝，如唐代名品《簪花仕女图》、五代《韩熙载夜宴图》、宋代的《清明上河图》，它们不仅是绘画史上的珍品，而且对研究唐宋社会风情都有非常重要的价值。但是由于它们独一无二，许多人难睹其芳容。为此，侯恺提出由荣宝斋组织画师、技工，复制这些名作，以期有更多的人更方便地看到它们。

侯恺的提议得到北京故宫和辽宁方面的允诺。他们提出，要复制、就复制两幅，荣宝斋拿走一幅，留一幅供故宫展出，而真品则收藏起来妥善存之。

荣宝斋与故宫的合作开始了，侯恺心目中的《中国绘画的源流与发展》大型展览也在一步步实现着。在这一过程中，荣宝斋聚集了各朝各代名家各派的大批杰出作品或其复制品。选其代表作采用木版水印法复制销售，木版水印这门技艺也在不断探索中，由起初只能复制盈尺小幅发展到复制丈二尺幅的大张巨幅，由纸本发展到绢印本。

在这一过程中，荣宝斋的经济效益、社会效益取得了双丰收。荣宝斋呈现出一派繁荣景象。然而，1966年荣宝斋成了"大黑店"，侯恺为工农兵服务的"间接论"方针受到无情批判，《中国绘画的源流与发展》也流产了。然而侯恺和他的同仁们为此收集、复制出的大量作品，却成了荣宝斋的"镇斋之宝"，使荣宝斋赢得了"民间故宫"的美誉。

甘做"店小二"，但从不依傍书画名家自己发财

侯恺常对人说："我一辈子就是个'店小二'。"为了能给当代书画家们提供一流的创作材料，荣宝斋取华夏山河之灵气，酝酿成品中之品，监制了纸、笔、墨，让画家用得放心。

侯恺曾三下安徽泾县，深入宣纸生产第一线调研，根据书画家的要求，对质量指标提出量化要求。他细心了解了宣纸生产的全过程，对每一道工序可能存在的问题与对纸质提高形成何种影响了如指掌，侯恺当年向国家有关部门想出了支持泾县生产宣纸的建议，许多年后侯恺再到泾县，那里的宣纸生产已成集团公司，他们说："没有荣宝斋的指导与支持，就没有泾县宣纸业的今天。"

当年侯恺了解到制作毛笔缺乏优质狼毫，是因为我国东北的黄狼皮大量出口，而制作毛笔却需要从国外进口黄狼尾巴。而每买进一条尾巴，花费是出口几条黄狼皮都赚不回的钱。于是侯恺向中央有关部门汇报了这一情况，东北方面马上做出反应，我们的黄狼皮不出口了，我们协助荣宝斋做成毛笔再卖！

1958年，傅抱石、关山月共同为人民大会堂创作《江山如此多娇》，荣宝斋承担了所有的后勤服务。傅抱石在创作中缺什么东西，总说："家

里拿去。"人们问："你的家不在北京呀？"傅说："'画家之家'，荣宝斋嘛！"

敬重画家，但是不依傍画家，自己更不会靠画家赚钱。侯恺说："我有两个原则，一是，宝剑赠英雄。画家们给我的画，我大都给了另外一些欣赏它们的人，供其参考学习。二是，没钱宁愿脱了裤子卖，也不能卖朋友们给我的赠画。"

几百件名家名作在侯恺手里像流水一样散尽。晚年，侯恺家只有一幅郭沫若的字、一幅吴作人的画、一把启功写的扇子。郭沫若的字是书法家李铎借去又送还的，吴画也是一家出版社印挂历借去送还的。侯恺说："如果他们不还，我也不会记得这事。"许多画都有去无回，侯恺说："李铎是个有良知的好人，让我晚年还能看到一点大师们曾经给我的友爱。"

运动中不曾整人，不戒烟有自己的理由

在荣宝斋工作了三十六年，侯恺赢得了上上下下的赞扬。作为一个领导干部，最为难得的是，在历次运动中，他没有整过一个人。当"反右"运动开始后，上面给的压力很大，像荣宝斋这样与传统文化打交道的单位，有不少传统文化的痴迷者，其家庭背景也各不相同。"右派"有人数要求，侯恺却一个也提交不出来。上级领导指责侯恺："别人打老虎，你连个苍蝇也打不了！"

侯恺一瞪眼："荣宝斋生意我最清楚，你们说我打不了，你们去当经理，这经理我不干了！要打先打我！"

不少怀疑自己可能有各种问题的人，在侯恺的保护下，躲过人生劫难。不过，话虽说得痛快，面对上面左右摇摆的瞎指挥，侯恺也非常犯难。他经常独自到天坛公园坐在那里苦思冥想。所以，那里被荣宝斋人亲切地称为："侯恺发愁处"！

侯恺一生爱抽烟、爱喝酒。很多时候有人劝他戒烟，说："抽烟不利于健康！"侯恺不屑地反问道："哼，贺老总（贺龙）是抽烟抽死的？彭老

总（彭德怀）是抽烟抽死的？"

他参加革命的早年，在晋西北曾在贺龙手下工作，在太行山曾在彭德怀手下工作。而贺龙、彭德怀的遭遇，也让他这个老部下一生有点忿忿然。他说："天下难道是一个人打下来的？"

侯恺有四个儿子，侯恺叫他们是"四条汉子"。受家庭影响，他的四个儿子都成了画家。其中次子侯晓明山西大学美术系毕业，和著名电影导演米家山是同班同学。

侯恺晚年一直由四子、著名国画家侯晓东陪伴。父亲去世后，侯晓东接受了记者电话采访。他说，虽然近半年来父亲的身体已大不如前，最近还出现了大小便失禁的情况，但是按照老人的一般状态，还算好。因为快过年了，晓东还约了清华池的师傅来为父亲修脚。老人对过年也非常乐观。可是，14日中午喝酸奶呛着了，造成呼吸困难。家人赶紧拨打医院电话，等医生赶到的时候，老人又恢复了正常。家人、医生商量索性让老人到医院检查一下，就给侯恺穿外衣。侯恺问："为什么穿衣服？""去医院。"侯恺问："为什么要去医院？"家人、医生耐心解释。就在这个过程中，侯恺突然不好，然后就彻底放下了他热爱一辈子的革命文化事业。

2月16日，在北京八宝山东大厅举行遗体告别仪式。中国书画界、荣宝斋和亲戚朋友，将最后与侯恺告别。在马年即将过去的时候，侯恺为自己正直的艺术人生画上了圆满的句号。但是，中国书画界会记得他，因为他的人品、作风、功绩值得后人永远铭记。

忻东旺：
人生这幅画未完成

忻东旺自画像　　牛水才 藏

"惊愕"，是2014年3月所有获得东旺死讯的人的第一反应。他还不到可以和死亡挂钩的年龄，刚刚迈进五十岁的门槛，怎么就死了呢？于是，大家感慨：天妒英才！

我不认识东旺。虽然我们读书都在山西中部小城榆次，并且，还有一年时间交集在晋中师专不大的校园里。1986年他考进去的时候，我距毕业还剩一年。我在老牌的中文系，他在新创立不久的艺术系美术班。我记得艺术生不和大家在学校唯一的教学楼上课，而是另在锅炉房后面盖了专门的两间平房作教室。于是，他们便远离学校的主体人群。

虽然上课不在一起，但是那时的学校只有一幢男生宿舍楼。在日日进进出出的奔走中，说不定哪天曾经擦肩而过。如果那时有机会相识，我们很可能成为好朋友。他生于1963年，属兔，我晚他两年，属蛇。我的诸多的好朋友，都是那年出生的，我相信命里自己与属兔的人有缘。

抛却山西的这段重叠不说，多年后到了北京，我也有机会拜访他。记得2008年我编辑一本画册，专门找了中央美术学院晋中籍画家张俊明。因为俊明笔下的晋中风景和由太原而来经过晋中直通石家庄的"太旧路"，能让我们这些游子分外动情。

俊明支持了我很多高清图片，遗憾的是并没有能在我编辑的画册中呈现。因为文化人与政治家的诉求不同。我找了摄影家大山，把种植在地里的成片的白菜和煤矿滚动的乌金放进画册，体现出了一个地方经济的繁荣。

自从认识俊明后，便有了一些交往。一次，到他的画室去拜访，他特别说到东旺和他的友谊。那时，是想请俊明"做媒"，找机会拜访东旺的。因为实在是没有要合作的事情，也便搁下了。2013年10月，我带着山西盲艺人在清华大学演出，理应请东旺来听，可是忙乱中，也疏忽了。哪里想到，东旺竟然再不留机会给我认识他了！

惊悉东旺死讯的时候，我正在从太原到榆次的路上——这条路东旺走过很多次。我马上电话俊明，他也在惊愕与悲痛中。到了榆次，我一边办自己的事情，一边采访了东旺的两位老师——牛水才和董世民。东旺的死对于他们的触动，远远大于我这个慕名者。

水才把自己化装成一个装修工人，在寒冷而孤寂的画室里，他似乎还流着一些鼻涕。他说："东旺的死，对我不是触动，是打击。损失太大了！他是我们学院美术专业的一大品牌，一面旗帜。"

董世民已经调离了榆次，他开车从太原来，告诉我说："太可惜了！东旺正在盛年，创作的高峰期。我热切期望他有一个大的突破，再给世人一次新的震撼！东旺应该算一个传奇，从最底层的农村娃娃，到清华大学当教授。他的艺术生命应该再长一点！"

水才和世民，都比东旺略大几岁。他们都肯定地承认，东旺在晋中师专学习期间，各门美术专业的成绩都是第一名。

东旺高考不顺，考了两年还是几年，反正专业在最前面，文化课成绩总是不够，尤其英语差。牛水才说："东旺写实功底和造型能力非常强，他没有考到别的学校，不是专业不行，是文化课成绩拦了他的路。"董世民调入学校，东旺已经入学一年了。但他听说东旺文化课考了二百分左右，但专业实在太好了，于是艺术系领导给学校打报告说："不招这个孩子，太可惜！"开明的校领导说："那就招上吧。"

所以，即使是在晋中师专这样末流的学校，东旺也是破例"特招"而入。

但，正是这次破例，改变了东旺的命运。他从此不再"农民"，不再"农民工"，这一年他二十三岁。很多年后，他把目光和画笔伸向这个弱势群体，他仿佛在画二十三岁以前的自己。

董世民说："东旺很有理想，话不多，特别憨厚，真诚朴实。他爱画胜过一切。"牛水才虽已做教师，但刚开始任教还很年轻，和学生相处更有哥们儿感觉。他说："东旺的勤奋一般人比不到，他天天在画。"

天赋加努力，忻东旺在晋中师专读书期间，所有专业课的成绩理所当然的第一名，毫无争议。董世民说："只要是东旺画出来的画，大家肯定都认为就是第一。我见过他在国画课上的写意山水，挺棒的，挺老到的，笔墨关系非常好。"

两年后，东旺创作了一幅西藏题材的油画为毕业作品。董世民记得：背景是一片辽阔的天，地平线特别低，一个藏民站画面中心稍偏一点点的部位，大风景画。虽然画得很好，但董世民认为并不代表他在学校期间的水平，因为人物展示不充分，力度不够。

董世民有将东旺留校的愿望，但学校的态度是："咱自己的毕业生质量很差，要教师，起码要个本科生吧？"董世民把东旺介绍到榆次第一职业中学教书去了。后来，东旺远走大同教书，董世民也尽可能介绍一些朋友给他。

不久，东旺从大同跑到榆次，跟董世民说："董老师，油画太难了，咱画水彩吧。画水彩参加全国展览，不像油画竞争这么激烈。"

董世民说："行啊，你画一画试试看。"

果真，东旺画了一大批水彩画。其中一幅特别写实的《小孩儿躺在草垛上》，参加山西省艺术学校画展得了一等奖。这次，山西师范大学看中了东旺，破格把他从大同调入，一个两年制的专科生进入四年制的大学教书。

20世纪90年代中期，东旺和世民先后获得了参加中央美术学院油画系研习班的机会。世民去的时候，东旺准备结业了。那时候，东旺和他在临汾时的女弟子张宏芳在一起。张宏芳很漂亮，很单纯，特别欣赏东旺的才华。但是，两个人经济上比较拮据，伙食费依靠东借西借来维持。

为了缓解经济压力，东旺挤时间画点行画卖钱。这批商品画，东旺很明确署名"掘穹"。是表达有向"穹庐""掘进"的雄心呢，还是与"贫穷""决裂"？我们无法猜想。但他用刀和笔尖堆砌色块，画出牦牛、藏羚羊。这批画几十张，大约以五六千、七八千一张的价钱卖到了东南亚。

东旺卖了几张画，带着张宏芳，拉上董世民，到北京找照相器材部买照相机。在东单、西单，每逢路过地下通道看到流浪乞讨人员，东旺都要放点零钱。

董世民说："你没听说过吗？这帮人是有组织的，而且挣的钱可能比我们多！"

东旺说："不可能。人家可怜，咱给点是点，不管他的背景。"

边走边给，再碰上，零钱没了。东旺掏出来十块钱，照直放在了乞讨人员的小铁桶里。对底层生存，东旺是发自内心的同情和悲悯。

东旺和张宏芳还没有结婚，因为张宏芳的母亲听到一些说法，对女儿嫁给东旺不太放心。一天中午，董世民正在吃饭，张宏芳找他说："我妈来了，你去帮说一说。"

一说就说了五六个小时，董世民把天都说黑了，只有一个意思："对东旺应该放心。"

不久，东旺就领了结婚证。董世民从王府井音像店买了一张二三十块钱的喜庆音乐光盘作为礼品送了新人。

1994年9月，东旺毕业离开北京，把一些书、未完成画作、几双运动鞋丢给董世民。恰好，董世民有位同学特别喜欢东旺的画，世民就给了人家。

1995年，东旺的《诚城》在中国美术馆展览，董世民去看了，觉得还有照片痕迹。但从那以后，东旺面对一个个活生生的人，追求扑面而来的生活气息。到2004年《早点》获得全国金奖，就顺理成章了。

但董世民更看重的是《明天·多云转晴》，画面是一帮农民工，给人的冲击力更大，更震撼人心。这幅画在展览中放在最显著位置，詹建俊说："谁说当今油画没有力作？我看这就是力作！"

2013年10月23日，忻东旺个展在中国艺术研究院举办。牛水才在开幕式上听到许多大师给东旺以很高评价。靳尚谊说："有史以来，举办最成功的就是忻东旺的画展。"但水才依然觉得不够。水才说："东旺的技法和审美创造了中国油画的奇迹，称得上是当今中国画坛的伦勃朗。"

东旺是个特别好的人，踏踏实实、没有一点花心。但有时候他不够豁达，有事更愿意窝在自己心里。获过一届金奖之后，他还要冲击下届金奖。结果费了很大的劲，没得到。东旺就有点耿耿于怀。世民想劝东旺说："别看着油画权威的脸色画画，画得太累，也太痛苦。"话还没出口，东旺走了。

东旺走了，牛水才想在易名为晋中学院的忻东旺的母校建美术馆、塑雕像。这时候，能找得到的东旺的作品太少了。因为学校不相信学生中会出杰出人物，所以当初也没有留学生作业。水才只有自己手中保存的一张素描，画的是布鲁托斯。

水才想做东旺雕像，是想鼓励走进学校的孩子们有个奋斗的目标，不要把画画当作赚钱工具。他希望孩子们像东旺一样没有杂念，做到顶尖。

在东旺为生活为艺术的五十年生命里，他有好几次"破例"。"破例"上大学，"破例"当了大学老师，"破例"进入名牌大学执教。所有的"破例"，都让他进步，让爱他的人欣喜。唯有这一次，在刚刚跨进五十岁门槛的时候，"破例"惊魂西去，让人实在接受不了。

东旺勤勤恳恳画过很多画，但是，面对"人生"这幅画，总感觉他留白太多，恍惚还未完成，还有很多精彩没有书写，留下的是无穷无尽的遗憾。

第二辑　木香绵长

音研所：
悄然间惊动了天地
——音研所60年纪念（一）

　　不知道你注意了没有，2013年9月12日，美国"旅行者1号"用了三十六年时间终于飞出太阳系的消息在各个媒体传播。这个飞行器是1977年9月5日离开地球的，它携带的九十分钟音乐集锦中的琴曲《流水》，是中国艺术研究院音乐研究所管平湖演奏录制的。虽然管平湖1967年去世了，但他留下的声音作为人类音乐代表作之一，昼夜不息地回响在宇宙间，寻觅着外空"知音"。

　　去年，也是中国杰出的盲人音乐家阿炳诞辰120周年，他的名曲《二泉映月》在中国大地乃至更多的地方广泛演奏。可是，假如没有音乐研究所杨荫浏1950年的录音，谁会知道无锡城里的流浪盲艺人华彦钧呢？

　　1954年3月27日，音乐研究所在北京十间房正式成立。包括此前的几年时间，以及一直到今天的所有日子，杨荫浏和他的同仁及后辈学者录制的七千个小时的"中国传统音乐录音档案"，1997年入选联合国教科文组织《世界记忆名录》，成为中国入选这一名录的第一项！

　　杨荫浏所著《中国古代音乐史稿》和由郭乃安统筹研究所组织全国优秀学者完成的《民族音乐概论》，由缪天瑞等人主编、集体完成的《中国音乐词典》及黄翔鹏创设的《中国音乐学》《中国音乐年鉴》等，都已经在学界产生了并将继续产生持久的影响力，成为中国音乐学术水平的标志。

建所典礼时的留影（1954年3月27日，北京学院路十间房）　　张春香 供图

为什么一个默默无闻的音乐研究所，承载了这样多的使命？

在20世纪50年代到60年代初，全国上下热血沸腾"破旧立新"，但以杨荫浏、李元庆为代表的第一代音乐学人，悄悄地守护着传统，到民间寻找中国传统音乐文化的根脉。

在20世纪80年代，汹涌的商业大潮席卷中国，黄翔鹏、乔建中集聚多年潜心研究的力量，继续将资料的积累作为办所的主要任务。

在21世纪初年的欣喜中，"创新"成为整个时代的前进动力，田青、张振涛奔走呼吁保护"原生态文化"和"非物质文化遗产"引发全民关注。

音乐研究所的六十年，是呵护传统文化的六十年。六十年的时间，几代优秀学人，默默无闻地将一个研究所打造成了中国传统文化的"守旧营垒"，人类共有精神的"'非遗'前哨"！

今天，是音乐研究所的六十岁生日，我们以点滴记忆，向一路走来的这样纯净的研究机构和它的几代辛勤从业者表示致敬！

初创期三驾马车：吕骥、李元庆、杨荫浏

中央音乐学院1950年在天津成立的时候，其教学体系完全照搬了西方。但是，其研究部却从一开始就是本土的。这个现象既奇怪，也顺理成章，更让我们领略了那一代音乐家的智慧。

奇怪，是因为在中央音乐学院这个完全西化的教学机构里，居然从一成立就有一个从事民族音乐研究的机构存在；顺理成章是因为毕竟中国的本土音乐虽然没有形成声势浩大的教学模式，但是各地丰富多彩的音乐滋养了这个民族数千年，总应该继续传承和弘扬吧？

智慧，是说那代音乐人，一手学西方，一手挽救民族传统。虽然今天看来，学的成效大一些，挽救的力度小一些，但是，毕竟还是从那时开始，我们的音乐家就有这样的意识，并且做了扎实的工作。

研究部成立不久，就形成了以吕骥、李元庆、杨荫浏为核心的"三驾马车"。吕骥宏观把握航向；李元庆协调和管理；杨荫浏是业务核心。他们三个人，大约缺了谁，都不可能有后来音乐研究所的辉煌。

吕骥是音乐界的领导，李元庆非常尊重吕骥的意见。而李元庆和杨荫浏的关系又非常好，他俩办公室连着，杨荫浏一有事，就找李元庆；李元庆有事也来找杨荫浏。李元庆经常跟吕骥联系，而吕骥也愿意到研究部来，一来，就在杨荫浏那里坐。

研究所第五任所长、学者张振涛说："李元庆在学术上是可以非常有出息的，他的《管子研究》到现在都是'乐器学'文章中写得有相当分量的一篇。但他为了杨先生甘愿放弃，完全去做行政工作。但也正是他理解如何做学问，所以他做的一切，不是一个简单的行政干部所能做到的。"

笔　者：在音乐研究所建设上，吕骥代表了正确的方向。

张振涛：没错。他太了不起了。音乐研究所的创意来自他，基本的路线也是他确定的。而且他对民族音乐真的是有感情，他早期的文

章一点都不假。有些人的文章能看出来是冠冕堂皇，而他是真热爱。

笔　者：他比很多同时代的大音乐家，更懂得建设中国民族音乐学。

张振涛：太对了。现在被誉为"文化长城"的《中国民间文艺十大集成志书》是他抓的，他首先想到民歌集成，在20世纪50年代就开始行动了。这个眼光太厉害了。他要编一本民族音乐学的教材，也就是《民族音乐概论》，这是他提的创意。他要编一套《中国古代音乐史》，要编一套《中国近现代音乐史》。而第一本《中国音乐辞典》也是他提出来的，甚至包括《中国音乐文物大系》都是他的主意。

笔　者：《琴曲集成》呢？

张振涛：对，还有《琴曲集成》。而且，最重要的是他能要到钱。我听音乐研究所老人讲，那时用钱很宽裕。出去买书、买资料、买相机、买录音机，都可以做到。那时候，全国一共几台录音机？录音机进口两台，一台给音乐研究所，另一台给广播电台。那是何等的待遇呀！没有吕骥的地位，谁能要来？靠一个书生能要来？而没有那台录音机，现在七千个小时的录音就不可能有。

研究所第四任所长、民歌专家乔建中说：

李元庆在研究所，很好地执行了吕骥的音乐思想，可以说是音乐研究所的奠基人。而杨荫浏是引领者，学术上领跑的人，也是开拓者。

研究所从呱呱落地，有了自己的生命，到不断地旺盛，这是基于李元庆整个打好了地基。而他跟杨先生合作，又以他的素养与他的人品，保证了杨先生这样一位第一流的学者，能够在一个非常宽松的环境下面叱咤风云，纵横捭阖。

当音乐研究所确定第一任所长的时候，按照党的干部优先这样的原则，组织上可能更愿意叫李元庆担任。但是，从李元庆从全局考虑，认为杨荫浏比自己更合适，而且，他会以党的干部的身份，配合杨荫浏的工作。所以，才有了音乐研究所在他们任上所创造的辉煌成绩。

张振涛说："杨荫浏最成功的一点就是：自己远离政治，但是贴近一个政治上特别可靠的人。"如果不是这样，在20世纪后半叶的中国，怎么可以做成学问？

因为吕骥、杨荫浏、李元庆形成的"铁三角"关系，既有吕骥敏锐的政治触角和资金保证，也有李元庆的协调护航，所以杨荫浏这艘"学术巨轮"乘着"音乐研究所"的东风，在20世纪50年代到60年代中期，成了中国音乐学术研究的最令人瞩目的风景。沿着这个航道，不少学人在杨氏大旗的猎猎风中，孜孜不倦地求索，从而形成了中国最重要的音乐学学派。

六十年前的今天　正式挂牌，热闹着呢

1953年10月，研究部搬家到北京十间房，这里的三层办公大楼，本来是航空学院小学。航空学院不少房子是日本人盖的，但小学的楼是新盖的。以办公楼为中心，形成一个独立的小院。

1954年3月27日，中央音乐学院音乐研究所正式挂牌成立了。文化部和音乐界的领导前来祝贺，中央民族学院歌舞团、中央实验歌剧院和所里人员助兴演出。在能坐二三百人的三楼礼堂举办典礼，在小舞台演出。杨荫浏把研究所采风回来的河曲民歌《五哥放羊》等改编曲目介绍给大家。李佺民创作的大合唱《毛主席派来访问团》压轴。

1954年是农历甲午年，是马年。由这一年上溯六十年，是1894年，即光绪二十年。这一年对中国人来说最惨痛的记忆是中日甲午战争的败绩。也就是1894年，国际奥林匹克委员会成立，而孙中山在檀香山建立了兴中会。一切都注定会有所改变。

1954年是农历甲午年，是马年。由这一年后推六十年，是2014年。音乐研究所成立六十年，几代人积累的资料已经成为中国第一项"世界记忆"，令人敬仰……

学院路十间房　消失了，温暖依旧

最早的时候，十间房音乐研究所办公楼外有两个椭圆形的花坛和篮球场。有一年中秋节，几家人围在一起吃螃蟹赏月，老的小的，其乐无穷。

北京十间房那时算在郊区了，离城市很远。周围全是农田，用铁丝网围着。商店很少，也不太出去。没有宿舍，大家都住在办公楼里。二楼办公，住在三楼。吃饭大家都在三楼。后来在院子里盖了三四排的平房，大家从楼里搬到外头去住。那时候，觉得是一个大家庭。现在一提起十间房，大家很动情。

院子里有池塘，池塘里有鱼。在新建的四排平房里，顶级学者、专家李元庆、李纯一、李佺民、黄翔鹏、郭乃安、简其华、何芸、文彦、张淑珍，大家都住在一起。

那时候的音乐研究所像世外桃源。同行们都很羡慕。加上人权、财权具有相对独立性，领导支配谁，怎样支配，都有主动性。李元庆在中国音协兼任统战委员，要人要资金要设备，都能得到上级支持。

学习空气浓，研究人员勤奋，文艺活动搞得非常好。工会有活动经费，组织大家出去游玩。这一切，让每个人都可以感受到研究所具有家庭式的温暖。那个时候是研究所最黄金的时代。

左家庄·新源里　人去楼空，谁来寻找大师身影

1967年，音乐研究所搬到了东直门外。办公楼是专门委托清华大学梁思成所在的建筑系设计的，一共四层。向延生说："那个楼很适合我们需要，最高一层整个通着，供陈列室用。二楼三楼是办公室，一小间一小间，一大间是会议室。一楼是书库和行政办公的地方。"

1982年，乔建中研究生毕业来到新源里工作，他说："我们毕业后，又招了以崔宪、张振涛为代表的研究生。这样，20世纪80年代，同时在这

里的就是五代学人。"第一代是杨荫浏、曹安和、李纯一，第二代是郭乃安、黄翔鹏、许健，第三代是刘东升、吴钊，第四代是乔建中、王宁一、田青等，第五代是张振涛等。乔建中深情地回忆道：

> 80年代，五代学人刚好重叠在一起。而且，研究所就那么一栋楼，也没有别的地方。我们就在这样的一个环境里面，老少几代都能随便切磋。不论是谁，办公室的门一敲，就可以进去讨论问题，非常平等的交流。老的，不因为你小对你怎样；小的，对老的更是很尊重。
>
> 在这样一种非常和谐的环境中，很适合学术的成长。大家有一个总的目标，各人分头去做。你有你的方向，我有我的方向。按照杨先生的话，叫"分头研究，共同进步"。你研究这个，他研究那个，最后集中起来，都是为了中国音乐体系的建设。
>
> 我觉得，那个气氛，真的非常好。而现在，再也没有了，真的没有了。

有人愿意把"音乐研究所"这群学者称为"新源里学派"或者"左家庄学派"。他们从天津绍兴道4号搬到北京十间房，再搬到新源里。原来他们住过的地方，在一次次城市改造中已经不见踪迹。新源里办公楼虽已改他用，但办公楼及其西侧的研究人员住家，几乎成了这个学派集中存在过的唯一建筑实体明证。

有一个时期，音乐研究所高手如云，每个人都有一定的真知灼见。张振涛说："几乎每个人都有几篇很过硬的文章，都有高明的地方，都有几篇让大家服气的文章。"

上海音乐学院一位博士的论文评价国内几个音乐学术单位，把"音乐研究所"放在第一位。论文作者用了三个参数，第一是人，第二是成果，第三是资料。三者综合，"执起牛耳"的还是"音乐研究所"。

音乐研究所之所以重要，第一，有以杨荫浏为首的庞大的学术梯队、学术群体，这是任何一个单位都没有过的。第二，全所一共出了大约四百多本书。第三，三大资料建设：七千个小时的音响、三千件乐器、二十万册书。张振涛说："以后不可能再做这件事了，因为那个时代没有了。"

"新源里学派"的"老巢"里，五层楼一个单元，最多时住过二十家研究所的人。倘若夫妻俩都在研究所工作，那么会有三十个人集中在这里生活。虽然缺少京西十间房的豁亮，但是在越来越拥挤的北京能够有一处栖居之地，对于兴趣只在学术的他们来说，也是一种幸福。

杨荫浏在这个楼上从1967年住到1984年，是他生命的最后十七年，占他八十五岁生命的五分之一。那时是"文革"，杨荫浏和李元庆都是走资派、反动权威，就把他们放到四楼五楼。后来杨荫浏搬到一楼，没多久去世了。

杨荫浏1984年去世。2004年，九十九岁的曹安和走完了生命历程。研究所老人有的去世了，有的搬走了。房子能卖的就卖，不能卖的出租了。总之，住在新源里真正算研究所的人，已经越来越少了。

杨荫浏：
专注间，谱就了绝响
——音研所60年纪念（二）

张春香 供图

1950年5月，五十一岁的音乐学家杨荫浏和他四十五岁的表妹、音乐学家曹安和到了天津中央音乐学院研究部工作。一到天津，他们就张罗着要听曲艺、听戏。

先期到达天津的一位杨荫浏在南京"国立音乐院"教书时的女弟子承担了买票并陪两位老师听曲艺、看戏的任务。他们最早看的昆曲是《钟馗嫁妹》《胖姑学舌》。有一回，俞平伯、张允和等票友表演全套《长生殿》。曹安和与这些昆曲人都是旧识，还叫张允和师姐。

真正的工作是选择合适的艺术家到研究部来录音。杨荫浏搞曲艺，就跟曲艺部门联系，请艺术家们到学校来录音。每次访问戏曲演员或者民间艺人，大家都要参加。录音之后，一般工作人员听比较容易的部分——比如民歌型的——听了，记录下来。比较复杂的，一般人没有这种训练，听起来比较困难，杨荫浏就亲自做。他动作特别快。只要他喜欢的音乐，马上干，一边听一边就刻上蜡版。

钢丝上录回柔情的《二泉映月》

1950年暑假，杨荫浏、曹安和刚在天津工作了三个月，他们决定带上从外国进口的钢丝录音机回无锡去，为民间盲艺人阿炳录音。黎松寿联系了录音地点定在三圣阁，他回忆说："1950年9月2日晚上七点半，杨荫浏和曹安和在三圣阁内静静恭候着阿炳的到来。阿炳刚进门，就大声喊：杨先生，杨先生久违久违，想煞我了！杨先生闻声出迎，手挽手把阿炳引入阁内，代他放好乐器，请他入座。小叙片刻后，阿炳问：怎么录法？杨先生说：我喊一二三后，你就像平时那样拉，从头到尾奏完一曲，中间不要说话。杨先生接着问：你先拉二胡还是先弹琵琶？阿炳说，你先听听胡琴再说。杨先生于是要求在场人员保持肃静并要曹安和先生做好录音准备。录音机启动，钢丝带缓缓地转动起来。这首阿炳多少年来琢磨修改过无数遍的乐曲，一下子拨动了每个人的心弦，引起了强烈的共鸣。两位著名的民族音乐教授被震慑住了。杨先生还暗暗向我竖起大拇指。"

这次，杨荫浏录回包括《二泉映月》在内的阿炳的六首曲子和十番锣鼓。暑假结束后，录音带回天津。吕骥听了，非常高兴。他拿回去听，结果，把钢丝弄断了。后来接上了，没有造成损失。

那时候，资料不多，这些声音资料，杨荫浏自己保管。办公室里一个小架子，他把录音钢丝磁带一个一个标好，放进去。

杨荫浏住在楼上，办公在楼下。工作人员把编好的资料给他，他看到后叮嘱："这些东西，要做一些比较。分两本书出版，一本只出有代表性的；另一本为资料集，把所有的材料都放进去，不要丢掉。"

在"多快好省"时代　杨荫浏摄影"少慢差费"

搬到北京后，杨荫浏和大家住在一个楼里。他的办公室不关门，各家小孩子跑来跑去，都愿意上他屋里看看。下班后，孩子们也爱上他屋里玩。他很喜欢小孩，小孩对他也蛮有感情。

春天、秋天的郊游，无论香山还是颐和园，大家都去。杨荫浏买了一台照相机，每次远游，总把相机挂在胸前，开心得不得了。

杨荫浏充满了天真童趣，他跑来跑去，跑到他认为合适的距离按动快门。遗憾的是，他眼睛不好，冲印出来，多数是虚的。当时的口号是"多快好省"，大家打趣杨荫浏是"少慢差费"，因为他拍摄洗出来的胶卷是一大堆废品。

20世纪60年代初，二十来岁的乔建中作为中国音乐学院学生到研究所查阅资料，他经常看见杨荫浏跟曹安和在大楼跟前侍弄花草。他回忆说："大概半年多时间待在研究所，早上沿着元大都的遗址跑步。那会儿，还有树。我对老先生很羡慕，看他们闲情逸致，出出进进。可惜没有什么交往。"

书斋里长大的杨荫浏被下放到干校，就闹出不少笑话。研究所刘东升曾回忆说："杨先生五谷不分。麦子韭菜不分，稻子稗子不分。有时走到路口，他分不清是草还是粮食作物，生怕踩坏了什么，又说不清楚，他常常十分认真地嘱咐我们：'哎，走路要小心地上的植物！'有一种玉米种，结白色的颗粒，食堂常用白玉米粉做粥喝。我们问他：'杨老头儿，知道这是什么东西做的吗？'他喝了一口，品味半天，说：'大约是多种粮食的混合物，很好吃。'"

各种思潮袭来　杨荫浏始终清醒

在音乐界，音协副主席李凌也算阅人无数，但是像杨荫浏这样的，确实不多见。学问好，人踏实，心无旁骛。杨荫浏说："我不是什么学者，我是个实干家，也可说是一个有想头的实干家、实践家。"

1979年春天，六十六岁的李凌住到八十一岁杨荫浏的家里，做起了"记者"。遗憾的是，杨荫浏还能撑着和李凌说话，倒是年轻的李凌一连感冒了三次，李凌计划用半个月聆听杨荫浏往事的愿望就中断了。李凌让女儿李姐娜去找杨荫浏录音。李姐娜告诉笔者："通过采访，我知道杨荫浏是中国近现代音乐史的一个剖面，是中国民族音乐在一百年来的一个标志性人物。他说的给我印象最深的一句话是：'我希望以后的年轻人，不要再去编中国音乐史，你们不可能达到一个我这样的程度，你们应该去搞断代史和专题。'"

李凌说："六七十年来，杨荫浏先生以认真、细心地收集、整理、研究和发扬民族音乐为己任，对民族音乐无限热爱，对民族音乐艺术的发展充满信心。尽管在六七十年间，各种各样的音乐思潮回旋往复地冲击，一时有人主张全盘西化，一时有人提倡排外，主张国粹主义，一时盲目地崇洋或反洋。但杨老先生总是比较清醒地对待这些问题，对民族音乐特质的前途，有个较准确的见解。他充分认识民族音乐的可贵特质，同时又看到它的不足，坚定地站在民族音乐的基础上，大胆吸收一切有益的经验，以创造自己的带有强烈民族特色的新音乐艺术。"

杨荫浏的最后一课

1979年3月，乔建中正式进入中国艺术研究院研究生院学习。乔建中说："曹先生完全按照传统的办法，一段段地教唱昆曲。杨先生没什么事儿，每一次都陪着。"这是乔建中跟杨荫浏比较近的一段接触。

那年5月，杨荫浏连续给研究生们讲了五次课，主题是"我如何治音乐史"。乔建中说："杨先生讲自己小时候怎么学音乐、学英语，跟小和尚、跟阿炳怎么接触。讲他自己会什么东西。这个印象非常深。"

乔建中是陕北人，很难听懂杨荫浏的无锡话，但他努力记笔记。在这份杨荫浏的自述中，有一些话至今听来依旧恳切：

音乐史是一门包罗了许多学科门类的专业，如考古专业、历史专业、律学、乐学专业、乐器和器乐专业，以至于社会学、哲学等。特别是在中国，它同所有的社会科学门类，几乎都有联系。以古琴为例，我们要想到为全世界负责，因为人类音乐史上最古老的音乐（仍旧保留下来的）之一就是琴乐。现在的情形是今不如昔，许多青年人的学术水准在急剧下降，这是十分令人担忧的现象。

……

中国音乐中根本没有"齐奏"，只有"合奏"。"齐奏"是一些不懂中国音乐的人提出来的。在"合奏"中，笛子要深刻，笙要烘托它……一首乐曲演奏始终是旋律性非常强的合奏。这同西洋不一样……同时，中国音乐节奏的转换非常丰富，是西洋音乐（器乐）所不能替代的。

1945年8月15日日本投降后，我随学校到了南京。美国哈佛大学请我去教中国音乐史，同时研究中国音乐。尽管待遇很高，他们也出于诚意，但我还是拒绝了。因为脱离了中国音乐的实际环境就无法研究中国音乐的历史和现状，这是学生们给我的启发，也是我一向坚持的看法。

……

讲完这次课，杨荫浏的身体就逐渐不好了。乔建中跟着曹安和学习昆曲坚持到了1980年3月。在一年时间里，一共学了十七段。最后，这门昆曲课由杨荫浏、曹安和、李佺民组织考试。把所学的十七段昆曲名称写在纸条上，学生抓阄，抓到什么唱什么。

1980年以后，杨荫浏就不参加什么活动了。1981年，乔建中研究生毕业，1982年成了音乐研究所的正式成员。这时，每天他能看到杨荫浏坐在由保姆推着的轮椅上，到处转一转。

而今名声在外的田青是杨荫浏的最后一个学生。在考取杨荫浏研究生

杨荫浏与法国音乐学家特斯米特交谈（1956年2月）

张春香 供图

之前，田青在黄翔鹏带领下，拜访了杨荫浏。他回忆说："第一次到新源里西二楼看杨先生，是一个夏天，热极了。西二楼马路对面现在是意大利餐厅，那时是种白菜的菜地，刚浇了大粪。热天苍蝇在嗡嗡地飞，乱哄哄，臭烘烘的。我心里想，我心目中的泰斗杨荫浏竟然住在这么一个地方？因为我听说杨先生有一篇关于'燕乐'的文章，但就是查不到。见到杨先生，向他请教这篇文章。他矢口否认：'我没有写。'弄得我不知道下边怎么办了。"

田青一共上过杨荫浏三次单独课，每次都是听杨荫浏臧否音乐界名家。杨荫浏骂人最刻薄的话就是方音很重的四个字："不懂音乐"。当时有人批评邓丽君是"靡靡之音"，是"资产阶级"，杨先生说："邓丽君才不是资产阶级呢！交响乐、歌剧才是资产阶级的东西，资产阶级瞧不起邓丽君这样的东西，我们怎么能跟着资产阶级说呢？"

多年后田青说："杨先生对我的影响主要是治学的态度和方法。"

杨荫浏不藏书，读一本就了然于心

杨荫浏没有能够给薛艺兵很好地上课，因为薛艺兵入学后，杨荫浏已经八十二岁了，身体不是非常好。当薛艺兵准备硕士毕业论文的时候，

1984年2月，杨荫浏去世了。这位大师去世后，薛艺兵怀着景仰和伤感，协助所里的人把先生的遗体抬出家门。

面对这样一位兼通中西的国学大师，薛艺兵没有看到丰富的藏书。红木书架上只有一套《二十四史》和别的古籍。因为杨荫浏从来不保存图书。他看书，一边做笔记，一边在书上批注得密密麻麻。书看完了，书的要领全部烂熟于心。然后，他把书当废品卖掉。有人在解放初的书摊上，经常看到杨荫浏卖掉的书。薛艺兵："杨先生不像我们。我们有很多书，没时间看束之高阁，以为买回来就学到了。"

薛艺兵说：

杨先生是"两通"，兼通"史""论"。在"论"方面，杨先生成就最大，没有人能超越他。

杨先生博古通今，思想非常活跃。他在"音乐史学"方面具有开创意义。但是，杨先生的方法基本上是西学的方法，和国学的方法离得比较远。他从小学习民间音乐，学习昆曲、锣鼓、琵琶。但他在教会学校，对西洋的教会歌曲和作曲方法也很精通。他的史稿，朝代体系当然借鉴了国学的史学传统，但从体例来看，他不是像国学那样，比喻性的，引经据典来考据源流。他的研究，有特别细致的分析，包括对民间音乐，每个乐器几分几厘，他在拍照时都放个尺子，录音时要测音，完全是西方人研究分析的方法。

杨先生的功劳在于，他第一次收集了这么多的文献，第一次把中国音乐历史从古到今梳理了一下，摆出一个现成的轮廓来。而且，里头几乎所有的观点都是第一次提出来，这谁都比不上他。后来的音乐史学，基本上都在杨荫浏体系里面。尽管一部一部音乐史不断出来。

杨荫浏是个丰碑，没人能超越，因为以后的学问不再那么做了。现在的学问越做越深，没有谁能把整个"通史"做下来。古人没做过杨先生做的事情，现在我们做不了。以后可能会推翻他，但是没法超越他，已有的成就就是这样，不可能从整体上宏观上造出另外一个丰碑来。

杨荫浏去世后在八宝山举行悼念活动，因为他的国际地位以及在国内的影响力，中央政治局送了花圈，中央的几个常委都送了花圈。

附:

后学者评价

张振涛：杨荫浏他们搜集了这么多，是正统藏书楼、藏书家不存的，包括民间唱本、工尺谱，全部搜罗来。这在当时来说，完全打破了传统。他们受"四书五经"的教化，却完全搜集了民间的东西。他们和郑振铎一样，把原来在正统文人眼里看不上的东西全部弄来。而且，不单是作为一个研究对象，而是作为一个学科建设。这个眼光，我觉得真是了不起。

秦　序：以杨荫浏为主的一代学人确立了一套范式。他们从一种科学的角度去研究，而不是简单的采风。杨先生尽量把音乐史写得脱离哑巴音乐史，尽量关注活态音乐。

萧　梅：杨荫浏所设计出来做的田野调查都是有目的的，为后面奠定了模式、框架、基础。整个中国音乐学不就是沐浴在以杨荫浏《史稿》为代表的"两史一论"中？没有"两史一论"，中国音乐学怎么往前发展？音研所是一个"益之又益"的地方。

乔建中：杨荫浏值得崇拜，我经常说"杨荫浏五百年才出一个！"目前，谁也没有超过他。为什么呢？因为，杨先生在从事音乐学之前，他一直在实践中间。曹先生说他有三勤：手勤，脑子勤，腿勤。腿勤就是肯跑，手勤就是指杨先生经常给人粘品，动手能力很强。脑子勤就是他经常思考问题。他超越别人的头一点，就是他掌握了这么多中国基本东西。中国音乐最重要的两笔遗产，一个昆曲，一个古琴，他都造诣很高。所以，我总结杨先生的成功经验，就叫"实践—采集"。如果没有他指导别人进行"采集"，也就没有《中国古代音乐史稿》，也就没有音乐研究所今天的价值。如果杨先生只是关门搞研究，从文献到文献，那么，音乐研究所的六十年历史，就不是这样写了。

李元庆：
奉献中支撑了天地

——音研所60年纪念（三）

张春香 供图

1914年是个虎年。这年农历六月廿四，北京宣武门外上斜街出生了一个男孩，这就是李元庆。他的父亲在北京大学任职，原籍是浙江杭州的。他的母亲钱家礼，和钱学森的父亲是兄妹关系。钱学森出生于1911年，比李元庆大三岁。李元庆回到杭州后，二人接触多了起来。这样，李元庆和表哥钱学森保持了很深的友谊。李元庆某种程度上，对表哥钱学森发生了影响。这对表兄弟，经历了不同的人生道路，各自成了一部传奇。如果说钱学森是爆炸性的贡献，那么李元庆对于传统音乐文化的整理就是奠基性的贡献。钱学森用智慧保护国家，李元庆用爱心守护传统……

1954年3月27日，中国艺术研究院音乐研究所成立，负责其事的李元庆才四十岁。在短短的时间内，李元庆和同仁们开辟了新中国的音乐学研究，创造了一个前无古人的辉煌……

周扬评价他说："为整理祖国音乐遗产竭尽心力，他的劳绩和贡献是不会被遗忘的。"可是，李元庆赶上了"文革"，与共和国一起经历了颠簸，于是，他在经历无数次的大批判之后，1979年去世了。王世襄说："为民族音乐呕心沥血；遭疯狂斗批含恨捐躯。"

李元庆去世后，王震、胡耀邦等党和国家领导人送了花圈，钱学森、夏衍、周巍峙、贺敬之、江丰、吕骥、王世襄、范曾等社会名流参加了追悼会。

1994年12月2日，"纪念李元庆诞辰80周年、逝世15周年座谈会"在北京举行……

今年8月15日，是李元庆百年诞辰，12月2日，是他去世35周年，音乐界不关心这样的事情了。往昔的红火不再有了，连他的老朋友周巍峙病逝，都没有引起新媒体的兴趣。在主流传播渠道里，他们依旧在另一个时代……

让位杨荫浏，自己甘当最好的配角

新中国音乐界的真正领袖吕骥，他骨子里面对民间音乐情有独钟。乔建中说："李元庆在研究所，很好地执行了吕骥的音乐思想，可以说是音乐研究所的奠基人。而杨荫浏是引领者，学术上领跑的人，也是开拓者。研究所从呱呱落地，有了自己的生命，到不断地旺盛，这是基于李元庆整个打好了地基。而他跟杨先生合作，又以他的素养与他的人品，保证了杨先生这样一位第一流的学者，能够在一个非常宽松的环境下面叱咤风云，纵横捭阖。"

当音乐研究所确定第一任所长的时候，按照党的干部优先的原则，组织上可能更愿意叫李元庆担任。但是，李元庆从全局考虑，认为杨荫浏比自己更合适，而且，他会以党的干部的身份，配合杨荫浏的工作。所以，才有了音乐研究所在他们任上所创造的辉煌成绩。

笔　者：他们俩是"绝配"吗？

乔建中：绝配。早在60年代，李元庆就话里有话地对杨荫浏说过："各个机构，党内党外，像你我这种合作的，没有。"第一，当时很多单位的行政学者和党的行政干部已经是有了摩擦。第二，他们两人合作，从李元庆来讲，是诚心诚意保证了杨先生的学术前沿性。李元庆牺牲了自己，毕竟他也是音乐家，大提琴家，音乐修养很高。

笔　者：两人的合作，李元庆牺牲更多一些吗？

乔建中：当然，绝对是这样。李元庆不是一般被动配合杨先生，他是有想法的、有前瞻性的一个领导。两个人这种结合，这种相遇，真是"珠联璧合"。

笔　者：两个人缺了谁，或者谁的品德坏一点儿，都不可能有音乐研究所的今天。

乔建中：是的。如果一个行政领导，比如说他简单粗暴一点，杨先生都工作不好了。比如说他再有私心，那杨先生还能做什么？而今天很多行政领导，根本不是专家，还要当教授。

调动大家积极性，把资料都搜集全

李元庆能够调动起大家的积极性。在研究所，李元庆创造性地开拓了事业，创立并逐渐形成了很多好的传统。李元庆让大家出去采访，回来以后，包括搜集到的乐器、乐谱，做了一个采访报告。报告先以内部出版形式油印出来，而采集的东西交给资料室保存起来。如果采访报告特别好，他就帮助联系正式出版。大家获得了这样鼓励，觉得做学术有希望。吴毓清曾经在一篇文章中回忆说：李元庆鼓励他，他写了就出版了。这个鼓励对吴毓清和研究人员是重要的。

在十间房的时候，李元庆每次开会，都强调要加强理论队伍建设，提高每个人的理论水平。倡导大家上古代音乐史课，号召大家学习乐器。这样，好多人学了琵琶，听杨先生的音乐史课程。

1953年，音乐研究所组织力量到山西河曲去采风，出发前，进行了好多次讨论。李元庆强调，到基层搞调查的重要性，应该要有什么新的做法，不要老是和过去一样，了解了解就完了，特别要了解民歌与生活的关系。为什么民歌要有这样的曲调这样的歌词，什么原因？跟历史有什么关系？反正他们当时是学了好几个月。

张淑珍记得那时候所有人贯穿的主要思想就是李元庆所强调的"积累资料"的思想。李元庆号召大伙，要明白研究所的任务：一个是出研究成果，一个是积累资料，而积累资料是必须要做的。虽然是20世纪50年代，传承了古老民族记忆的好多老人年纪都大了。李元庆说："现在不抓紧搜集到的话，将来这些宝贵的东西就失传了。大家要有一种紧迫的、抢救的思想在。"张淑珍说："特别是资料抢救，元庆同志的讲话给我记忆太深了。元庆跟我说，随着年纪的增长，生活的变化，这些老人总归是要走的。所以，资料必须要尽量赶早了做。研究工作没有资料就没有基础啊！研究所很重要的任务，就是把资料都搜集全！领导经常讲，我们无形中有一种自己肩上担着重大责任的心态，不计较条件，能够搜集来的尽量搜集，无论在北京还是到外地。要在剧场演出民族民间音乐，我们知道的话，都尽量去录音。"

组织全国力量编写《中国近现代音乐史》

音乐所所有工作都由李元庆管，他全力协助杨荫浏搞《中国古代音乐史》。1958年为了庆祝建国十周年，研究所专门成立了"中国近现代音乐史编写组"。

向延生说："为了向国庆十周年献礼，中国音协和音乐研究所决定联合编写《中国近现代音乐史》。具体编写任务搁在了研究所，吕骥、李元庆总负责。编写这本书还有一个很现实的用途，就是全国各音乐院校要开设这门课程，但是没有教材，老师没法讲，所以想开课开不了。既没有教员，也没有教材。因此，中国音协和研究所适应需要，办这个事儿。他们从全国音乐院校、音乐研究单位、音乐家协会抽调了二十几个人，集中到研究所来组成一个编辑组。结果很难弄，1959年没完成，拖了两年多。这项工作对全国影响非常大。从此以后，全国才有了这门课。这二十几个人回到各个学院都是教师，人才也培养了，教材也有了。另外还编了《参考资料十三种》。"

无论教材或者资料，都油印了一些，没有正式出版。因为书编出来了，整个政治气候也不同了，但所有油印材料每个参与者都有一套，带回去发挥了应该有的作用。

老革命遇到了史无前例的"文化大革命"

尽管李元庆的工作成果在全国各地开花结果，而在"文革"中，研究所和它的创办者李元庆却遭受重创。向延生说："李元庆最早跟聂耳在北京搞左翼音乐活动，资格非常老。跟聂耳有接触搞活动的人，在音乐界没有几个，吕骥、贺绿汀、李元庆，就这么有数的几位。因为聂耳在电影界工作，不在音乐界。包括我的父母亲跟聂耳都没有接触。聂耳1935年离开上海，去日本了。李元庆在北平的时候，成立了'北平左翼音乐家联盟'，这在聂耳的日记里面都写下来了。他提到里面有谁有谁，就提到有李元庆。所以李元庆是资格很老的同志。李元庆在学生时代，被国民党政府关起过一次，那时他没有入党，也没参加工作。后来一直硬说他是叛徒。他就是个学生，能有什么叛变的问题？其实李元庆很冤枉，'文革'期间被整得够呛。"

"文革"前研究所归到了中国音乐学院，"文革"开始学校来了好多造反派。向延生说："半大小子什么都不懂，搞得可厉害了。动员小孩造反，德国希特勒就这个做法。"

陈自明在中央音乐学院受到打击，李元庆欢迎他到音乐研究所。李元庆说："壮大年轻队伍，太好了！"陈自明回忆说："在音乐学院领导杀气腾腾的，说不定随时随地都要批判你。而在研究所，完全像自己人一样。

李元庆参加中国近现代音乐研讨班讨论学术问题（1959年）

张春香 供图

大家好得很，大家特别喜欢我。李元庆从来不整人，反而人家要整他。他从来都是最好的领导，没有任何架子。他反对阶级斗争那一套，从来没有挑起去批判某个人的事，总是想办法缓和气氛。"

陈自明说："有一拨人反李元庆，有人保李元庆。我是保李元庆的，但是不敢公开保。他们说李元庆是叛徒。"李元庆心脏不好，工作负担又重，还有人跟他作对。大家记得，他搬个小凳子，走几步休息一下，走几步休息一下。陈自明认为，在自己接触过的所有领导里，李元庆是最好的。尤其自己被打成"右派"，李元庆没有任何偏见对待他，他一生感佩。他说："不管何事，无论什么采访，都带我去。"

遗憾《聂耳全集》中没有给他留个名字

1977年，李元庆被"解放"后重新主持音乐所的工作。向延生被指派主持《中国音乐陈列室》的组织、编写与布展。1978年，"音乐陈列室"刚起了个头，李元庆又安排向延生负责编辑《聂耳全集》。这样，"音乐陈列馆"的事一放下，向延生就全力转到《聂耳全集》的编辑工作上来了。经过反复核实，理清所有问题，《聂耳全集》于1985年正式出版了。而1979年去世的老所长李元庆的名字并没有出现在编委会名单中。向延生说："没有保留李元庆的名字，是个遗憾。"

20世纪70年代末期，年近八旬的杨荫浏早已经淡出研究所的管理。比杨荫浏小十五岁的李元庆这个时候六十来岁，还有很多事情等着他做。乔建中说："李元庆刚刚被任命。实际上，当时没有'所长'这个词，任命书上写的'主要负责人'。他已经上任了，但突然就走了。"1979年12月，李元庆去世。

不知道什么时候起，音乐研究所的会议室里挂起了两张标准像一样的照片，一张李元庆，一张杨荫浏。这个做法，肯定在1979年李元庆去世之后。这样悬挂两张照片，表明了音乐研究所人心中的一个态度，就是李、杨对研究所的建设具有同样重要的地位，是他们奠定了研究所的基础。

但是不少后来进入研究所的人，没有见过李元庆，他们就把李元庆的照片撤下来了。向延生觉得这样做不合适，找领导理论，人家不听。向延生说："我直接找到吕骥，表达了我的态度。吕骥当然对研究所非常了解了。他直接给所里打招呼。过了两天，李元庆的照片又挂起来了。"

而今，在音乐研究所，照片还在，但是研究所的功能逐渐地丧失了。各地的民族音乐研究都进行得很好，这个中心的地位已经遭遇了冷落。

事总还有人做，李元庆的晚辈们，李松在文化部民族民间文艺发展中心建立着传统音乐资料库，他的后继者乔建中在西安音乐学院创建了"西北传统音乐研究中心"。李元庆的血在更多的人的身上，流淌着……

黄翔鹏：
坎坷中揭晓的谜音
——音研所60年纪念（四）

黄天来 供图

1958年，吕骥看到黄翔鹏在天津中央音乐学院没有好日子过，又断定黄翔鹏是个人才，就把三十一岁的黄翔鹏调入北京十间房音乐研究所工作。

黄翔鹏本名"祥鹏"，但是他自己改了名字，取飞翔的意思，可见他志存高远。1955年，女儿出生，黄翔鹏以李白"黄河之水天上来"之意，给孩子命名为"黄天来"。1964年，儿子出生，黄翔鹏以"天行健，君子以自强不息"给孩子取名"天健"。在那样艰难的环境中，黄翔鹏给孩子的名字，表达了一种高尚的情怀，这是他在压抑的环境中唯一可以自由发表意见的地方。

黄翔鹏的妻子本名张支，因参加革命决定"破釜沉舟"，改名周沉。1957年，周沉响应"大鸣大放"号召，和中央音乐学院同事陈自明创办了《风雨报》，被定为"周陈反党集团"，做了"右派"。院领导劝黄翔鹏离婚，黄翔鹏宁愿不升官，也坚守自己的承诺。周沉说："我一生最大的幸事是我的婚姻，我遇上了你——一个好人，一个优秀的人，一个对物质生活几乎无所求的人，一个随遇而安的人，一个对官位名利淡泊至极的人，一个对事业极端负责的人，一个对爱情婚姻极端负责的人。"

妻子被劳改去了，黄翔鹏从天津到北京的新岗位，独自带着两岁的女儿。女儿黄天来回忆说："我爸带着我挺辛苦的。一个男人带孩子非常狼狈。"

向杨荫浏请教　抽纸烟提神熏大了孩子

妻子在天津芦台农场接受监督劳动，黄翔鹏老写信。女儿说："我小时候，爸爸让我给妈妈画张画。画完之后给寄去。每年照一张相片给妈妈寄去。"

黄天来七岁该上小学了，十间房附近是五道庙小学，黄翔鹏带女儿去考试，没考上。因为他平时疏于对孩子辅导。1963年，孩子才考上。

黄天来回忆说：

> 我爸老说我是"小可怜"，因为的确很可怜。我爸是工作狂，工作特别忙，老四处跑，根本不管孩子，我跟孤儿差不多，只比要饭的强一点。我爸一出差，就把我放在邻居家。大一点，就在幼儿园整托。礼拜六别的孩子都接走，就剩下我一个。留一个老师值班，这个值班老师就烦："就因为你，我还在这值班！"我老是挨骂。
>
> 他一夜一夜地熬，不睡觉，光写东西。我对他的印象，就是天天伏案写作，天天抽烟。我是他熏大的。

黄翔鹏在那个年代，忙于民间采风，记录民间古老的声音。在录音机不方便的时候，凭他好的耳朵。黄天来说："他记的谱子非常准，差半度都听得非常准。"

黄天来经常被父亲带着到杨荫浏家去。黄天来说："杨先生在音乐上对我爸是有帮助的。我和他很熟很熟，还有曹先生。我爸经常带我到他们家，他们讨论问题，我在旁边玩。我一个小屁孩，他们的问题我什么都不懂。"

提出先秦编钟"一钟双音"假想，第二年即被曾侯乙编钟证实

1969年，黄翔鹏下放到团泊洼干校。为了要搞研究，他独自住在化肥仓库。浓烈的化肥的气味特别呛，四年下来，黄翔鹏的气管给熏坏了，慢性中毒。在干校种菜，天天干活，然后是政治学习，剩下时间他抓紧研究。以至于一多年没有给家人写信。周沉对女儿说："这人是活着呢，还是死了？"她让孩子去干校看看，黄天来十几岁，跑到了干校。她了解了父亲的情况，多年后对笔者说："干校的化肥味道最终杀害了他。"

1977年，解放了的黄翔鹏参加吕骥组织的考察小组为晋陕编钟测音。他们在太原测音，测完，人家说："你们用编钟给我们敲个乐曲吧?"

"敲什么呢?"

"敲《东方红》吧!"

黄翔鹏在上面找，正鼓音（正面敲）缺少一个音，演奏不了《东方红》。他在侧面敲出了所缺的音。当时以为是偶然现象，但是没想到，他们到了陕西、甘肃，看到两套编钟正鼓有花纹，测鼓还有一个小花纹。翻起来看，有撮磨的调音痕迹。敲出来刚好旁边有个音——三度。而且发现有点规律。于是，黄翔鹏就提出了"一钟双音"看法。

研究员秦序说："1977年，黄翔鹏完成了关于双音编钟的论文，在不定期音乐刊物《音乐论丛》上发表了上半篇。中间一半编辑部觉得反对的人多，没把握，就掐掉了。'一钟双音'没有文献记载，过去都不知道。所以黄翔鹏提出大胆推测，确实不容易被学界接受。恰好1978年，'曾侯乙墓'出土了。到工地现场一看，双音编钟! 而且上面明显标着一钟两音，清清楚楚，一敲很明确；再看里面，调音痕迹也很明确。证明黄翔鹏的猜想完全正确。"

秦序后来写过文章说："一个推测，很短的时间就被地下发掘的实物

证实，这是一个很偶然的机会，好像老天爷有意让它证明掉。"

发现田青，田青接续了前辈的思想并付诸行动

1979年中国艺术研究院研究生部恢复招生，天津音乐学院青年教师田青引起黄翔鹏的注意，他主动写信叫田青来北京参加考试。田青找学校领导商量，院长缪天瑞说："你先别走，在校上课，每个月到北京向黄先生请教两次不也一样是学习吗？"

坚持了两年之后，1981年，田青考入中国艺术研究院研究生部，师从杨荫浏。

田青是杨荫浏的最后一个学生。当他和导师说想把佛教音乐作为自己的专业方向时，杨荫浏表示反对。他的理由是：经历了"文革"冲击，中国大地上还有多少佛教音乐可供研究呢？他说："你要研究佛教音乐，就到台湾去！"

黄翔鹏利用星期天跑了很远的路找到田青，动员他改变自己的初衷："你不能违背杨先生的意志。"田青非常理解老师们的指引，他在黄翔鹏的指导下，开始改做《古琴与隐逸思想》的论文。不久，杨荫浏驾鹤西去。而田青在黄翔鹏的帮助下，走遍中国寺庙，完成了论文《佛教音乐的华化》。行将毕业的时候，两个论文都完成了，但他决定以《佛教音乐的华化》毕业，而《古琴与隐逸思想》则成了他多年后出版的专著《禅与乐》的主要部分。

田青经过历练，逐渐成长为佛教音乐专家、原生态文化保护专家。真正延续了杨荫浏的精神，并且以音乐为媒介，架起了海峡两岸交流的桥梁。

黄翔鹏真正用中国人的思维方式研究民族音乐

1984年，为了写福建南音的记谱法和福建南音宫调研究，福建师范大学音乐系教师王耀华特地住到音乐研究所，向黄翔鹏请教。黄翔鹏提出：

中国传统音乐结构当中很重要的一个就是"腔"。王耀华由此受到启发，从1986年起研究"中国传统音乐结构层次"。

王耀华说："黄翔鹏是真正用中国人的思维方式，中国人、局内人的观念，从我们历史文献上所体现的乐学、律学，来理解中国音乐。我觉得这是很宝贵的。因为中国近现代的音乐研究，或者音乐教育，更多借鉴欧洲，从理论体系到教育体系。这当然有很多优点，但也很容易产生用欧洲音乐理论体系来看待、衡量中国音乐。这就像用英语语法来衡量汉语一样，会有不适合的地方。所以，要有一套符合自己语言规律的语法，才能理解我们自己的语言。黄老师在这方面的追求是非常合理的，而且他有许多创造性。现在我们恐怕还必须要继续提倡这种东西。"

历史选择了黄翔鹏 有才气、有智慧的设计师

20世纪80年代，整个学界的面貌变化太大了。不只是音乐学，每一个在50年代按照苏联模式压下去的学科，比如人文地理学、民俗学、语言学，80年代全部焕发了活力。人文社会科学研究进入新的时期，而音乐研究所处在转型的关键时刻，新的思路呼之欲出。但这个时候，音乐研究所却经历了一个徘徊期。乔建中说："研究所走过了辉煌的十七年，在'文化大革命'中经过那么大的破坏与动荡。从李元庆去世，到杨荫浏去世这五年间，音乐研究所真的没有了主心骨。"在这历史的关节点上，所里员工和上级主管部门，共同选择了黄

黄翔鹏考察湖北随州出土文物曾侯乙编钟（1979年，湖北）

翔鹏。乔建中说："黄翔鹏和杨荫浏一样，不仅有浪漫气质，而且有奉献精神。我觉得黄翔鹏出来主持工作，是一种历史的必然。"

1985年3月28日，比杨荫浏小近三十岁、比李元庆小近十五岁的黄翔鹏，经过正式选举上任了。黄翔鹏以其非凡的才华和勤勉的工作态度，完成了音乐研究所在新时期的"整体布局"。乔建中说："黄先生一方面忠实地继承了杨所长的传统，完全接受了音乐研究所独特的血统和作风；另一方面，他提出了自己的主张，从而成为研究所承前启后的一个标志性人物。"

> 乔建中：他上来以后，首先提出"开门办所，资料为中心"这个口号，明确了这两件事情，一下子，研究所的方向就明确了。于是，整体的战略性的思维也就出来了。
>
> 笔　者：黄翔鹏把音乐研究所升华了吗？
>
> 乔建中：黄翔鹏的出现，适应了时代要求。第一，他提出两个口号；第二，他把全所的工作集中到"三刊三典"上。"三刊"，就是《中国音乐学》季刊、《中国音乐年鉴》年刊、《音乐学术信息》双月刊。"三典"，就是《中国音乐词典》《中国音乐词典（续编）》，缪天瑞先生的《音乐百科辞典》，还有《二十世纪外国音乐词典》。"三刊三典"，变成我们日常的工作状态，使大家有一个任务式的工作。"三刊"，从来没有过的思路。
>
> 笔　者：如何界定黄翔鹏的贡献？
>
> 乔建中：黄翔鹏是研究所转型期的一个有才气、有智慧的设计师。

黄翔鹏堪称学界楷模

缪也进入研究所担任《中国音乐学》编辑部主任之前就认识黄翔鹏。他说："跟他接触，觉得黄先生相当有学问，了不起。我喜欢研究所一批老人传承的特别好的传统，埋头做学问，从来不会嫉贤妒能。谁要搞出一点成绩，写出一篇好文章，大家都会很赞扬。谁发的文章多，又干出点什么，只有说明你棒。谁要嫉妒，只能说他无能。"

进入研究所，缪也来往接触最多的是期刊主编郭乃安。"郭先生一丝不苟，而且他的涵养给我感觉一丝不苟是他生命中的一部分，不是他做出来的。"

在缪也眼里，黄翔鹏更是学界楷模。黄翔鹏曾说："缪也，一个编辑，尤其是学术编辑，你发现了别人要为自己高兴。编辑最关键、最重要的，是眼光。还有比较全面的修养。做编辑不甘于寂寞，是不道德的事。"缪也说："我特别喜欢黄先生的文风。哪怕一篇很艰深的律学文章，或者是古代音乐史的文章，在他写来都很有文采，你都看得不枯燥。这是很难的。"

黄翔鹏"以资料为中心"的思想多年后才被理解

1987年，韩锺恩从上海音乐学院毕业，直接到研究所参加了工作。那时，黄翔鹏担任音乐研究所所长已经两年了，研究所的路数是按照黄翔鹏的指引在走。对黄翔鹏在每个学科中贯彻"以资料为中心"的思想，不少人私底下存在抵触情绪。韩锺恩说："我们很不理解。我们是研究员，怎么变成资料员了？尤其是刚刚出道的人，总想做研究，怎么能去做资料呢？"

笔　者：那现在理解了？

韩锺恩：现在不一样了。至少现在我觉得黄翔鹏的思想具有创新性。而且，我在研究所的时候已经意识到了，一个成功的研究员，他一定是一个对资料极其熟悉的人。所谓资料，不是搜集文字，而是脑子里对这个文章、意图，都要清清楚楚。所以，研究所对我的培养影响了我的一生。

燃尽生命最后一点能量，回归长江，《乐问》启后人

黄翔鹏于1989年夏天留起了胡子。后来，因肺心病住进了医院，医生

要求把胡须刮掉，因为胸前蓬乱而长的胡须不利于清洁。黄天来知道父亲蓄须的意义，试探着说，给你修理一下胡须。黄翔鹏同意了。黄天来也没有彻底剪掉父亲的胡须，仅仅修理了一下。一直到最后，黄翔鹏是留着胡子走的。

黄翔鹏喜欢古琴，琴家成公亮抱着名琴在黄翔鹏家里弹。起先在客厅，后来到卧室，最后一次黄翔鹏吸着氧气听《文王操》。成公亮说："除乐曲本身的庄严肃穆以外，还有一层莫名而来的悲壮气氛。"成公亮评价黄翔鹏说：

> 先生对中国传统音乐的研究，有自己独特的方法和视角。他把数千年来中国音乐的流传看成是一个活动的、不断变化、不断丰富又不断淘汰的过程。不同的历史时期和文化背景给流传中的中国音乐不断地留下印记。因而，他提出了"传统是一条河流"的观念，"古乐存活于今乐之中"的观念。从这些观念来研究传统音乐，就必须把史学、文献、考古、民族、民俗等多种学科结合起来，这就比狭隘的、孤立的考据更科学、更接近我们悠久的音乐文化历史实际了。

1997年5月8日，黄翔鹏走完了自己坎坷的人生。有人说黄翔鹏是巨人，但是在女儿眼里，他晚年瘦得只有三十七公斤，是三十七公斤的巨人啊！而去世时，还不满七十岁。

一年后，周沉和女儿没有惊动音乐研究所，将黄翔鹏的骨灰送回南京撒入长江。周沉希望陪伴她一起经历了风雨的好人，从长江来，回长江去。

黄翔鹏魂归长江，但是他未完成的《乐问》依旧影响着后学者。韩锺恩说："我觉得《乐问》从某种意义上讲，是残缺的，但是思路绝对顶尖。"

秦序说："我形容黄先生是音乐史研究领域里的一个英雄，和命运抗争，就像蜡烛一样燃烧到最后。"

安波：
壮志未酬身先死

徐天祥 供图

安波，中国现代音乐家、中国革命文艺事业的组织者、中国民族音乐学奠基人之一。原名刘清禄，曾用笔名显谛、牟生、程波、烟平等。1915年10月22日，安波出生在山东牟平县宁海镇庙沟村，到今年，他整整一百岁了。

20世纪30年代早期，安波在山东老家读书，曲阜师范学校、济南第一师范学校都留下他的青春印记。这期间，他投身抗日救亡运动，于1935年底以二十岁的年纪加入了中国共产党。1937年10月，二十二岁的安波到达红色圣地——延安，进陕北公学学习。1938年2月，他进鲁迅艺术学院音乐系学习，开始民族音乐研究与创作。那时，他苦心搜集民歌，被誉为"小调大王"。他创作的《拥军花鼓》和合作的秧歌剧《兄妹开荒》成了一个时代的标志。

1946年，安波到东北开展革命文艺工作。新中国成立后，担任辽宁省

118

文化工作部部长、文联主席、音协主席。1964年，出任初创的中国音乐学院院长，为中国民族音乐事业呕心沥血。期间，他担任大型音乐舞蹈史诗《东方红》音乐组组长。遗憾的是，1965年6月18日，壮志未酬的安波，以五十岁的年轻生命病逝。今年，也是他辞世整整50周年的纪念年份。

笔者曾担任中国音乐学院"国乐传承与创新丛书"的撰稿人。在与中国音乐学院老音乐家的聊天过程中，大家不断说起安波在中国音乐学院初创期的贡献。尤其是刚刚辞世的著名音乐史学家冯文慈先生，深受安波教诲，获益很多。所以，笔者也间接得到了安波有关中国民族音乐事业的宏旨。在这个特殊的年份，向逝者表达敬意。

理论挂帅。安波说："没有理论队伍，工作吃大亏。"

安波不是中国音乐学院最早起步的策划人，但是，他成了中国音乐学院成立后的第一号领导。他重视理论，对音乐理论系建设有明确的态度。

1963年秋冬之际，中国音乐学院筹备工作已经悄悄地进行了。1964年1月17日，"中国音乐学院筹备委员会党组织召集会议"召开。歌剧《白毛女》的作者之一马可率先讲话。他把中国音乐学院筹备的诸多细节向与会者进行了宣布。马可说：

筹备负责人：马可、苏灵扬、关鹤童。
开学时间：1964年3月1日。

马可特别强调了新创建的中国音乐学院与已经存在的中央音乐学院的不同。马可大意是："中央音乐学院所要研究传播的是以欧洲体裁、样式、技术和中国特点相结合的社会主义的民族的音乐。中国音乐学院与中央音乐学院，异途同归，先分后合。"

用"异途同归，先分后合"来阐述中央、中国两个"中"字头的音乐学院的发展战略，据说语出周恩来。

1964年3月2日，在师大礼堂举行了开学仪式。马可开门见山讲道："只是开学仪式，今天还不是正式开学典礼。"1964年3月5日，安波走进了中国音乐学院师生的视野，并且是领导集体中的第一号人物。冯文慈曾对笔者说："中国音乐学院最主要的领导干部是安波、马可、关鹤童。安波是院长兼着党委书记，马可和关鹤童都是副院长兼着副书记。他们是"延安五人团"中的三员大将。在延安时期，他们深入民间，采集民间音乐，取得了不俗的成果。安波的《兄妹开荒》是早期秧歌剧，比《白毛女》还有名。东北解放后，安波随军进入东北，做宣传部长。而关鹤童是锡伯族，调中国音乐学院以前他是吉林市副市长。"

1964年3月5日，"延安民歌五人团"骨干、中国音乐学院最高决策层安波、马可、关鹤童联袂到"音乐理论系"，参加全体教师会议，并分别做了重要讲话，对统一认识，提高水平，开展工作，有非常积极的意义。冯文慈把每位领导的讲话要点都记录在案。

安波和马可不约而同地强调了理论的价值与意义。安波说："没有理论队伍，工作吃大亏。理论是灵魂，所谓政治挂帅，思想先行。理论工作是长期的任务。"马可说："轻视理论本身也是理论，是资产阶级的观点。实际是技术决定一切，实践第一性，理论第二性，是实践要指导，理论跟不上，会起决定作用。少奇说：在一定条件下，矛盾的次要方面会起决定作用，不能认为理论是伺候创作的'服务行业'。理论是挂帅。"

中国音乐学院音乐理论系建立起来了，那么这个系面临的任务是什么呢？安波回答了这个问题。他说：

一、党的宣传员。艺术方针政策解释者。

二、以马列主义美学为纲，研究音乐各种现象，对当前创作总结。评论的任务是浇花锄草。

三、遗产整理研究，例如总结郭兰英、宝音德力格、四大件研究。

"解释政策""研究现象""整理遗产"是中国音乐学院音乐理论系建

系之初就确定的任务。安波对教师提出的要求是：

一、具备马列主义基础知识，特别是辩证唯物主义与历史唯物主义哲学观。

二、有丰富的文化知识，特别是文史知识。

三、音乐知识要广。

四、文字能力要强。

而音乐理论系培养出的学生，安波要求他们，要有坚定的政治立场，爱憎分明；要能与群众紧密联系的；要有本事，不能只有知识，没有能力，还要一专多能。关鹤童重复了安波的意见，他说："马列主义要比别人多，语文笔杆子要比别人硬，音乐知识要广。"

作为中国音乐学院最高统帅，安波特别强调："在建院过程中，理论系要走在前列。困难多，责任大，但是星星之火可以燎原。"他设定了音乐理论系的四个专业：

一、音乐概论

二、史（民族传统音乐理论）

三、民间音乐研究

四、评论专业（古今中外，以现代创作为主）

关鹤童兼任音乐理论系主任，冯文慈被任命为音乐理论系的秘书。因为关鹤童是学院副院长，杂事多，所以系里成立了四个人组成的领导小组。支部书记是林凌峰，系秘书是冯文慈，董维松任民族音乐教研室主任，冯文慈兼着音乐史教研室主任，李大士为理论教研室主任。林凌峰、冯文慈、董维松、李大士，在系里承担着教学科研政治学习一整套运作。冯文慈经常代替关鹤童主持会议。

实践跟上。安波说："下乡是我们的本分。"

初创的中国音乐学院，由中央音乐学院民族音乐部分和北京艺术学院音乐部分合并而成。校级领导层在办学主张上有分歧。首先，北京艺术学院的领导，对中央音乐学院的一套做法嗤之以鼻。比如，关于演出服和发式问题，人们指责香港演员，而赵沨却公开说："你管人家穿什么衣服，他披大被单也没关系，反正唱得好就行了。"苏灵阳、叶茵等则认为：赵沨思想太"右"。

中央音乐学院的"教学实习"，组织学生下乡采风、创作或者演出，跟专业完全结合在一起。而北京艺术学院不赞成这样。他们说："下去就是改造思想，不要惦记业务，要把业务放下，跟老乡促膝谈心访贫问苦，会抽烟的抽老乡的旱烟袋。"

进入1964年，在中国音乐学院以叶茵为代表的原来北艺师干部，认为安波、马可、关鹤童不是政治挂帅，是搞业务挂帅。

1964年9月21日，"中国音乐学院建院典礼"正式举行。安波向大会报告了中国音乐学院的筹建经过。中共中央宣传部副部长、文化部副部长周扬与会发表了讲话。周扬这位在文化界位高权重的人物，他的夫人苏灵扬就是学校的筹备者之一，所以他对中国音乐学院的建设是熟悉的。他谈了"为什么再办一个中国音乐学院"的问题。他说中国音乐学院的创办，目的是"为了社会主义的革命的民族的新音乐"。他说，中央音乐学院、中国音乐学院，目的是一样的。中央音乐学院比较多地继承借鉴外国的东西，中国音乐学院比较多地继承借鉴中国的东西，最后都创造社会主义民族的东西，分工试验。而这创造来源，是要加强与工农兵的联系。

安波、马可的延安传统，还是周扬与工农兵联系的主张，中国音乐学院都不可能关起门来办学。建院典礼之后，中国音乐学院声乐系、器乐系数十名学生组成庞大的演出团，浩浩荡荡开赴河北定县农村，执行"二为"方针，用行动与工农兵联系。

安波、关鹤童鼓励冯文慈，派他担任领队。冯文慈与几位教师组成领导小组，庞大的队伍下到基层，住宿、吃饭、演出场地、演出时间安排等等，烦琐的工作需要耐心地一件件处理。在河北中部定县的演出活动，关鹤童没去。接近尾声了，安波代表院领导到演出现场慰问了第一次在中国音乐学院旗帜下出门的广大师生。

安波与教师、学生讲"学音乐"与"下乡"的关系，赢得了师生的欢迎。这个话题，抛开当时的历史背景不提，依旧有现实意义。我们学艺术的学生一味在课堂、琴房学技术，而不关心基层广大民众的现实需求，也不知道由民间创造并在民间传承的珍贵的艺术遗产，怎么可以算得了是中国音乐学院呢？

师生们带下去的节目，主题都是"赞美人民公社""歌颂党""歌颂革命""歌颂新社会"的，体现着安波、马可继承延安文艺传统的办学思路。冯文慈曾回忆说：

> 安波有老延安的作风，比较实在，不搞花架子。
>
> 一次，演出完时间晚了，秋天，天气相当凉了。村干部们要求看演出的小学生，列队送我们出村。安波特别跟村干部讲："不要让孩子们送了，天这么冷，赶快回去。"

下乡演出回到学校，冯文慈有感于新成立的中国音乐学院办学理念的时代性，提笔给《人民音乐》写了随想式的报道。标题用的是安波原话："下乡是我们的本分！"

师生们以自己的"本分"参与中国音乐学院建设的同时，安波在北京参与了大型音乐舞蹈史诗《东方红》的创作，这个作品成了一个时代的经典。

"开荒者"先行，《安波遗作选》未出版

　　正月里来是新年，赶上了猪羊出呀了门。猪哇、羊呀送到哪里去？送给那英勇的八呀路军，嗨来梅翠花，嗨呀海棠花，送给那英勇的八呀路军。

　　天下闻名的朱总司令，一心爱咱们老呀百姓，为咱们日子过得美，发动了生产大呀运动。嗨来梅翠花，嗨呀海棠花，发动了生产大呀运动。

　　……

　　这首《拥军花鼓》还在唱，音乐舞蹈史诗《东方红》还在上演，中国音乐学院刚刚起步，而"开荒人"安波倒下了。正月里来虽然还是新年，但1965年新年，安波病了。到春天，他便不得不住医院了。

　　安波在医院里，关于"三化"——革命化、群众化、民族化的讨论在进行，吴晗挨批，就德彪西音乐，贺绿汀挨批。中国音乐学院师生看不清方向，他们需要病床上的安波指引方向。但是，疾病把《拥军花鼓》中传达给世界那么多快乐的人，折磨得不堪入目，安波一次又一次昏迷过去。可一旦他清醒着，就是创作心中的颂歌。去世的前一天，他依旧在病榻上，为诗人郭小川的词《毛泽东颂》谱曲。

　　安波，一位开创了中国革命音乐事业的杰出社会活动家，正需要他来为中国音乐学院继续前进而掌舵"开荒"，他却再也不能站立起来了。安波只活了五十岁，他的离开，是新生的中国音乐学院的最大损失。他的英年早逝，是否某种程度上也预示了中国音乐学院必然遭遇多舛的命运？

　　冯文慈在安波去世的时候不在北京，他被学校派往东北招生。当他在安波工作过的大地上听到安波永远无法带领他继续"开荒"了，他刚刚被点燃的创业热情多少蒙了些阴影。他潜意识里觉得，应该为安波做点什么，安波辉煌的成就还没有来得及总结，安波辉煌的思想还没有落实完

毕。尤其是安波务实的作风，是冯文慈学习的榜样。

回到学校，领导把编选《安波遗作选》的任务交给音乐理论系，冯文慈欣然接受，负责起了这本书的编辑重任。

冯文慈回忆说：

> 我们理论系绝大部分教师，都怀着对这位领导的感念之情，一起翻报纸，找杂志，认真甄别，从浩瀚的书报中找到安波院长尽可能全面的作品。
>
> 编选完成后，出了油印本，没有正式出版。今天回头看，我们编选的《安波遗作选》难免打上那个时代的印迹，有的过时了，但这不等于它没有价值。

安波的家属在北京，而安波曾经担任辽宁省委宣传部长，东北文化界对安波去世也非常关注。与东北多次磋商之后，在编辑《安波遗作选》的同时，冯文慈与音乐理论系的同事们，把征集、搜集到的安波遗物、著作、生前相关材料，在中国音乐学院图书馆阅览室里，布置成"安波纪念展览"，给全体师生和院外关注安波的人士对这位"开荒者"以真切而直观的感受与理解。

别忘了，这是1965年的中国。中国音乐学院诸多事情，本来还有巡回展览的设想与计划。但1965年冬天到了。事情搁置下来。于是，因为"文化大革命"的到来，就永远搁置了。冯文慈说："遗物找不到了，名单、陈列单都找不到了，《安波遗作选》的出版也永远停滞了。我想办也没法办，一切都搁浅了。"

马可：
创建中国的音乐学院

徐天祥 供图

2014年9月21日，位于北京健翔桥北的中国音乐学院将迎来建校五十年大庆。很多读者经常把它与位于鲍家街43号的中央音乐学院混淆。实际上，中国音乐学院的创建，完全是与中央音乐学院相反的一种构想：即，创立中国自己的音乐教育体系！

从完全照搬西方体系的中国现代专业音乐教育格局中独立出来谈何容易？

但，几代中国音乐学院人以"中国"的名义，努力了五十年！这是今日中国数百所"音乐学院"中，唯一以传承民族文化传统为己任的专业音乐院校。是在"去中国化"音乐教育的大环境包围中，唯一担当保留中国音乐基因的院校！

每一个中国音乐学院人，都知道自己的学校是周恩来倡议组建起来的。但是，周恩来组建中国音乐学院的初衷是什么？

这，要从新中国专业音乐教育的起步说起。

"洋"派在新中国专业音乐教育中统治地位的确立

1949年组建的中央音乐学院，是旧时代留下的底子，云集了来自解放和国统区的音乐教育工作者。解放区干部，常年在民间浸泡着，对民间音乐热爱并倾注了太多情感，他们外表土里土气，但他们心中装着"人民"；而长衫大褂的传统文人，我们古老民族的文人音乐浸入他们的骨髓，他们是传统文化的守护者，他们心中崇敬"传统的根脉"；而西装革履的海归派，对西方音乐文化心向往之，愿意以西洋"先进"的音乐来改造我们的"传统"。

解放区的音乐工作者，"艺术"是"革命工具"的观念已经接受了很久，他们就是在这样的理念支撑下成长起来的，他们会直观地认为，"文人音乐"是统治阶级的审美，不是人民的审美。而"西洋音乐"是资产阶级的审美，不是大众的审美。

传统文人，他们欣赏古琴昆曲这样的艺术样式，他们排拒"西洋音乐"，认为那不是祖宗留下的东西。而民间音乐在他们看来，"俗气"了。

海归派高举"科学"大旗，对无论是民间的还是庙堂的中国传统音乐，从记谱方式到有记载的音乐作品数量，从嗓音的发声方式到乐器的构造，他们希望把西洋的先进的东西带给新中国。

不同的思想观念在这里碰撞，成为中国思想文化冲撞的一个缩影。这就是1949年岁末在天津中央音乐学院形成的一道奇特景观。

中国现代音乐教育与中国现代教育一样，受到了西方教育体制的巨大影响。我们传统培养艺术人才的机制，在教育现代化的过程中，被迅速瓦解。随着海归学者知识救国热情的影响，中国教育制度照搬了西方现成的模式。传统戏班子和各种艺术传习所培养艺人的方式，一概被扣上落后的帽子，逐渐被边缘化了。无论从南京来的"国立音乐院"，还是在北京的"国立艺术专科学校"，他们都是按照欧洲专业音乐院校的模式来设置课程。而起源于延安的"华北大学"和"鲁迅艺术学院"，是适应战时教育需要，更加强调与实际需要的结合，但是，在技术的强调上、在课程的安排上，与专业院校比，似有不足。而"中华音乐院"本来就是为革命需要带有业余培训性质的教育。于是，这样多的教学单位合在一处，如何教学成了问题？

在新成立的中央音乐学院就掀起了"洋、土唱法"的争论，两种观点相持不让，甚至影响到了正常的教学。李凌回忆说："正在这时，关于全国高等教育中央定了方针：一切全部接收下来，按照原来课程设置进行，不要打乱。于是，新生的中央音乐学院就按照南京'国立音乐院'原来的课程设置来设置课程。"于是，西方音乐教学体系得到确认。

虽然在西方教学体系中加了点民族传统，但是古琴、二胡类似配菜，更像是点缀。

成立中国音乐学院专门训练、培养搞民族音乐的人才

到1963年，中央音乐学院成立十余年了，担心的人越来越多："中央音乐学院民间音乐不管是声乐还是器乐都有被洋的吃掉的危险。"赵沨回忆说："1963年春，周总理在只有三五人的范围内做了讲话。在座的有周扬、林默涵和我。周总理在详细地询问了中央音乐学院的情况后提出一个设想，他说：'是不是在中、西问题上可以先分后合？'他还笑着说：'《三国演义》也讲"合久必分，分久必合"嘛，这样可使民族音乐得到独立的发展机会。'因此，他建议另外成立一个中国音乐学院，专门训练、培养搞民族音乐的人才，使一些致力于学习民族音乐的学生能到这个音乐学院来读书。中央音乐学院则专门招收学习西方音乐、器乐的学生来学习。"

吕骥在他怀念周恩来的长文中说："多年来，周总理认为音乐舞蹈界相当普遍地存在一些重大思想问题，许多人都不很清楚。因此，在1964年1月曾召开过一次座谈会。……会后，……决定在《光明日报》上，进一步展开关于'三化'（革命化、民族化、群众化）的讨论。以他看来，对这三方面问题，如果不深入加以思索，思想如不明确，对建设社会主义

的民族音乐舞蹈艺术，是相当困难的。"

"三化"问题究竟如何理解？作为当年参与其中的吕骥，他的理解更接近周恩来的本意。吕骥讲："从发展有中国特色的社会主义的民族的音乐艺术宏观来看，革命的社会主义生活题材是最根本的问题。"

1963年底，中央音乐学院戏曲音乐教师董维松刚参加了"四清"运动回到北京，就参加了筹备中国音乐学院的工作。

周恩来给学校派来的都是延安老干部

1963年秋冬之际，中国音乐学院筹谋工作已经悄悄地进行了。歌剧《白毛女》的作者之一、中国戏曲学院研究室主任马可，被周恩来点名筹备中国音乐学院。周恩来在1963年12月14日到1964年2月29日七十二天的时间里，率团访问了埃及、阿尔及利亚、突尼斯、苏丹、埃塞俄比亚、阿尔巴尼亚、缅甸、巴基斯坦等亚非欧十四个国家。就在出国前，在昆明，周恩来给马可打电话问询学校的筹备情况。

1964年1月17日，中国音乐学院筹备委员会党组织召集会议，马可率先说到中国音乐学院的办学宗旨："建立以社会主义的音乐、舞蹈为主体，遵循'革命化、民族化、大众化'的原则，扭转中国艺术教育中'重洋轻中'的局面。办学任务：培养研究、创作、表演的专门人才为主，同时培养面向农村的中学师资和基层文化单位群众音乐干部。"

马可特别强调了新创建的中国音乐学院与已经存在的中央音乐学院的不同，大意是："中央音乐学院所要研究传播的是以欧洲体裁、样式、技术和中国特点相结合的社会主义的民族的音乐。中国音乐学院与中央音乐学院，异途同归，先分后合。"

中国音乐学院在北京艺术学院的基础上，将中央音乐学院民族音乐系科合并过来，校址选在北京艺术学院原址恭王府。1964年3月，天气很冷，中央音乐学院民族声乐、民族器乐、音乐学系搞民族音乐理论的学生都来到了新学校。3月2日，在师大礼堂举行了开学仪式。马可开门见山讲道："只是开学式，今天还不是正式开学典礼。"

辽宁省委宣传部副部长安波可能略晚于马可、关鹤童到任。中央音乐学院所有民族声乐、民族作曲、民族理论、民族器乐的大部分人调到中国音乐学院。

筹备时期，以原北京艺术学院的领导为主，但是从各地调来的安波、马可、关鹤童，更有共同的志向。他们早在延安时期，就是中国民歌研究会的骨干。

安波1915生于山东牟平县。1937年到延安陕北公学学习，1938年2月入鲁迅艺术学院音乐系学习，后从事民族音乐研究。扎根民间，搜集民歌，被誉为"小调大王"。在延安秧歌运动中，他以陕北民歌《打黄羊》的曲调重新填词创作的《拥军花鼓》和秧歌剧《兄妹开荒》受到空前的欢迎。1947年写了论文《秦腔音乐概述》《关于陕北说书音乐》《八年来的中国民间音乐研究会》，1950年出版了《秦腔音乐》，1952年出版了《东蒙民歌选》，1955年出版了《东北民间歌曲选》，1963年出版了《越南民歌选》。有论者评价他"为中国民族音乐学的发展做了开拓性的工作"。

于是，1964年9月21日学校正式宣布成立，校领导的格局就确定为：院长兼党委书记：安波；副院长：马可；党委副书记：叶茵；副院长：关鹤童。

师生们意识到，周总理给学校派来的都是延安老干部。他们在延安文艺座谈会讲话时期就是音乐界出类拔萃的人物，有这样的领导团队，学校未来无可限量。

理论建设的意义："解释政策""研究现象""整理遗产"

其实早在1963年底，中国音乐学院的各级组织已经安排停当，正常教学已经开始。董维松回忆说："那时候，全院上下热情极高，积极学习传统民间音乐，把民间艺人请进来，师生们走出去。又学习，又排民族化很强能让群众喜闻乐见的节目。一个学期结束后，还分了两个演出队，一去河北定县，一去京东昌黎。又向群众汇报演出，又向当地学习民间音乐。我记得从定县回来的演出队的师生们大唱定县秧歌。一个叫曾永清的吹笛子的学生，还用定县秧歌的曲调做了一首笛子独奏曲，非常好听，成了他的保留曲目几乎每演必吹。"

学校成立起来以后，边办学，边讨论办学思路。"中国音乐学院究竟要培养什么样的人才？"是摆在大家面前的首要问题，中国音乐学院党委为此展开了争论。

以叶茵为代表的党政部门的同志，主张学习乌兰牧骑。"乌兰"是蒙语红色的意思，"乌兰牧骑"又称"红色文化工作队"。乌兰牧骑每队十几个人，流动在草原上为牧民送去精神食粮。1964年乌兰牧骑代表队到北京演出，成为全国群众文艺的榜样。

而以安波、马可为主，包括中央音乐学院划分过来的教师，主张培养高尖人才。他们说："作为音乐学院，普及型人才固然要培养，但是培养高精尖人才是主要的。"是办一个业余水平的文化工作队，还是培养一批一批、一代一代可以代表全国最高水平的民族音乐歌唱家、民族器乐演奏家、民族音乐学家、民族音乐教育家？

北京艺术学院的领导，对中央音乐学院的那一套嗤之以鼻。比如，关于演出服和发式问题，人们指责香港演员，而赵沨却公开说："你管人家穿什么衣服，他披大被单也没关系，反正唱得好就行了。"而周扬的夫人苏灵扬，还有另外一位干部叶茵却认为赵沨思想太"右"。

中央音乐学院的"教学实习"，组织学生下乡采风、创作或者演出，跟专业完全结合在一起。而北京艺术学院不赞成这样。他们说："下去就是改造思想，不要惦记业务，要把业务放下，跟老乡促膝谈心访贫问苦，会抽烟的抽老乡的旱烟袋。"

两种观点比较对立，争论也很激烈。董维松回忆说："因为安波、马可等音乐家的威望很高，他们很好地处理各种关系，所以一般人并不知道内部在争论这个事情。但是，这个激烈的争论却导致了'文化大革命'中，中国音乐学院分成了两派。"

民族音乐理论专业应该培养什么样的人才？

1964年3月5日，"延安民歌五人团"骨干、中国音乐学院最高决策层安波、马可、关鹤童联袂到音乐理论系，参加全体教师会议，并分别做了重要讲话，对统一认识，提高水平，开展工作，有非常积极的意义。

安波和马可不约而同地强调了理论的价值与意义。作为中国音乐学院最高统帅，安波特别强调："在建院过程中，理论系要走在前列。困难多，责任大，但是星星之火可以燎原。"

走延安鲁艺的办学路子，"下乡是我们的本分"

1964年9月21日举行了"中国音乐学院建院典礼"。安波向大会报告了中国音乐学院的筹建经过。中共中央宣传部副部长、文化部副部长周扬与会并发表了讲话。周扬是在文化界位高权重的人物，他的夫人苏灵扬就是学校的筹备者之一，所以他对中国音乐学院的建设是熟悉的。他谈了"为什么再办一个中国音乐学院"的问题。他说："中国音乐学院的创办，目的是'为了社会主义的革命的民族的新音乐'。他说，中央音乐学院、中国音乐学院，目的是一样的。中央音乐学院比较多地继承借鉴外国的东西，中国音乐学院比较多地继承借鉴中国的东西，最后都创造社会主义民族的东西，分工试验。而这创造来源，是要加强与工农兵的联系。

安波、马可的延安传统，还是周扬与工农兵联系的主张，中国音乐学院都不可能关起门来办学。建院典礼之后，中国音乐学院声乐系、器乐系数十名学生组成庞大的演出团，浩浩荡荡开赴河北定县农村，执行"二为"方针，用行动与工农兵联系。"

庞大的队伍下到基层，住宿、吃饭、演出场地、演出时间安排等等，烦琐的工作需要耐心地一件件处理。师生们到在河北中部定县搞演出活动，接近尾声了，安波代表院领导到演出现场慰问了第一次在中国音乐学院旗帜下出门的广大师生。

安波与教师、学生讲"学音乐"与"下乡"的关系，赢得了师生的欢迎。这个话题，抛开当时的历史背景不提，依旧有现实意义。我们学艺术的学生一味在课堂、琴房学技术，而不关心基层广大民众的现实需求，也不知道由民间创造并在民间传承的珍贵的艺术遗产，怎么可以算得了是中国音乐学院呢？

多少年来，体育就是"金牌战略"，音乐教育就是"国际获奖"，那么，这就是音乐教育的全部意义吗？难道这就是"中国梦"吗？

耿生廉:
民歌贩子的哀与荣

耿郁琴 供图

六十多年前，1954年春天，他二十七岁，在新中国高校——北京师范大学——首开系统民歌课程，成为中国专业音乐院校第一个专职民歌教员。

几十年如一日的教学，他的学生都成了学界大腕。这批学生在中央音乐学院、中国音乐学院、上海音乐学院、南京艺术学院、中国传媒大学都成了理所当然的权威。而他，却不为世人所知。2011年5月12日，八十四岁，他悄然无声地走完了民歌教学之旅。第二天，吴碧霞、龚琳娜和中国音乐学院的几十个学生为他送行。后来，他化成一捧灰，融入大海……

风入耳，一嗓吼八方歌，各出风格，穷天下美；
心涌火，两袖携千家子，尽哺成才，唱民族魂。

134

三年前的今天，我以这样的一副挽联为耿生廉先生送别。虽然他走得没有一点声息，但在我，却是一次很沉重的告别。

他一生的哀荣是民歌给的。哀，是因为民间音乐在强大的所谓西洋先进论音乐观念冲击下，被教育界边缘化，被主流人士冷漠对待。荣，是因为他在冷板凳上的坚持，不因为别人的热闹而改变自己的方向。于是，民歌成了耿生廉的血肉，他与中国民歌的研究及传播已经无法分离。在耿生廉的世界里，课堂、教室、病房都是无限广阔的山野，歌是山野里的风，四季不息……

耿生廉在数十年的教学研究中，没有出版过专著。直到2007年，他的学生们帮助编辑了一本《我与中国民歌》，交由中国青年出版社出版。他的研究与心得像民歌一样，开口就有，闭口就无。于是他的"无著作"，也非常可贵地显示了他的品格："不求喧腾，只求字字为真"。

耿生廉半个世纪中，先后在北京师范大学、北京艺术学院、中国音乐学院、中央音乐学院等五所大学为学生们编写了三十三本油印"民歌教材"。支撑这些教材的，是数不尽的辛苦和辛苦凝聚成的大大小小、厚厚薄薄的四十九本《民歌采访札记》和九十六本《民歌学习随笔》……

耿生廉谦称自己为"民歌的二道贩"，像小蜜蜂一样采撷各地民歌酿造出了"中国专业民歌教育"这坛蜜，哺育了耀眼的明星和一份宏大的事业。他一生坚守在民歌阵地上，植根于民间，小心呵护民歌种子，用爱心为水，浇灌和播种到年轻的生命中去，这既孤独了耿生廉，也富足了耿生廉……

吹树叶为乐，羞于唱《大同府》却被贺绿汀看中录取

耿生廉1927年9月11日出生在山西大同城里。在九龙壁光环下长大，他从小就会唱两句坊间民谣："大同府呀嗨，九龙壁呀嗨，你是哥哥的啊，噢，要命鬼呀嗨……"

童年时代，耿生廉听到乡下人用叶子吹出声响，自己也从树上采摘一

片叶子，放在嘴里，慢慢琢磨出了属于自己的"木叶音乐"。吹着树叶的耿生廉，音乐天赋被学校老师发现了，于是，在学校的重大活动中，他在民乐队里吹笙或者吹笛子。

全国解放后，耿生廉到北京，投考北京师范大学。这时候，贺绿汀是考试官。耿生廉对笔者回忆说："考大学的时候，贺绿汀问我：'你是大同的，会唱大同《大同府》吗？'我心想：《大同府》里面哥呀，妹的，又是要命鬼，不好。考大学怎么能唱这个？我撒谎：'我忘了。'贺绿汀挺遗憾的，继续问：'你会唱什么？'我回答：'梆子可以。'"

哼过梆子之后，耿生廉主动说："我还会吹皮皮（树叶）。"因为跟前没有树叶，他就拿了一块塑料放在嘴上，吹出各种调子来。实际上就是嘴和塑料配合的，跟演奏乐器一样。

贺绿汀招收下了这个晋北来的小伙子。耿生廉的大学同学许敬行回忆说："耿生廉考进来的主要原因，也就是大家照顾他喜欢民族音乐。当时贺绿汀提倡发展民族音乐，大家觉得他有些特点，就把他录取了。"

从马可、刘炽手里，接过民间音乐的衣钵

考入北京师范大学，对新中国第一代大学生来说，依然可以说是幸运的。大学高年级同学回忆说："耿生廉跟大城市来的孩子比，感觉有点'土气'，无论口音还是生活习惯。"但耿生廉非常珍惜读书的机会。他的妹妹耿玉莲回忆说："我哥去了北京很少回来，最多一年过年回来一次。家里穷，他在北京也挣不下钱，冬天走的时候，是棉袄，一年后回来了，还是那件棉袄。棉袄穿得脏了，就和雨衣一样，闪闪发亮。但他不说一声苦，一样好好学习。"

对耿生廉来说，最幸运是碰到了足以引领他人生方向的大师——马可和刘炽。

马可比耿生廉年长九岁，是中央戏剧学院歌剧系主任，同时在北京师范大学兼民间音乐课教师。马可对于民间音乐的态度，无疑会影响每一个

走进他的课堂的学生。说到民间音乐的价值，马可指出："有些人常常将我们的民间音乐与西洋音乐做不恰当的对比，从而证明民间音乐的'落后'和'不科学'。比方，我国民间音乐缺乏和声，就认为他没有完善的表现能力；因为我国的说唱音乐和戏曲音乐不符合西洋固有的某些作曲规律，就说说唱音乐根本不能算作音乐，说戏曲音乐不能表现人物性格，必须全部推翻按照西洋歌剧的规律来改造它。这些都是对于祖国文化传统的粗暴态度，是十分错误的。"

马可对于耿生廉的影响，不是技术上的影响，是思想上、分析方法和艺术感受上的影响。

1952年3月，马可开设的《民间音乐》课程正式与学生见面。耿生廉记得："当时上课地点是北师大音乐系小院第五教室。马可先生上课讲的内容并不多，主要是听和唱。"可是，不到一个半月，马可忙中央戏剧学院的工作去了，不得已，北京师范大学又请了刘炽来继续上同一门课程。

耿生廉回忆说："对我影响最大的是在北师大读书时期，马可、刘炽两位老师给我上民间音乐课。那时候教室里有一个大的三角钢琴，他们就站在钢琴旁边开始上课。"

马可、刘炽让耿生廉触摸到了中华沃土的温度，但是要成为一个职业音乐教师，只在那里触摸还是不够的。是谁最终把一个大学生塑造成了民歌教员呢？

二十七岁，新中国最早的民歌教材出炉

北京师范大学四年求学，耿生廉接触了民歌。领导看中他对民间音乐的浓厚兴趣，毕业时，就让他留校，把未来学校民歌教学的任务分派给了他。当时北师大副教务长是钟敬文，音乐系理论教研室主任是张肖虎。他们联手把耿生廉从学生培养成合格教师。

耿生廉说："既然领导把讲授民歌课的任务交付给了我，我就决心把课教好。从接受任务的那一天起，我就进入了备课状态。"那时，他兼任音

乐系秘书工作，一天到晚，把系秘书工作处理完毕后，所有的时间就都用在备课上。

他跑图书馆、跑书店、跑民族音乐研究所，收录广播中跟民歌有关的节目。此外，旁听钟敬文讲授的民间文学课。遇到问题，他去请教张肖虎、刘炽和钟敬文。经过一年多的努力，他终于在毕业后的第二年——1954年春按时独立开起了民歌课。

上课得有教材，张肖虎指导他编起了教材。我们今天可以看到这本教材：《民歌欣赏讲义（初稿）》，由北京师范大学音乐系理论组油印出版。张肖虎为此撰写的"前言"说：

……从1953年春至冬，约一年的准备阶段，耿生廉同志阅读了、学习并唱会了许多有关的材料及歌曲。并且最主要是得到马可、刘炽二同志支持和指导，并且参考、吸取了他们二位的民间音乐讲义，参考吸取了钟敬文先生的《人民口头创作》，何其芳同志的《论民歌》以及吕骥同志先后发表的关于民歌民间音乐的文章。

此外耿生廉同志尽量收集各种资料，进行分析，吸收到教材里来，又得到民族音乐研究所提供的很多宝贵资料，以及各地的民间音乐工作者所借给的材料……

耿生廉同志在短短的时间中，来完成这样工作不是很容易的，他每写好一部分稿子，或选择到一些材料，常找其他教师来研究。在整个的编写时期，他又经常和我讨论编写的内容

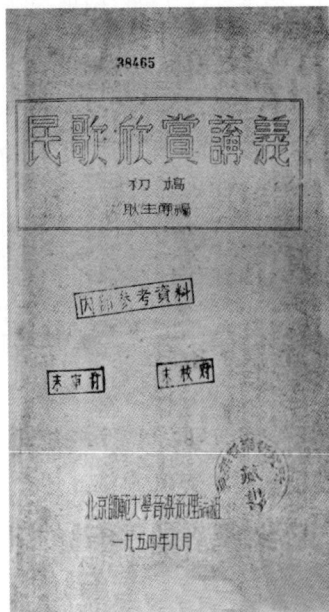

1954年耿生廉编的第一本教材。此教材现在已经很难找到，这本复制本是耿生廉从北京师范大学图书馆复制出来自己保存的。

和教学的方式……

　　耿生廉同志开始讲课是在1954年春，课程是半年的课，经过整理成为现在这本"初稿"。

撰写不易、编辑认真、刻写工整的《民歌欣赏讲义（初稿）》出版于1954年秋天。他从民间音乐爱好者，成了民间音乐的理论家。作为新中国早期的民歌教材，二十七岁的耿生廉完成了一件连他自己都没有想到的事情。其开创性的意义，远远大于以后的同类著作。

一个民歌人的智慧：让民歌与政治需要同行

　　耿生廉二十七岁时是一个对传统相对迷恋的人。那时刚刚进入新社会，对旧的东西的否定是相当彻底的。但是，耿生廉小心谨慎地表达着自己的思想。

　　1958年"新民歌运动"兴起。郭沫若、周扬选编《红旗歌谣》时，比照《诗经》，选了三百首新民歌。这本民歌集是"党的颂歌""农业大跃进之歌""工业大跃进之歌"和"保卫祖国之歌"。在《红旗歌谣》这"新诗经"的影响下，中国传统民歌的唱词已经完全从人们的视野中消失了。

　　1964年，耿生廉成了新成立的中国音乐学院教师中的一员。这时候选编民歌，"民间小调"里已经没有一首"情歌"。1965年—1966年他编选《民族音乐·民间歌曲》

耿生廉

时，"千万不要忘记阶级斗争"已经非常盛行。耿生廉在严酷的政治环境中选编《民族音乐·全国少数民族民歌选》，就不得不突出时代主题。1966年4月，耿生廉编选《作曲系教材·民族音乐民歌部分讲义》，就开始尝试批判传统民歌了。

不同时期由于政治环境不同，所选取的民歌也不同。但是，这门课耿生廉一直坚持了很多年，他委曲求全，努力让民歌活着。1975年，中央五七艺术大学音乐学院为干部进修班使用编写的教材《民族音乐·民歌选》，耿生廉选取了二十五个省区，二十六个民族的一百五十八首民歌。几乎都是迎合政治需要重新填词的红色民歌。仅歌颂毛泽东的歌曲，就一大串，来自全国各地。它们是：《一心向着毛主席》《人民靠的是毛泽东》《毛主席好比红太阳》《毛主席为咱架金桥》《毛主席著作就是好》《雪白的哈达献给毛主席》《毛主席是鄂伦春最亲爱的人》《门巴族人民热爱毛主席》……

耿生廉喜欢民间情歌，但是在很多年里，他提心吊胆地编写民歌教材，哪些歌在哪些年代可以给学生传授，他的思考一定是一部"20世纪民歌政治史"。《诗经》分"风""雅""颂"三部分，一般认为，"风"才是真正的民歌。但是，在耿生廉从教的岁月里，"风"被判了死刑，不能传播。于是，只剩了"颂"。颂赞领袖，颂赞政策，民歌失却了可贵的"真"。

支撑"金氏民族唱法"，把大床让给吴碧霞

中国音乐学院于20世纪80年代之后培养了一大批歌唱家，成了歌唱家的摇篮，其"金氏民族唱法"更为学界和听众所瞩目。中国第一个声乐硕士是彭丽媛，第二个硕士是王士魁，第三个硕士是张也。王士魁说："从民族声乐角度讲，耿老师做出了巨大贡献，彭丽媛、宋祖英、张也等等，很多歌唱家都跟耿老师上过课，他非常朴实，朴实得就像原生态民歌一样，没有半点污染。他唱歌时的那种神态，真的就和民间老艺人没有两

140

样。但事实上，他是大师！他在表现作品的时候，我们能感觉到他在情感方面的诠释，是那样淋漓尽致。金老师特别强调'声、情、字、味、表、养、象'七个字，这七个字，只有第一个字强调的是技术。情啊，字啊，味啊，你都得跟耿老师学。一个学科要有很多东西来支撑才行，而耿老师还有我们学校的其他老师，无疑都发挥着积极的作用。"

曾经担任中国音乐学院院长的赵塔里木也是耿生廉的学生。他说："耿老师最重要的教学方法就是唱，每一首地方民歌他都会讲歌曲的风格、特点、联系、区别。他自己范唱，而且教给学生，带着大家一起唱。"

中国传媒大学教授何晓兵是耿生廉单独招的研究生，他说："耿老师的民歌记忆量无人可以匹敌。在民歌领域耿老师可能是最好的，即使不能说第一也可以说是最好的之一。"

著名歌唱家、中国音乐学院教授吴碧霞说："耿老师从来不会说'我不知道'。即使他真的不知道，或者不确定，他一定记下来，经过认真查找资料，最后给我一个满意的答案。"

1996年，吴碧霞要参加文化部主办的全国声乐大赛。当时学校放假，宿舍关门了，一个穷学生，只能租住地下室。而地下室很阴，很潮，她感冒了。

马上要参加比赛了，感冒了怎么办呢？耿生廉让吴碧霞去家里住。耿生廉夫妇把自己家里唯一的一张大床腾给吴碧霞，耿生廉睡在小床上，耿生廉的妻子睡在沙发上。那年比赛，吴碧霞获得了第一名。

龚琳娜是在中国音乐学院操场上看到耿生廉的，她回忆说："耿老师在操场上唱着民歌，很有滋味，很快乐。他的唱歌状态把我吸引住了。"1998年，龚琳娜每天早上跟着耿生廉听歌，几个月后，她正式拜师。龚琳娜说："跟耿老师上个别课大概有一年，他教会了我唱歌的态度，很快开口就唱，而且很有韵味。跟他学习太重要了，因为他教的东西不是表面的一种技术，是民歌体现出来的生活感受。"

李凌:
最后一个休止符

李妲娜 供图

与贺绿汀、吕骥、李焕之、赵沨等一代音乐活动家共同开创了新中国音乐事业的李凌，2003年11月3日为自己九十年人生路画上了句号。与他同时代的人相比，他看到了更多的新世纪的曙光，他看到了中国人遨游太空的壮丽风景。他离开世界的时候，应该是笑着的。

李凌1913年12月28日出生在广东台山，1938年赴延安进鲁迅艺术学院音乐系学习。1940年在重庆创办《新音乐》月刊。1946年在上海创建中华音乐院，1947年在香港创办香港中华音乐院。新中国成立后，历任中央歌舞团团长、中央乐团团长、中国音乐学院院长、中国音乐家协会副主席。

在中国音乐舞台上没有他的身影，在中国音乐灿烂海洋里找不到他的作品，但他的十几本文集，几乎评述了新中国所有的重大音乐事件和音乐人才。从才旦卓玛、胡松华、郭颂、关牧村到彭丽媛，从马思聪、盛中

142

国、俞丽拿到吕思清，从马可、瞿希贤、薛范到施光南，从李德伦、严良堃到陈燮阳，李凌的著述洋洋大观，成了一部活的新中国音乐史。这些人在李凌的笔下，多数还是青年歌手、青年作曲家和青年指挥，如今不少已经作古，或者成为音乐大家。

因为没有耀眼光环的照射，加之他淡泊名利的生活态度，李凌去世后家人竟很难找到一张可以用作遗像的照片。他的长女李姐娜也在医院里，她给记者打电话，悲伤地说："爸爸走了。"这不是她一个人的爸爸，李凌组建了新中国音乐教育班底，他是新中国交响乐之父！他走了，竟然难得一张可以描述他精神本质的照片……

4日下午，音乐界名流闻讯赶到李凌家里吊唁。记者在灵堂前请中央音乐学院院长王次炤谈谈李凌的贡献，王院长说："李凌不仅是新中国音乐事业的开拓者，了不起的干将，也是整个新中国音乐教育、音乐发展的领导人，并且为改革开放以来中国的音乐事业、为未来音乐的发展注入了最大的精神力量。作为一个学者，他是中国音乐学的奠基人，是我们中央音乐学院的最早的创办人。作为一个人，他是我们音乐界最值得敬重的长者。因此我在这里留言，说：辉煌业绩，正直人生！"

相隔十六年，周总理还记得李凌的名字

1939年9月，李凌从延安到了重庆宣传抗战，创办《新音乐》月刊、组建新音乐社，掀起了轰轰烈烈的"新音乐"运动。他创办的《新音乐》第一期销售量就高达三万多份，在国统区所有进步刊物中创造了纪录。这本刊物到了周恩来的手里，周很赞赏，于是约见李凌。

1940年春，李凌来到八路军驻重庆办事处向周恩来汇报了工作，周恩来说："这样做很对。"周恩来说，要把《新音乐》作为推动各地抗日歌咏运动的联络工具，有组织地展开工作，使各地群众性的新音乐运动活跃起来，配合当地的青年运动，起到团结青年、教育青年的作用。把广大青年争取到抗日战线中来，把陕甘宁边区的新歌介绍给国统区的人民，使歌咏

运动注入新血液，如果切实做到这些，那《新音乐》的意义可是不小的！

在抓群众歌咏运动的基础上，周恩来还希望李凌做音乐界上层的统战工作。这样李凌更加用心地和包括马思聪在内的一大批音乐专家真诚相处，为日后新中国音乐教育事业、交响乐事业团结了力量。

1953年7月，中国青年艺术团参加罗马尼亚世界青年联欢节前，周恩来接见了团长周巍峙、副团长李凌、戴爱莲、李少春。当周巍峙向周恩来介绍李凌的时候，周恩来说："我们早就认识了，你不是叫李绿永吗？什么时候改名儿了？"李绿永是李凌编辑《新音乐》时的笔名，李凌没有想到时间隔了这么久，中间虽有见面，但不是单独约见，人多，总理怎么能有这样深的印象呢？

新中国成立后，李凌与周恩来的接触就多了起来，国家重大的艺术活动，少不了总理指导，也少不了李凌的组织，包括大型音乐舞蹈史诗《东方红》。

在这样的一些活动中，即使是他景仰的周恩来，李凌也敢于提出自己的主张。一次，周恩来认为乐池里乐队一响起来就好像一堵墙，把台上演员的歌声挡住了，要减少乐队人员，或把乐队搬到舞台侧面去。李凌说："乐队大小是有关系，但根本问题是配器写得过重，指挥又不加适当的控制。外国歌剧乐队不小，乐队也在乐池里，却不会影响演员的歌唱。乐器减少了，只一面大鼓，狠命地敲打，也会把歌声淹没的。"

周恩来略有所悟，说："是这样吗？你就是喜欢辩论。"

没有李凌就没有中央乐团

周恩来说："中国应该大量地吸收外国的进步文化，作为自己文化食粮的原料。"在总理关心下，1956年新中国组建了自己的交响乐团——中央乐团，李凌出任团长。问起李凌，中国交响乐团的前身中央乐团里的许多老音乐人反复强调：没有李凌就没有中央乐团。为新生的共和国讴歌过，在一段红火的年代里辉煌过，曾经热情饱满地在祖国的大地上挥洒过，今天，中央乐团的第一代艺术家们，都成了老人。然而回溯五十年，刘淑芳随周总理、陈毅副总理出访，她深情的歌唱传遍亚非拉；严良堃作为新中国最为出色的年轻指挥被派往苏联深造，李学全刚刚在第四届世界青年联欢节国际长笛比赛中获得金质奖。

初创时期的中央乐团，以李凌领导的中央音乐学院音工团、参加世界青年联欢节骨干成员组建的中央歌舞团里从事西洋音乐演奏的艺术家们为班底，广泛吸纳国内最为优秀的尖子人才，在不太长的时间内，迅速成长为一个由交响乐队、合唱队、独唱独奏小组"三驾车"组成的文艺阵营，活跃于黄河上下、大江南北，为各地群众送上最好的精神食粮，也代表着年轻的共和国，向世界展示着东方音乐文明的风采。

资料显示：李凌时期的中央乐团是国内最为活跃的一个文艺团体。在北京，乐团举办了近四百期"星期音乐会"，一大批音乐家凭这些音乐会为广大观众所熟悉，一代人也靠这些音乐会了解了世界上最优秀的音乐。面向全国，李凌主持下的中央乐团开通了"音乐大篷车"，在全国巡回演出，为乐团赢得了声誉。

那时中央乐团的住房也是各文艺团体里最好的。当时李凌找到北京市的彭真，硬是让四五百号人的中央乐团全部迁往和平里模范住宅区，其他单位的人都很羡慕。李凌还四外游说，将北京六部口的一家电影院改建成北京音乐厅，中央乐团从此就有了自己固定的演出场地。

歌唱家罗天婵在那个年代是"黑五类"，扣到她父亲头上的"反革命"帽子到1984年才彻底摘掉。罗当时的情绪可想而知。而李凌硬是不肯将她放弃，顶住压力让她纵情歌唱。在当时的政治气候下，李凌为了保住阵营，提出"以小保大"的方针，将乐团分成六个小分队到基层演出，为工农兵服务。为了活命，他们演了不少活报剧。不能说心甘情愿，但只有那样，才保住了我们新中国刚刚萌芽的交响乐事业。1957年反右前要求知识分子鸣放，当时乐团正在外地演出。李凌通知大家，千万不要回来搞鸣放。如果当时大家回到北京，至少有一半的人会被打成"右派"。因为李凌的远见，他们得以全部保存了下来。

三年困难时期，李凌为了让大家生存下来，千方百计搞到一点黄豆，还有糖，就背着这些东西挨家挨户地送去。那时这些东西非常宝贵，吃到了就不会浮肿。歌唱家吴其辉说：在最困难的时候，李凌能经常搞到一些鸭子，二十个人分一个。我们男高音小组由我煮熟了，叫大家各自从家里把碗拿来，我分给大家。"二十个人吃一只鸭子，每人能吃几口？"我问。"一口就没。但当时有多少人能吃上这一口呢？"吴今天依然激动不已。

钢琴家鲍蕙荞说：我还是音乐学院四年级学生的时候，李凌听了我的演出，就主动写文章向观众推荐，这令我非常感动。他作为一位前辈音乐家对我的鼓励，成了我前进的力量，对我的成长是重要的。

严良堃曾说：李凌在牛棚里也还弄点萝卜头养起来，按时浇水，让它开花，他甚至每天按时喂和他同居一室的小老鼠，吃中饭、吃晚饭时，放点儿吃的在老鼠洞口。罗天婵说李凌像你父亲一样，刘淑芳说李凌比父亲还亲。

刘淑芳本命年的时候，按风俗，她该系一条由长辈为她准备的红腰带，她想到了李凌，就打电话过去，李凌就托人送了两条红腰带给她。六一儿童节，刘淑芳寄了几个钱给八十多岁的李凌祝贺节日。他们之间在工作关系失去多年后，交往中的人情味越来越浓。

为八岁吕思清到北京学琴，李凌找到邓小平

1977年李凌调到中央歌舞团工作。那年秋天，只有七岁的吕思清被李凌的长女李姐娜带到家里。吕思清给李凌拉了几首练习曲，他还要李凌听他演奏门德尔松德的小提琴协奏曲。李凌听后，觉得在音准、音色、力度、速度上还好，对曲子的风格、情调也有一定的情趣和根底。当李凌了解到吕思清是被他业余习琴的父亲培养的，并且他父亲觉得自己培养到这个程度再难有长进时，就努力促成吕思清到北京学习。

但是有个别教师认为这个小孩学得不正规，不同意收他为学生。李凌感到这样的一个孩子找不到学校，找不到老师继续指导非常可惜，他就专

146

门请中央乐团的小提琴家杨秉荪、盛中国等认真地听了一次，听后大家都说："学得不错，没有什么严重的毛病。"

李凌更有信心了，就给毛毛（邓小平的女儿）写信，请她把一个天才琴童就学难的处境转告邓老。邓小平让毛毛转告李凌，要好好关心此事。

过了几天，李凌在一份"内参"上看到一段邓小平和一个外宾谈话的消息。邓小平说："我们歌剧院院长，发现一个七岁的学习小提琴的天才，是天才就要很好关心他，尽快设法使他成长。"

当时中央音乐学院也刚刚恢复，但是少年儿童班在"十年动乱"中解散了，校舍给人占用了，少儿普通课的老师早调到其他学校去了，特别是照顾小孩的保育员、生活老师都遣散了，要恢复少年儿童班，很费力量。但李凌想，如果中央音乐学院不迅速恢复少年儿童班，要想在钢琴、小提琴这些需要从幼年就认真培养才能培育出尖子人才，是比较困难的。所以李凌请他的老朋友、中央音乐学院院长赵沨设法把少年儿童班重新创办起来。

过了一段时间，李凌又"威胁"赵沨："如不抓紧办，我要告诉邓老！"后来，赵沨千辛万苦恢复了少年班，吕思清得到了他应该有的教育，并一步步获得了今天的成就。

实现周总理遗愿，重组中国音乐学院

中央音乐学院以学习西洋音乐为主，而中国音乐学院以挖掘本民族的音乐文化为主，这是当年周恩来对这两个音乐院校的期望和分工。但"文革"中两院合并为"中央五七艺大音乐学院"。1980年，恢复中国音乐学院，李凌出任院长。

费了九牛二虎之力搭建了班子刚开课，原来的校舍恭王府要收回修复保存，要李凌的学校另建校舍。

李凌计划修建中国音乐学院新校舍估计至少要一百亩地，自己亲自画了一个设计图，修建教学楼、学生教师宿舍、外国来华学习中国民族音乐

的留学生宿舍、图书馆，还特别要修建一个五千平方米的两层圆形民族音乐展览大厅，将大力搜寻到的我国几千年来的音乐文化遗产展出，同时还要在校舍的南面临街的地方修建一个音乐厅对外演出，大力推广民族音乐。

李凌在自己的方案里详细叙述了周恩来在1964年建立"中国音乐学院"的希望和建立基地的苦心，为中华民族音乐艺术，为世界华人爱好祖国的音乐而来祖国学习民族音乐的青少年而设的意义。李凌通过邓琳向邓小平表达了自己的愿望，希望邓老给予关心。不久，李凌得到消息，"关于建设中国音乐学院新校舍已经列入国家最近的五年计划中"。

今天北四环外有一片灰墙绿瓦的楼群，这就是李凌创建起来的中国音乐学院。当年地有了，校舍还没有建，1984年有个号召，年老的领导人要大力扶助新的接班人，放手培养新人，李凌立刻响应号召，光荣隐退。而今天，中国音乐学院已经成为一个重要的力量，为祖国培养着音乐人才。

附：

李凌：九十回眸

一

才午后一点多，李凌已经起来了，悠闲地坐在客厅里。轻薄的白色的裤子，几层花格子衬衫，一件枣红色的马甲。虽然已近深冬，屋外的严寒丝毫影响不到这里。阳台上一层层绿色掩映着，直漫进屋来，一片生机盎然。

枣红的马甲还是新的，李凌自己到早市的地摊上买的，他很得意，才花了八块钱，但是口袋一大堆。李凌前后数给我，从一、二、三，一直数到十五、十六，老头高兴得哈哈大笑。

过去李凌的工资不高，现在对他这样的重量级人物，在工资里又加了一千块，于是他能拿到三千多。老伴汪里汶每个月会在固定的时间给他发放零花钱，一般是七百元。我问他："你的零花钱能花完吗？"

他依旧南方味重重的，说："花掉。"尾音上扬。

到下个月零用钱要发放了，而枣红马甲的口袋里还有钱，李凌就会张罗家人和他上街。即使就剩两块钱，他也要买一枝花回家，将口袋腾得空空的，等待新的一笔钱。

我不知道现在距下次发钱还有多少时间，他的六十岁的女儿偎在爸爸身边，随便从枣红马甲的口袋里一摸，就是二十元。李凌又哈哈大笑了起来。

李凌拿着钱不买值钱的东西。因为家里用的吃的不需要他操心，他的钱主要是给自己添置衣服。经常是五块钱一件的衬衣，他买好些，自己穿几件，有老朋友来，他就拿出来送人。

因为他过九十岁生日，次女专门从美国回来，买一套三千块钱的沙发送给他，而老头说："买这么贵的东西干啥？我早该死的人了！"

其实李凌结实着哪，情怀之乐观，思维之敏捷，倒像个八九点钟的太阳。

二

在开创了新中国音乐事业的那代人里，我最熟悉、最景仰的就是李凌了。《马思聪传》有了，《贺渌汀传》有了……多年前我就想，做了几年音乐记者，如果能拿出一本像样的《李凌传》，也算人生的一个收获了。况且，在与他同时代的音乐人里，健在的已经不多。音乐界的许多是非，当事人一个个走了，李凌这唯一的知情者，应当得到研究家或有心人更多的重视。

明年李凌九十岁，我想能不能在那时拿出一本对话集《李凌：九十回眸》，讲李凌的人生足迹，讲与他共同开创新音乐事业的那些人，讲音乐人之间的恩怨，讲20世纪中国音乐的变迁与进程。如果没有出版社的合作，我就是在音乐刊物上连载，也是一件有意义的事。

现在面对的困难是，我有没有时间与李凌同住一些日子？我能不能一门心思重新经历李凌所经历的一切？苦他的苦，痛他的痛，乐他的乐……

我能不能在音乐出版与产业界找到同党？

三

　　我将自己的想法告诉李凌，他很高兴。他的右耳朵好使，他就将一些什物抱走，腾开长沙发，拉我坐在他的右侧，将右耳朵伸给我。

　　他说："路，一个人走怎样的路，往往不是由自己决定的。客观环境总要对你有这样那样的限制。我家五代华侨，在广东台山老家，女人和孩子靠男人们在美国挣钱维持生计。到我中学毕业了，外祖婆沉重地告诉我：'你爸爸在美国失业了。'这就意味着我不能继续读书。于是，我就找了份工作，教书了。当时能挣三百块钱，很够用了。

　　"教书对你的要求就是什么都要会，那时还是小孩，人也调皮，学什么都很快。打排球，画画，搞音乐，一上手就很快地进入了角色。

　　"那时候我的第一个长项是画画，于是想到日本，再到法国。可是才到了上海学日语，七七事变爆发了。日本去不成了，打道回府，在广东演戏，宣传抗日。我二十来岁，在戏里演一个老头，很像，观众很叫好。

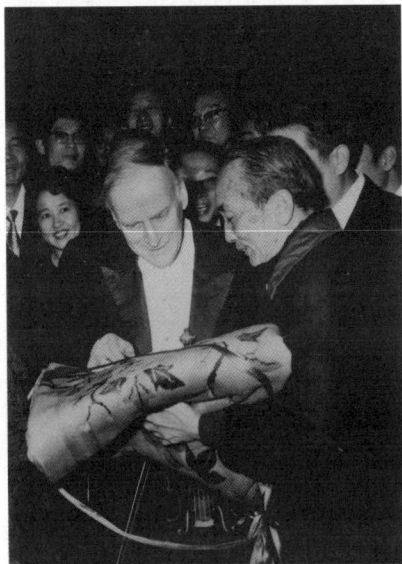

李凌与梅纽因

　　"这时候延安鲁艺招生，我就去延安。本来想去学习，但系主任一看我的作品，说你当教员吧，我就当了教员。

　　"上了七天课，我就后悔了。美术系学美术字，除了写标语，一点用也没有。而和我从广东来的人，音乐基础比我差，都在音乐系过着有意义的生活。我就要求去音乐系。

　　"去了音乐系还是不安心。我在广东连二流水平都达不到，在这里却被安排在高级研究班，星期天去给跳舞的中央首长拉伴奏。

150

"当时吕骥主张'音乐要与抗战结合起来'，我很赞成。但他有一个观点'新音乐以声乐为主'，我就不同意。我认为：音乐有两个翅膀，器乐与声乐，有一个要为主，那第二就不太算数，广东音乐与交响乐就没有用了。

"当时在桂林的《每月新歌选》要我投稿。我觉得，最好有一些文字，有文字阐述，就会有一个方向。他们觉得可以，就说：你们最好出来一个人。后来在艾思奇、邓发的支持下，我就出来搞了《新音乐》……"

四

平时医生叮嘱，李凌与朋友谈话不要超过十五分钟。可是这一口气已经说了一个小时了，李凌还兴致很高。

着急的汪里汶坐不住了，多次来让李凌休息一下。李凌右手紧紧抓住我起劲地讲，左手则将汪老师挡开，汪老师无奈地离开，他还追送过去一句："你别参与，你别参与。"

汪里汶老师的原配夫君是《新音乐》的骨干，李凌的部下。汪老师在丈夫去世后经历了几年寂寞的日子。李凌在妻子去世后，悄悄地与汪老师通信恋爱了。似乎是要过八十岁生日了，他邀请在上海的汪老师到北京。才向孩子们公开了他俩的关系。孩子们觉得：爸爸八十岁了还想结婚，说明他生命力旺盛。于是全体同意，积极支持。

汪里汶说："他叫我'婆婆'，我叫他'公公'，我不以为他是我老伴，他更像兄长，我敬他，爱他。"

五

为了让李凌从过去激情燃烧的岁月回到现实，重归平静，我不得不挣脱他，逃到李家的厨房躲起来。

两个小时之后，我再回到李凌的房间，我只让李凌回答我一个问题，就是：影响了你的人生的那些人……

李凌说，第一个，是毛泽东。他的辩证法让我懂得了看问题要从多个角度看。《实践论》《矛盾论》是影响我世界观的书。当风从左边刮来的时候，我站在右边；当风从右边刮来的时候，我站在左边。不跟风，不盲从，这就要有辩证的人生态度。一些优秀的作曲家在风头正健的时候写了许多顺应要求的跟风的作品，风头一过，无法再演。遗憾！

第二个影响了我的是周恩来。他的统一战线的思想，让我在音乐界获得了不错的人缘。我不因为音乐家的出身、上代人的政治立场来评价他们的价值。

第三个是陶行知。他教会了我做人的原则，有爱心，打不倒，屡败屡战。

第四个是鲁迅。直言，敢于争论，把问题搞清楚。

这四个人的共同影响，形成了李凌的特点：不跟风，团结人，有爱心，敢直言。

六

李凌的故事不是概念，但是我怎么可以奢望在一个下午采访到全部呢？

李凌六个孩子，三个在美洲。他们家华侨的传统算第几代了呢？

从美洲回来两个孩子给他过生日，另一个也要七十岁了吧？打来电话，要派代表参加李凌的生日聚会。

每年岁末，中央乐团的许多老同志都要来，还有不是中央乐团的也会来，有几天会大腕云集，名流毕至。于是，岁末成了李家一年中最热闹的时节。但是，今年李凌的生日格外早些。他过阴历的十一月初九，这样阳历12月12号就是李凌的生日了。李家没有通知朋友，他们担心太热闹了，李凌的身体消受不了，血压会高。只是自家人在悄悄地准备着，不论谁来，随时都有吃的喝的。

王昆：
红头绳永不断

长吟《白毛女》，高歌《赤卫军》。

翻身变人鬼，挥手掌乾坤。

坦荡捍旧梦，殷勤助新人。

北风吹落星如雨，雪花飘尽泪满襟！

2014年11月21日下午，刚刚从台湾回来的音乐学家田青在从北京去宜兴的火车上，突然想给好朋友周巍峙和王昆的儿子周七月打电话了，电话通了，他问七月："王昆老师怎样？我到宜兴开完会回去看她。"七月说："十分钟前刚刚走了……"

于是，南下的路成了田青悲伤的旅途。他独自在车中，流着泪，写了上面这几句诗。诗中充分使用了王昆的代表作歌剧《白毛女》提供给人的信息，将经典唱段"北风吹，雪花飘"融入诗中……

演唱《农友歌》的气质，全国再找不到第二人

田青的父亲田广成倘若活着的话，就一百多岁了。田广成20世纪初读北京大学的时候，与王昆的四叔王洪寿是同学、好朋友。大学毕业后，俩人一起到天津工作，关系更铁，成为至交。于是，早在20世纪60年代，田青就与王昆相熟，称王昆为"大姐"。王昆的长子周七月比田青大，两个年轻人品位相投，王昆见小哥俩玩得好，就对儿子打趣说："按理你该叫田青叔叔！"田青哈哈一笑，说："我还叫你'大姐'，但和七月得另排！"

三代人传下来，田家与王家成了世交。

王昆1964年在大型音乐舞蹈史诗《东方红》中担纲演唱《农友歌》的时候正是三十九岁的好年华。她那时候住在和平里，和中央乐团宿舍在一起，所以中央乐团合唱队员冯婉珍经常可以看到王昆。这一年，冯婉珍三十二岁，参加《东方红》合唱一年多时间，和王昆常常在一起。

冯婉珍回忆说："当时江青想整顿文艺界，周巍峙部长就搞了《东方红》。那意思是，我们都在排主旋律的东西，江青就不好插手了。"

冯婉珍学的是洋唱法，和王昆所学的民歌唱法不是一个体系。但是，冯婉珍说："我们都觉得王昆、郭兰英唱得非常好。王昆的《农友歌》和郭兰英的《南泥湾》，是非常令人信服的。很长时间都想给她们找个B角，但是找不到。来唱歌的人，不是差一点，是差很多。《农友歌》和《南泥湾》非常不一样，但是两位大歌唱家唱出了不同的气质。王昆唱《农友歌》朝气蓬勃，很朴实，很有力量，像英雄人物一样。"

演《东方红》的时候，正值国家困难，条件有限。三千个演员在人民大会堂宴会厅用餐，十人一桌，每桌就一脸盆菜，白菜、粉丝、肉和汤都有了。冯婉珍记得主要演员王昆和大家一样在这里吃饭。有时候周恩来总理在二楼开会或接见外宾走过楼道，都主动和演员们打招呼。大家在一楼就欢呼。

电视直播点名叫田青讲话，轰动三分钟催生原生态

王昆在自己的歌唱事业上走过弯路。当西洋唱法风靡中国的时候，她拜苏联专家学习发声方法。结果，大歌唱家不会唱歌了。周恩来说："我们还要原来的王昆！"

经过痛苦的思考，王昆扭转观念，坚持自己的本色唱法，再次赢得了观众的认可。这使作为歌唱家的她，对民族传统更加珍惜。

2000年第九届全国青年电视歌手大奖赛通过中央电视台直播，王昆担任监审组成员，田青是民族唱法组的评委。以往，因为在评委中观众熟悉的面孔太多，所以几乎没有理论家发言的机会。而这次，王昆点名让田青发言。

田青不是搞声乐的，平时对声乐比赛也不太关心。但是这次因为被摁在评委席上，所以听了很多青年歌手的演唱，他越来越发现"学院派""千人一面"的现象太严重了。于是，他郁积于心的感想通过三分钟时间向全国直播了出去。他说出了观众朋友可以感受却没有机会表达的心声。他的好朋友、音乐学家张振涛多年后说：

> 借着"青歌赛"间插于表演之间的讲坛，他把书写需要几年才能普及的学术观念瞬间普及到千家万户。当年杨荫浏在全国会演现场让民间艺人不要炫技而要注重内涵的接受者不过千把人，当年吕骥在首都体育馆介绍民间音乐的接受者不过万把人，比之一个晚上让两三亿人懂得"原生态"和"非遗"价值、可与乔布斯媲美的速度来说，他的"借力"是前代人做梦也想不到的。
>
> 把学术界关心的事变为整个民众关心的事，"青歌赛"之前没有机会，田青把握了机会，让全体国民迅速调整到与学者一致的价值认同度上。虽然只有几分钟，但讲演还是成为"非遗时代"前进途中的金声玉振。不能不说，在这个支点上，他发力时，整个中国振动了一下！

多年后田青回忆说："我说什么，事先和王昆大姐并没有交流。但是，王昆大姐凭着多年接触对我的了解，她知道我的观点，知道我能够讲出有价值的话。所以，她为我创造了一个在全国听众面前讲话的机会，从而成就了日后的'原生态'。"

渴望知识，崇尚理论，喜欢跟乔羽、田青聊天

王昆文化程度不高，但是却渴望获取更多知识的滋养。和同时代嫁给演员的那些女歌唱家不同，与作曲家、文化高干周巍峙结为夫妻，社交圈子不同了，让年轻时乡村气质浓郁的王昆身上有了知识分子气质。

有一次，担任某声乐比赛评委的王昆和很多圈里人在宾馆大堂等车。同是评委的田青发现，几乎所有人都在说笑，只有王昆一个人在默默地读大堂柱子旁边立着的一个高大花瓶上的唐诗。其中有一个字王昆不认识，她拉住田青请教。具体是一首什么诗田青记不得了，但是这个情景还在眼前。

田青说："在王昆看来，唱歌的人应该不只是会唱歌，要有较为广博的学识。这是王昆一生的追求。"

王昆晚年对田青倡导的"原生态民歌"坚决支持，不只是因为私情，更是艺术理念上的心心相印。田青认为王昆坦荡，对革命理想始终如一。

王昆曾表示过，她愿意和两个人聊天，年长的是乔羽，年轻的是田青。这话不是当着田青的面说的，但田青听说后，很是感动："大姐更是我知音！"

山西原生歌手，因为王昆的支持更有信心

山西民间歌手刘改鱼1955年十六岁，唱着左权开花调参加全国民间音乐演出唱到了中南海。活动的策划人是周巍峙，他曾撰文夸赞少女刘改鱼歌声的淳朴。第二年，刘改鱼应邀到天津中央音乐学院教唱民歌。在这里，她有机会与王昆相见。因为在一个学音乐的环境中，刘改鱼也萌生了学习发声方法的愿望。但是负责其事的喻宜萱说："你是我们的老师，可不要学。"担心刘改鱼在这一环境中走样，王昆把她推荐到了中央歌舞团最具民族风味的"民歌合唱队"，和一样来自民间的陕北同行一起演出。

1957年，文化部为"世界青年联欢节"选节目，王昆推荐了十八岁的刘改鱼。刘改鱼唱的还是那首最有名的《土地还家》，遗憾的是，因为当天感冒没能唱好，被淘汰了。这可能创造她一生最辉煌时代的机会丧失了。

1958年，"民歌合唱队"解散，王昆的意见是让她到郭兰英所在的中国歌剧院。但是思恋家乡的刘改鱼决定回山西。因为没有听王昆的话，所以好多年她都不好意思和王昆联系，更不敢见面。一直到五十年后的2008年，刘改鱼参加在人民大会堂举办的全国文联春晚，才有了比较长的时间和王昆近距离接触。对于很多年埋没在山西的刘改鱼，王昆有点自责地说："那时候我要是亲自管一管，你就回不去了！"

王昆喜欢民间歌手，尤其喜欢山西的歌手。我第一次在银幕下和王昆相见是2003年10月10日下午。那天，田青把以我弟弟刘红权为主唱的左权盲人宣传队带到首都师范大学音乐厅演出，虽然下着雨，但是已经七十八岁的王昆来了。虽然那天来的名家很多，但王昆是名家中的名家，同时应邀而来的不少记者觉得这是难得的采访机会，所以把她拉到一边采访，听音乐的乐趣被记者们搞得很破碎。但王昆在讲民间音乐的力量。

2007年岁末，我受田青委派到西安观赏"原生民歌大赛"，虽然没有发言、投票的任务，但也混在了评委的圈里开会。这样，我与担任评委的王昆老师有

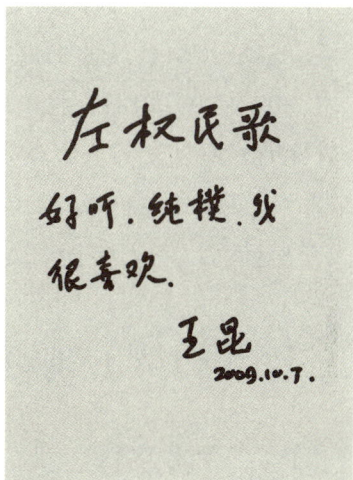

左权民歌

好听．纯朴．我很喜欢．

王昆
2009.10.7.

2009年10月7日王昆为《烂漫开花调》的题词

157　　　第二辑　木香绵长

了比较多的接触。我拉上参赛的山西青年歌手刘海平到她房间聊天，她还没有收拾好，但是很亲切很愉快地和我们谈话，鼓励海平好好唱。

那次，两位山西来的歌手，一个晋北的高保利，一个晋中的刘海平，都没有获得好的名次，王昆私下很愤愤，对其他评委的艺术主张，感觉很无奈。

两年之后的2009年10月7日，我策划组织并主持的"烂漫开花调——献给新中国成立60年山西左权民歌演唱会"在北京中山公园音乐堂举行。事先，我打电话邀请王昆老师，她很高兴地接受了邀请。随后，她让高保利和我联系，要十张票，她要让在北京的她的学生们来聆赏民间音乐。我把最好的票都给了她。

演出开始前，我在后台忙，没有在贵宾室迎候王昆老师。太行山来的最好的民间歌手、民间舞者刘改鱼、李明珍、石占明、刘红权、刘海平、刘瑜和太谷秧歌名丑孙贵明等一直载歌载舞三个小时。王昆老师坚持看到演出结束，还上台和演员合影，她对这些交往或深或浅的民间艺人，都给予充分的肯定和高度赞扬。

人们散去，我才在签名册上看到王昆老师的墨宝："左权民歌好听，淳朴，我很喜欢。"我注意到王昆喜欢的理由是旋律美和演唱上的"淳朴"，这就是她评价民间的标准，如她自己的追求一样。

2013年10月21日，我在北京皇家粮仓主持"向天而歌又十年——刘红权答谢演唱会"，没有惊动周巍峙、王昆两位老人。但是周七月应田青邀请来了。我很高兴，和弟弟红权把从太行山带来的鞋垫送出两双给两位老人，表达我们太行人对于"知音"的感恩。

一对包容的老艺术家相濡以沫七十年，分别仅仅七十天，相伴西去

在自己的演唱领域做到了"顶级"，还用心呵护民间歌手。王昆不保守，田青说："王昆大姐大胆起用新人，培养新人，在她当团长时期，创造了东方歌舞团的第二次辉煌！"音乐评论家李西安说："王昆是中国声乐学派的创始人，她创作了一个属于她的时代。她努力向民间学习，这个传统一直影响到现在。同时，她广泛吸收世界音乐，印度的，非洲的，拉美的，对中国通俗歌曲的诞生做出了杰出的贡献。"

20世纪80年代后期，李西安担任第四届中国音协书记处书记、《人民音乐》主编。在此之前，对待通俗歌曲的态度，在严肃音乐界分歧很大，音协一大部分人采取强硬的压制态度。而李西安主持下的《人民音乐》，支持新潮音乐和通俗音乐，开辟了《通俗音乐》栏目。

一次，李西安到朝内大街203号拜访周巍峙、王昆。王昆以她自己的方式发问："你们支持通俗音乐是真的还是假的？"多年后李西安回忆说："这说明王昆老师特别关心新一届音协对待通俗音乐的态度。"过来人都知道，音协作为音乐家的组织在很多年里阻碍了声乐的多样化，让人心生寒意。

在政治风雨交加的20世纪，身处高位的周巍峙和王昆，始终以"艺术创造"为己任，不曾打棍子，更多地捧作品、捧新人，立于时代的潮头。我第一次见到周巍峙是在二炮总医院住院楼的电梯里。那时，田青住院，我跑去看望，和周老相遇。他九十一岁了，一个人来医院看望比他小很多的音乐学家。我记得那天在病房，周老说："'春晚'应该给'原生态民歌'更多的展示机会，这是我们民族文化的基因！"

1943年，王昆、周巍峙结婚，到今年七十年。2014年9月11日下午，正在恭王府办书画展的田青突然想起了周部长，就打电话给好友周七月，问："周老最近怎样？"七月说："不好，医生说就这几天了。"田青问："你在医院吗？"七月说："在。"田青放下手头的一切，急忙赶到医院。此时的周巍峙已经不认识人了。田青与老人默默相对了一个多小时。

次日，田青打开手机，第一条短信是周七月发来的："谢谢你来看我爸，他走了……"

仅仅七十天之后，田青又想起王昆大姐的时候，王昆大姐在他想到的十分钟前走了。由此，田青得到了一个经验，你假如想起某个老人，就赶紧去看他，要不就没有机会了。这也令人联想到我们的传统文化遗产，你觉得它是遗产的时候，就抓紧保护，不保护，可就没了。生命需要活态传承，精神也一样。

田青22日上午在宜兴参加的是"星云文化基金会"的活动，为奔赴这个活动让他错过了和王昆见最后一面的机会。但是，王昆会高兴的，因为很多人在为"文化"奔走，如田青这样。

北风吹不到宜兴，雪花也飘不到宜兴，但是田青的心里感受到了。并且，王昆作为中国声乐艺术发梢上最耀眼的红头绳，因了更多人一起努力着"扎起来"，所以永远不会断！

黄源澧:
六十年前的乱世琴缘
—— 新中国第一代交响乐人才的诞生

黄远渝 供图

九十岁的黄源澧受到了语言和思维双重障碍的围困,他整日不说一句话,虽然他过去的话就不多,但是年事越来越高,语言就更见稀少,他的话和他的年龄成反比。

在和平街老中央乐团家属楼一间普通卧室里,中国大提琴学会会长马育弟、中国打击乐学会会长方国庆、著名小提琴教育家赵惟俭、原中国交响乐团党组书记朱信人,一起来看望他们的恩师黄源澧。当年十几岁的孩子现在都已七十高龄,黄源澧应该有些感慨,但他面无表情,不说话。

方国庆激动地说:"当年我被开除,是黄老师请我回来的。"

淘气的马育弟一点面子也不给他的伙伴,依旧用四川话纠正道:"哪里是'请',是'叫'你回来的!"

如果说"没有黄源澧就没有新中国的交响乐事业"言重了的话,那么，"没有黄源澧带出来的这批孩子，新中国的交响乐事业就不会在短时间内取得那么大的成就"应该是恰当的评价。

黄源澧带出了新中国第一代优秀的交响乐人才。今天，他和他的学生们都渐渐老去，而不老的是他们发生在六十年前的那段感人至深的故事……

哥哥黄源洛写出了中国第一部歌剧《秋子》

我去采访黄源澧，在他早年珍藏的照片中，我发现了年轻的沈从文。我问："黄家与沈家有什么关系？"得到的答复是：黄源澧一生中最好的朋友是作曲家张定和，而张定和的三姐张兆和嫁的是大作家、大学者沈从文。

黄源澧1916年生于长沙，他的父亲曾在大学里做音乐教师，与徐特立住一个宿舍，他们有一个后来非常有名的学生毛泽东。新中国成立后，黄源澧的父亲一度处境不好，他靠"小土地出租"维持生计的背景使得他在"是不是地主"的问题上有可能遭受歧视。这个老头可能想过找找毛泽东，但最终还是没找，平实地过自己的生活。

黄源澧的父亲很早就离开长沙回乡下办了一个小学校，他自己对音乐的爱好影响了自己的子女，家人经常在一起合作演奏《梅花三弄》《苏武牧羊》。父母亲和八个子女共同营造了一个非常浓郁的家庭音乐氛围。而黄源澧就这样成长了起来。

1928年，十二岁的黄源澧考入长沙一中。不久，他就成了乐队的组织者，并担任大提琴独奏。这时候，他的哥哥黄源洛模仿西欧歌剧创作了儿童歌剧《名利图》获得成功。因为家里孩子多，供大学生有困难，喜欢音乐的黄源澧到上海进了收费较低的美术专科学校，由哥哥黄源洛提供费用。但是一年后的1935年，黄源澧就去录唱片、参加演出赚钱了。在租来的亭子间，黄源澧在木地板上垫了大提琴弱音器，一夜一夜地练习以提高自己的演奏水平。

1942年1月重庆国泰大戏院，中国实验歌剧团演出了中国第一部歌剧《秋子》，当时的评论说"场场客满，颇获好誉"。《秋子》是哥哥黄源洛的传世之作。

学着美术的黄源澧痴迷着他的大提琴，苏州张家的公子张定和送了一把大提琴给他。他靠着这把琴和他的勤奋，在中国音乐教育界开始了自己的历程。

带领两百个流浪儿童做起未来交响乐团的梦

1942年，留学布鲁塞尔皇家音乐学院归来的吴伯超被国民政府任命为"国立音乐院"院长。这个吴伯超一直想建立一支中国人自己的交响乐队。有良好教育背景的他懂得：要建设一支具有世界水准的交响乐队，必须从娃娃抓起。于是他苦心游说，终于获得政府支持。1945年9月，抗战的硝烟还没有散尽，吴伯超和他的同事就从数以万计的因战乱而流离失所的孤儿中精心选出了两百名，给予他们当时最好的音乐教育。

早年幼年班班主任梁定佳曾说："国立音乐院幼年班开办的最大目的，是先招收两百名由六至十二岁，身心俱健而有音乐天才的男童，及早施以严格之音乐训练，希望这二百个音乐的娇儿，经若干年后，自身能成一个优秀的演奏家，合则能成一个规模宏大堪与外国媲美的庞大交响乐队，所以各学童学习乐器的选择及指定，除了合乎学习条件之外，还配合交响乐队的组织。"

同一时期在国立音乐院大学部的段平泰说："1945年秋成立的'国立音乐院幼年班'是值得大书特书的中国音乐史上的大事，不过当时我还不曾感受它的深远意义，只好像在家里，最小的孩子之后又添了一个小弟弟那样新鲜有趣。我班同学一有空，就跑过马路去欣赏那些小孩。他们大多是从宋庆龄主办的儿童保育院中招来有音乐天才的难童。非常可爱，但也非常幼小，有些甚至还尿床。"

黄源澧和一批当时中国最好的音乐家做上了这些孩子的老师，在梁定佳不幸去世后，他成了幼年班的教务主任，并由此，他成了新中国幼年音乐教育事业的代表性人物。

因为抗战胜利了，国民政府要回迁南京，刚刚成立半年的音乐院幼年班也随之东归。我在一页随意的纸上，看到黄源澧这样回忆那个战火纷飞的年代：

　　1946年春，由院长亲自参加的甄别考试、准备胜利复员。甄别下来的孩子分别送回原保育院。留下的四十多名学生在4月包两辆长途汽车从重庆出发到宝鸡，经铁路到达江苏常州。因为南京的房屋无着，国立音乐院正在南京古林寺兴建校舍，幼年班的孩子们只好落脚常州。学生们到达常州后，就在常州椿桂坊灵官庙住下，整理校具、收拾房屋、安顿生活。因为教师不能随同前去、上课不能正常进行。到1946年9月教师全部到位后，又赶上1946年夏在常州、南京、上海等地招来的新生陆续到校，工作忙乱之极。

　　1947年2月，由上海请来的专业教师徐维玲（威廉）、潘美波、陈传熙、张隽伟先生等，外籍教师阿德拉奈夫磋夫、普托史卡、奥曼、维沃尼克等一批著名专家来校开课。全盛时期学生将近二百名，分八个班上课。学生中最小的只有五岁。

　　1948年下半年因战乱关系，历史上常州又是兵家必争之地，不得已将有家的学生遣送回家，教职工中也有多数离开学校。1949年春虽有部分教师回校上课。但已不能按计划正常进行。此后，只得组成乐队、排练曲目，以保持专业练习。

　　1948年10月，幼年班孩子们赴南京参加国立音乐院对外演出的音乐会，弦乐队大部分由幼年班学生担任外，还参加了大小提琴独奏。

　　1949年4月，幼年班不少孩子到上海参加"全国少年儿童器乐比赛"，有大、小提琴和管乐、钢琴，全部奖项均由幼年班学生囊括。

他的学生芮文元回忆说："大提琴教育家黄源澧的事业心与敬业精神博得全校上下一片爱戴与敬重。黄先生除了抓繁重的教务工作外，还兼任大提琴的教学，兼任幼年班学生管弦乐队的排练与指挥，兼任外国专家来幼年班上课时的现场翻译。"

幼年班开设之初担心女孩子将来嫁人后就不再从事音乐事业，所以不招收女孩子。黄源澧的女儿黄远渝跟着父母住在学校，与幼年班的孩子同龄，尚没有性别意识，每天与这群小和尚混在一处。她接受记者采访时说："从小我就和幼年班的哥哥们在一起，关系好极了。他们上课没有人和我玩，我上房去，他们正上课呢，房顶上突然伸出一只脚，是我踩坏了房子。"

用麻袋装钱穿行在南京到常州的火车顶上

1948年底到1949年初，战事不断，国无宁日，国民党大势已去，国民党军队兵败如山倒，南撤再南撤，最后希望以海峡为屏障，在台湾岛上存活下来。音乐院吴伯超院长筹划学校迁往台湾，乘"太平号"渡海，不幸沉船身亡。

没有了院长，学校与国民政府的联系受到影响，学生的出路何在？中国未来交响乐的希望在哪里？黄源澧经历了人生中最困难的岁月，在乱世中紧紧抓着这些孩子不放。

黄远渝说："我的一个姑父是国民党军队的军官，他来我们在常州的家找我父亲，劝他赶紧去台湾吧。我父亲说：'我走了，这些孩子谁管？'"

幼年班在常州的学校就在城墙下，炮火频仍，但黄源澧抱定了只要自己在就让这些孩子在的决心，留住了吴伯超一代音乐人留给未来中国交响事业的根。

幼年班的经费一向是要专程到南京领的。战乱中，"法币"贬值，"金圆券"贬值，黄源澧冒着生命危险去南京领回一大麻袋不值钱的纸币。

现在大家回忆起，当年黄源澧带两个年龄稍微大点的孩子，在慌乱南逃的人群中，从窗口挤火车，背的是整麻袋的钱。有时，甚至车厢都实在无法挤进去，黄源澧和孩子们就爬到车顶上，抱着整麻袋的钱。火车穿越山洞，他们匍匐着，躲过一个个危险。

就在这样的危难中，1949年4月4日的旧儿童节上，"上海音乐促进

少年班的孩子

会"举办了一次较大规模的"儿童器乐比赛",这恐怕是中国最早的儿童音乐比赛了。比赛在上海租界区一所法国学校举行,幼年班的孩子几乎囊括了所有奖项。中国交响乐事业的这个基础在战火中经历了不到四年的时间,已经结出了硕果。但是日子实在太艰难了。黄源澧曾经这样描述:

一、租用之校舍早已满期,且年久失修,除两三个教室外,连寝室也漏雨,从前修盖之简便琴房门窗于计划迁走时拆钉木箱,早已不能使用。

二、教务上根本无法推动,现在主科教员一个也没有,文化课教员残缺不全,教务处一个职员也没有。现在,除尽所有教员排课外,每天由我自己上合奏两次,廖辅叔先生上政治课两次,乐器、乐谱、乐弦、簧片不能添置修补,比如"巴松"只有一个旧哨子,但是有两个人吹。

三、最严重的是学生生活问题,由过去的全部供给制到现在的南京发的二十斤米钱(实购五十斤)。每天一干二稀,一到吃饭,如饿虎出笼,争相吞咽。迩来患胃病多颇堪隐忧。据闻从无一顿饱食,衣裳被盖不够,尚有睡草席者。其他,剃头、洗澡、文具、书籍均无法解决,影响到情绪上,万分恶劣,怎样也安定不下来。

孩子们说:"我们还没有得到棉衣,全靠已经穿过几年洗过几次水连棉花都不全的一件棉来挨。我们几年来也长大了,旧棉衣已经短小得遮不

166

了身。其他理发、洗澡、寄信也都想不到一点办法。"

这个时候的学生日日"惶恐万状","学校已呈解体状态"。但是黄源澧怎么忍心将一代音乐人苦心培植的交响乐幼苗四散而去？他坚信，只要自己在，这个以交响乐团编制设置的队伍就在。他期待战火结束的心情一定非常迫切。

留住一个整体，并把他们带给新中国

1949年4月23日常州解放了，幼年班的学生上街刷出欢迎解放军的第一条标语："我们解放了！"而有的孩子干脆利用自己手中的乐器，加入了革命的宣传队。这些孩子后来成了南京前线歌舞团的骨干。但更多的孩子，舍不下这个集体，他们以完整的管弦乐队到当地电台演播苏联乐曲《卢斯兰与留德米拉》，上街演活报剧宣传战时政策。

他们从来就是被当作一个整体培养的，当黄源澧得到消息说，中央音乐学院在天津筹建的时候，就跑到天津找到吕骥，希望将这些孩子收编过去。吕骥和中央音乐学院其他筹建者了解了这些孩子的背景，他们理所当然地成了新中国的第一代琴童。

可是，百废待兴的中国还没有可以让这些孩子安静学音乐的场所。大家一时无法迁往天津，黄源澧焦急，孩子们焦急。从他们当年给吕骥的一封信里，我们可以感受到他们的处境。

吕院长：

您总还不认识我们吧？现在让我们先来自我介绍一下，我们是幼年班的一部分留校的学生，今天我们要向您报告一下，我们在这里的情形，并且请求您帮助我们解决一些我们现在迫切必须要解决而我们自己解决不了的问题。

……

今天我们请求您下列三件事情，我们在这里怀着满腔的希望等待着，希望能得到您的回信，并且圆满解决问题。

一、尽快能把我们迁移到天津去，天津房子挤一些都没有丝毫关系，总比这里好，总能遮得住风雨。

二、请马上派一个人来这里领导我们，推动教务，并且可以更深地了解我们。

三、如果迁津目前困难的确太多，一下不能解决，请务必设法先把我们迁去南京暂住，因为宁院房子大而人少，而我们这里这个冬天真过不去。而在南京一切问题还比较容易解决。

就写到这里为止了，可是再重复说一句，我们迫切希望马上就能搬来天津。

此致

敬礼

国立音乐院幼年班留校学生敬上

1949年12月15日

一天两顿稀饭，仨人合用一条棉被，黄源澧抚慰着这些交响乐的种子度过了在南方的最后一个冬天。

1950年，黄源澧带着经过无数战火最后保留下来的六十名幼年班学生，北上来到天津。著名作曲家金湘是这六十个孩子中的一个，七十岁的他回忆说："还记得当我们坐火车从常州抵达天津，先期抵达的大哥哥、大姐姐把我们这些'小公鸡'一个个从车上抱下来的感人情景。"金湘说，有的人都不容易被抱动了，大学部的同学惊诧转眼之间，一群小孩长大了许多。

"中央乐团"首席都是他带出来的孩子

到天津以后，幼年班改名为少年班，因为孩子们的确长大了。1957年7月，少年班改为中央音乐学院附中。而黄源澧成了中央音乐学院附中第

少年班孩子与外教

一任校长，并在这个位置上奉献了更多的智慧。

幼年班的孩子们呢？他们在天津少年班没有来得及毕业升入本科，新成立的中华人民共和国频繁的外事活动就不得不启用他们，频频组团出国参加演出和比赛。回国后，这批人就被留在北京组建了"中央歌舞团"，1956年管弦乐队从歌舞中分离，组建为"中央乐团"。这样，经历了十年战火硝烟和寒窗自励的磨炼，中国人自己培养的第一代交响乐人才终于组成了新中国第一个交响乐团。

在中央乐团，小提琴首席高经华、张应发、梁庆林、黄柏荣、朱工七，大提琴首席盛明耀、马育弟、胡国尧，中提琴首席岑元鼎，低音提琴首席邵根宝、尤奎，长笛首席李学全，大管首席刘奇，圆号首席谈厚鸣，打击乐首席方国庆，钢琴与黑管首席白哲敏，以及指挥家张子文、作曲家田丰、书记朱信人，都是幼年班来的孩子。

段平泰说："在中国，过去学音乐都是个人行为，因此要组成完备而水平齐整的管弦乐队十分不易。而幼年班是为了乐队的需要，集体定制打造的'工厂'。新中国成立后瓜熟蒂落，这些天资聪颖、幼功深厚的少年，成了中央乐团建立的基础。"

中央乐团之外，中国歌剧院、中国电影乐团、上海交响乐团、上海电影乐团、天津交响乐团、天津歌剧舞剧院、广州交响乐团都有来自幼年班的演奏家。中央音乐学院、中国音乐学院、中央民族大学、上海音乐学院、天津音乐学院、广州星海音乐学院、广西艺术学院、西南大学都有由幼年班演奏家转业成的教授。

外孙女成长为美国大都会歌剧院的副首席

黄源澧的四个孩子也都从事音乐工作。女儿黄远渝是中央乐团钢琴家，大儿子黄远浦是中央乐团小提琴家、次子黄远泽中国爱乐乐团大提琴演奏家，小儿子黄远涪是中央音乐学院单簧管教授。

但是最令黄家骄傲的是由舅舅黄远浦培养出来的黄远渝的女儿钱汶，现在是纽约大都会歌剧院的副首席。

钱汶是1996年底考进大都会歌剧院的。据中文版《美国文摘》介绍，钱汶每周演出四场，白天排练三四次。由于该团主要为歌剧演奏，而歌剧主要强调剧情冲突，加上其歌唱性的特点，因此对演奏者而言，非常具有挑战性。它要求演奏者不仅技巧高超，充分而完整地领会剧情的含义，而且要参加整个剧情的表达。钱汶曾经三次担任《蝴蝶夫人》和《波希尼亚人》的首席小提琴，在该剧院轮流上演的几百个歌剧剧目中，她已演奏了一半以上的曲目，而有些曲子非常难，像瓦格纳的曲子，既难又很冗长，有时长达六个小时，一场歌剧拉下来，人都快要被拉死了。

大都会歌剧院乐团共有一百多位演奏家，其中小提琴设两个首席、三个副首席，钱汶担任其中的一个副首席，这不仅仅对华人非常难得，就是美国本土演奏家也非常神往这个位置。

2005年夏天，钱汶生了小宝宝，九十岁的黄源澧看到了第四代音乐的幼苗。

2005年秋是"国立音乐院幼年班"成立六十年纪念，当年的孩子们都七十岁左右了，而所有黄源澧同时代的为幼年班做过贡献的音乐教育家都已经离世。黄源澧成了唯一的证明。他的无言里无法割舍的是六十年前的这段乱世琴缘……

吕昕：
敢把癌症病床做婚床

2005年8月底我去采访这个故事的时候，虽然婚礼刚刚举行过五个月，但是新郎吕昕化成灰烬装入瓷罐已经二十多天了。他的八十多岁的母亲、正在上学的女儿和只有三十七岁的新娘韩小燕，都沉浸在对儿子、父亲、夫君的思念里。但是这个家不压抑，虽然人多，空间很小，但是感觉像这里的主人睡去一样，安静而恬淡。

五十岁的吕昕是我国当代壮志未酬的音乐翻译家、音乐工具书编辑和出版家。20世纪80年代参与撰稿、编辑的词典有《20世纪音乐家词典》《外国著名小提琴家词典》《中国大百科全书·音乐舞蹈卷》《中国音乐词典》《实用音乐词典》《简明牛津音乐词典》等。90年代出版的我国第一部音乐百科词典——《简明音乐百科词典》，吕昕是副主编，为此，花费了他将近二十年的时间。90年代轰动一时的《古典音乐巨匠》套书，将画册、影片、作品CD结合起来，使读者通过读、看、听，全面了解了贝多芬、莫扎特、柴可夫斯基、德彪西和舒曼等。吕昕是《古典音乐巨匠》的主编。

他成长在很多"右派"、二十多种语言的环境里

吕昕是我国著名翻译家、北京第二外国语大学教授吕千飞先生的独子，1955 年 1 月出生在北京。1957 年父亲吕千飞被打成"右派"，1965年，十岁的吕昕随全家下放到山西吕梁山中的小城离石。吕昕自己说："我小学时随家迁居山西，周围都是由于各种原因被'轰'出北京的知识分子，仅外语人才就有二十多个语种。"

吕昕曾经对我说，在他成长的那个小小的环境里，英、法、俄、德、西班牙等话都可以听到。知道的是一群"右派"，不知道的，还以为是八国联军。

这些语言学教授多年没有用武之地，政治风声不紧的时候，他们就拉住周围的小孩子教教外国话以过过语言瘾。吕昕聪明，父亲是英语专家，而他却胡乱地学了更多的外国话。这些话有用没用他不知道，但是最初的关于语言的兴趣就这样培养起来了。

在那样一个重技术，甚至只重出身的年代，吕千飞不愿意自己的儿子从事人文学科的研究，于是选择了无线电这样的专业让儿子学习。父亲最低的要求就是，靠这样的一点手艺，儿子将来有个"吃饭的能力"。

吕千飞教儿子学英语，启蒙教材是英文版的《世界史》。吕昕说："我的父母认为知识面应该尽量宽一些，所以为我选择老师，先后学习无线电、英语、世界史、古汉语、体育、音乐等。"中学时期，父亲还给儿子买了小提琴。

我记得多年前吕昕曾对我说，他生活的这个环境里有一个学音乐的女教师，弹钢琴，给过吕昕不小的影响。现在问吕妈妈，她却不能知道。

这些来自全国各地的"右派"，他们的学识和人品、阅历共同影响了青少年时代的吕昕。

中学五年，吕昕任学校文艺宣传队队长，这时他的主要兴趣转向音乐，开始寻找一些关于歌曲作法、小乐队编配方面的书籍。他说："当时

是书荒的年代，偶获一本便如获至宝，为方便学习，只得整本抄录。"

吕昕所就读的贺昌中学，是以我党早期革命家贺昌烈士的名字命名的，创建于1945年，是离石乃至整个吕梁山最好的中学。毕业的时候学校要挽留他做教师，可吕昕的目标是大学。而当时规定"插队两年以上才有资格上大学"，所以吕昕义无反顾地插队到了农村。在农村的两年，他完成了父亲拟定的从莎士比亚到萨克雷的英文阅读计划。

1976年，插队期满两年，二十一岁的吕昕报考大学。当时只有音乐、体育两个专业是无须推荐、"择优录取"的。吕昕有个"右派"父亲，自然不在推荐之列，只能在音乐与体育两个专业中选择考试。而考试的结果，他两个专业都是吕梁地区的最高分，同时被北京体育学院排球系和山西大学艺术系录取。吕昕觉得将毕生精力放在音乐上更值得一些，于是选择了山西大学，学习作曲。

1978年，按照"社来社去"的分配原则，吕昕回到他插队的农村务农。半年后，进入吕梁文工团，指挥、配器、排演了《小二黑结婚》《刘三姐》《窦娥冤》等一批歌剧。现居北京做导演工作的郭大群是从吕梁文工团出来的，他说："我们这一批人的成长得益于当年在文工团受到吕昕的帮助，因为那是一段事业上空白的年代，大家都在混日子，吕昕因为受到了父母特别好的教育，而他自己又是一个善于诱导人的人，所以我们文工团的年轻人都团结在他周围，他为我们安排课程，做我们的老师，让我们这些文化基础差、在舞台上打闹的年轻人获得了更多的艺术的熏陶。吕昕从家里拿来原版《茶花女》《蝴蝶夫人》给我们听，对禁锢着的70年代，那是多大的一个冲击啊！"

中国音乐工具书建设的干将，拼命工作也毁了他的梦想

1978年"右派"改正，吕千飞回到北京进入中国大百科全书出版社。1980年，北京第二外国语大学要吕千飞，还可解决妻子与儿子的进京问题，于是吕千飞就做起了老师。而吕昕在父亲的朋友、著名音乐教育家张肖虎先生的推荐下，到人民音乐出版社做编辑，就没有到二外就职。

在吕梁文工团期间，二十岁出头吕昕曾试着翻译了《贝多芬的钢琴奏鸣曲》一书，投给人民音乐出版社，石沉大海。没有想到，没几年的时间，他做上了这里的编辑，他对自己的工作非常热爱。

在参与了《20世纪音乐家词典》、编辑了《外国著名小提琴家词典》之后，1984年10月起，吕昕担任《简明音乐百科词典》的责编。这部由中国人自己编纂的第一部百科性的音乐工具书，两百万字，三代作者多达九十五人，预计1987年完成，而事实上到1998年才真正出版见书。这期间，他除了最初和大家一起完成制定编辑纲要、订合同、立框架、约稿、初审、部分稿件的复审定稿外，还承担了：

一、与主编保持经常联系，随时解决可能出现的问题；

二、协调编辑班子及撰稿人的工作；

三、对每个部类及撰稿人的稿件做出初步估价，根据情况采取不同的处理方式：提意见后退修、编辑部修订、约专家审稿等；

四、选择撰稿人及约稿；

五、负责提琴家、指挥家、理论家、美国作曲家、美国音乐、电子音乐、舞曲、体裁、乐器及制造家、外国作品、音乐学等十余个部类的具体审核加工；

六、补写遗缺条目、改写有重大缺陷的条目；

七、将其他同志审过的稿件过目一遍，统一体例、统一译名、减少差错；

八、拟写凡例、中外文索引及附录，负责成书阶段的技术工作。

前后近二十年的时间，竟花在一部工具书上，我觉得在音乐圈，最亏的就是吕昕这样的做基础工作的人，满腹经纶没名声，工程浩大默默无闻。

1986年吕昕曾写下这样的话："现代的专科性词典除了具备辞书传统的检索性和可读性之外，还应当不断吸收该学科的最新成就，将之系统化，归入大的文化体系之中。从这个要求来看，我国音乐辞书尚属草创阶段，多为'土法上马'，要做的工作极多，远非某些个人穷毕生精力所能为。因此，除尽快拿出几部通用性词典以应付眼前急需外，应广泛收集材料、掌握国内外音乐动态、学习各国的编辑理论和方法、注意各学科之间的横向联系，使我们自己的辞书日趋完善。这是我今后努力的方向，唯祈天遂人愿。"

天不遂人愿。1998年《简明音乐百科词典》一出，1999年吕昕就被从总编室主任的位置拉下来，他后来告诉新婚妻子韩小燕："这一次，把我打'疼'了。"我不清楚具体是什么原因人民音乐出版社的领导不要这样的干将了，但是吕昕长期的计划就搁浅了。

不久，出版社又要他参加编委会，他便再次焕发了力量。一直到2005年1月中旬，他最后一次去出版社开会。这时候，他已经不得不半夜起来吃止疼药，到上午正是药力最佳的时候，呈现给出版社同事们他最好的一种状态。在北京，他就这么一个单位，翠微路的那个大院，往往比家更重要。

2000年初，他应我主持的杂志的邀请，写了"世纪感言"。我现在面对他手写的原稿，长吁一声："斯人可惜！"吕昕写道：

弦管声中，穷经白首，不觉又是千年。

人类文明经历了无数的血与火、辉煌和黑暗，随着地球的运行走过了漫长的路程；人类值得自豪，也应该自责。值此更迭之际，瞻前顾后，检讨大计，正有待于智者仁人。

人们说，新世纪将为人类带来明日的曙光，但愿如此，我衷心向往。于是乎提起精神，提醒自己，在恒河沙数的文明足迹中，应该留下自己的脚印。只望我们的作为无愧于前人和来者，是为匹夫之志。

我和吕昕认识多年，烟抽得凶是其特点。但是谁也没有想到，他的生命毁在劳累和抽烟两项恶习上。

住院检查就再无出院的希望，于是婚礼在复活节举行

韩小燕是1992年初认识吕昕的，那时吕昕到上海音乐学院招毕业生，选中了即将毕业的韩小燕。但是韩小燕并没有到出版社工作，而是留校做了老师。1995年韩小燕到文化部工作，才与吕昕有了一些来往。当2002年12月，吕昕的妻子因肝癌去世，吕昕非常伤心的那段日子，韩小燕与吕昕的来往就密切了起来。

2004年夏天，吕昕感到了疲劳。出版社六十本一套的大型音乐家传记丛书吕昕担任终审的工作，几乎要两天看一本书稿。因此，大家对他之所谓"疲劳"并没有太在意。到国庆的时候，吕昕在广州出差，回来就说"腰疼"。马上到医院，医生一听，甚至没有检查就断言是"骨质增生"，无大碍。但是两个月之后疼痛感有增无减，再去医院，拍了片子，依旧是"骨质增生"，无须治疗。

2005年1月4日，是吕昕的五十岁生日，过完生日，人就起不了床，得躺着坚持看出版社的稿子。止痛药维持着他继续工作。吕昕自己不适但不对家人说，总是把自己调整到最佳状态再见朋友。大家问他身体，他总是说："略好。"

春节，韩小燕回青岛和父母过节，问吕昕："一起去吧。"吕昕笑着说："我想去，可我坚持不了路上的颠簸。"

韩小燕匆匆和父母过完春节就回到北京，回到吕昕身边。由于吕昕的身体状况已经应对不了医院烦琐的门诊检查，所以正月初六他住进了中日友好医院开始住院检查。正月初九，所有的结果出来了，血液、细胞，显示吕昕是肺癌晚期。

韩小燕接受采访时说："到三十七岁，我一直没有思考过嫁人的问题，本来与吕老师交往深入之后，觉得能做他的妻子是我一生特别荣耀的一件事情。但是，因为吕昕的妻子去世尚不满三年，我希望在师母三周年之后再和吕老师谈婚娶的事情。但是……"韩小燕在吕昕骨灰、遗像前，

176

克制不了她的悲伤，双手蒙在脸上说不下去了。

本来，知道结果的第一反应，韩小燕是想告诉吕昕的，但是大家都劝她先不要说，于是就一直没有说，直到他去世。可是，吕昕住了医院那么久，居然也不问自己的病。只是在身体许可的情况下，看稿子，或者辅导韩小燕搞点翻译。韩小燕说："吕老师是不会让别人难堪的人，他应该猜想到他的病，但是从来不和人说起。他怕我们撒谎，所以索性不问，只说快乐的事情。"

韩小燕把病房布置得和家里一样，吕昕从来不穿病号服，被子是家里的，每天都有鲜花。2005年3月27日是复活节，他们选择了这一天提前结婚。病房就是洞房，病床就是婚床，癌症病人就是新郎。

吕昕有八十多岁的母亲，有还在上大学的女儿，简单的婚礼上，新娘韩小燕问不能起来的新郎："你放心吗？"吕昕说："我放心。"新娘说："我能带好妈妈和孩子。"新郎点点头，笑了，很幸福。

新郎为新娘朗诵了由父亲吕千飞翻译的英国女诗人的《歌》：

　　　　我死去的时候，亲爱的，
　　　　不要悲歌哀戚；
　　　　不要在我头前栽植玫瑰，
　　　　也不要松柏荫翳；
　　　　让青草在我上面滋长，
　　　　任凭那雨打露滴；
　　　　你若愿意，就怀念我，
　　　　若不愿意，就忘记。

　　　　我那时看不见沉沉阴影，
　　　　感不到霏雨淋漓；
　　　　听不到夜莺鸣啭，
　　　　不住地如诉如泣；

我睡在昏暗中梦寐，

苍茫茫永无止期；

我也许会，怀念你，

我也许会，忘记。

吕昕最后一句完整的话是："带妈妈看新房去。"

8月1日晚上，吕昕开始吐血。8月5日，开始呢喃着叫妈妈。吕昕的姐姐问："你想让妈妈来看看你吗？"吕昕点头。姐姐说："你这个样子，不怕妈妈着急吗？"吕昕说："那让我想想。"第二天上午再问，吕昕还是想见妈妈。在姐姐去接妈妈的一段时间里，吕昕问："她们出来了吗？怎么这么慢啊？"

这之前，妈妈在望京一个人住，吕昕和女儿住在安慧，而韩小燕住自己的宿舍。三处的房子都很小，所以就想买更大的房子，大家住在一起。2004年冬天，吕昕说："这是最后一个冬天了。"女儿就纠正他："这是在旧房子里的最后一个冬天啊！"正当他们憧憬着新的团聚的时候，吕昕病了。

2005年6月底，他们拿到了新房子的钥匙并开始装修，虽然吕昕在医院里并可能永远回不了新家，但是韩小燕按照吕昕的想法装修，把每一阶段的进程拍了录像带给吕昕看。韩小燕说："他最后清晰地说的一句完整的话是，'带妈妈看房子去'……"

在一旁听我采访的妈妈哭了，韩小燕上前拥抱妈妈，安慰妈妈，我侧过脸去拭泪。韩小燕说："妈妈本来是指望儿子给她送终的，但是，妈妈听到吕昕去世的消息后，首先问我怎么样，问孩子怎么样。她失去儿子依旧关心着我，我就更加应当照顾好妈妈。"

8月8日凌晨0：06，吕昕遗憾地去了。他遗憾的是没有能为母亲送终，没有陪女儿更远一程，没有能像他希望的那样与韩小燕过十年幸福的生活。

他翻译的《中世纪音乐史》才进行了三分之一多一点。他曾对韩小燕说："我们结婚的时候，我就不给你买钻戒了，把这本书送给你做结婚礼物。"可见他对这本书有多高的期待！据说，中世纪音乐研究，即使在欧洲也是被视为畏途的一件事，而国内像吕昕这样随巴黎大学奥涅格教授研习过的人很少。而奥涅格是这方面的专家。在病床上，吕昕让韩小燕试着翻译了几段，但是，这样的翻译对语言的要求太高了，大把大把的单词不认识，韩小燕无法进行下去。

另一本《音乐翻译词典》，吕昕已经做了大量的工作，但是，吕昕一走，目前还没有人做得了。

韩小燕说："像吕老师这样能耐得住寂寞，不需要人们承认，不需要人们知道，总是想在自己死的时候，给人类留下点什么有价值的东西的人，是我景仰的人。不少人反复地问我：值不值。我还是那句话：嫁给吕昕是我一生的荣耀。我将完成他没有完成的事业。"

大半生编辑词典，韩小燕说吕昕有"词典思维"，不论谁问他什么问题，他都要随手抄起词典来回答，绝不应付。最后在病床上，医生问他有什么感受，他说："第一，浑身没有力气；第二，想做的事情做不了。"他永远这样一、二、三把问题回答得条理明晰。

吕昕弥留之际，韩小燕问他："你想去哪里？"……"山？"摇头。"海？"点头。"青岛？"摇头。"上海？"点头。

上海是吕昕母亲的故乡，他想回到那里，安息。

▲△

第三辑　水光幻影

伊文思：与20世纪同行

沙飞：用相机为抗战服务　徐肖冰：我拍《开国大典》

汪洋：北影北影，百片汪洋　陈虻：讲述自己的故事

吕厚民：这一次出发，没带摄影包

葛存壮：「老嘎」其实并不嘎　吴天明：老井活水的根性歌吟

伊文思：
与20世纪同行

——听玛瑟琳·罗丽丹谈伊文思及他们的电影

玛瑟琳 供图

1998年11月18日是被誉为"世界纪录电影之父"尤里斯·伊文思的一百周年诞辰纪念日。为纪念这位中国人民最真诚的朋友，中央新闻纪录电影制片厂、中国电影资料馆、中国世界电影学会于10月18日至20日，在北京联合举办了研讨会。研讨会期间来自有关单位的专家学者、伊文思的合作者，共同回顾了伊文思对中国人民的伟大情感与他不懈的艺术追求，重温了伊文思一生拍摄的优秀代表作中的《雨》（1929·荷兰）、《四万万人民》（1937·中国）、《印度尼西亚在呼唤》（1946·澳大利亚）、《塞纳河畔》（1957·法国）、《早春》（1958·中国）、《愚公移山》（1971—1975·中国）和《风的故事》（1988·中国）。

与伊文思一起工作和生活了三十年的玛瑟琳·罗丽丹专程从巴黎赶来，自始至终兴致勃勃地参加了研讨活动。由于她讲述了许多鲜为人知的故事和她对伊文思深刻的理解与认识，以及她继伊文思之后对中国人民与中国的事情怀着美好的情感和美好的祝愿，所以她成了这次研讨会的绝对主角，使与会的一些对伊文思以膜拜者或恭维者出现的学者、老电影人黯然失色。

伊文思从20世纪20年代开始投身于纪录电影运动，到1988年以九十岁高龄完成他的最后一部作品《风的故事》，他几乎扛着摄影机经历了整个20世纪的风风雨雨。他的足迹遍及六大洲，他的镜头始终对准生活在社会底层的人民。他心中的正义感，对人生的爱、对美的执着追求，使他的电影真实而感人。玛瑟琳·罗丽丹说："我不敢说伊文思是个完人，但最重要的是他留下的一切，成为一部由光与影构成的20世纪的历史。"

记录电影：可能与不可能

玛瑟琳·罗丽丹在第二次世界大战开始的时候只有八岁，因此，伊文思早期电影里的许多内容对她来说是陌生的。不过，玛瑟琳·罗丽丹是疯狂地热爱电影的那一代中的一员，只要有可能，她就参加法国电影资料馆的活动。1953年她在法国电影资料馆看到了伊文思1937年拍摄的《西班牙的土地》。那个时候伊文思对他来说还是个谜，而影片以非官方语言来表达历史的意志则强烈地吸引着玛瑟琳·罗丽丹，这使她下决心也要拍出如此深刻的电影。

十年后的1962年，玛瑟琳应邀参加法国电影资料馆的一个伊文思电影观摩研讨活动。当时放映的一部片子对她来说简直是巨作，像她这些年轻的电影人在这些神奇的镜头前感到不知所措。会后，玛瑟琳找到伊文思说："我希望你能给我帮助。"

出乎玛瑟琳意料的是，不久之后再次相遇，伊文思送了她一大捧鲜花，并要到了玛瑟琳的地址。再后来，他们就生活在了一起。

与伊文思一见钟情的玛瑟琳在起初的岁月里并不想与伊文思一起工作，她说："我永远不能跟他一起工作，他的光芒会让我黯淡无光，我在他跟前算什么呢?"然而，由于生活在一起相互加深了理解，玛瑟琳觉得与伊文思一起工作是愉快的，是有价值的。于是此后他们联袂拍摄了许多优秀的作品。

玛瑟琳处在电影的新浪潮时期，而伊文思来自无声电影时代。在伊文思早期创作那段时间，还不存在同步录音，包括在中国拍摄的《四万万人民》。而玛瑟琳时期的电影已强调离开摄影棚到大街上拍片，用同步录音代替音乐。玛瑟琳加入伊文思电影的创作，无疑为伊文思的艺术生命注入了新时代的气息。

玛瑟琳说："伊文思是跨越整个20世纪的电影工作者，从世纪初一直工作到世纪末，像他这样的电影人，在这个世界上是屈指可数的。然而伊文思并不试图去创立一个学派，不试图形成统一的风格。他的电影的最大特点，就是千方百计表现他自己的创造力。伊文思一生自始至终都相信自己是强有力的，所以在伊文思为我们构筑的电影画廊里找不到两个相同的面孔。伊文思一生都在大胆地尝试记录电影的各种可能。从这个意义上讲，伊文思永远是前卫的、先锋的。"

早期受先锋派影响而强调流动的线条拍摄成功了《雨》。1971年至1975年拍摄《愚公移山》时，伊文思把记录电影的纪实手法推到了前所未有的极致，他用最朴素的画面、最拙朴的手段把电影艺术还原成生活的原生态。尽管他的这部片子是在中国拍摄的，并且有数十位中国记录电影人参与了该片的工作，但直到二十多年之后，伊文思的思想才在中国年轻一代电视工作者那里有了呼应，这就是《东方时空》《生活空间》和《实话实说》的制作理念。而此时，伊文思早于1988年以九十岁高龄完成了他的最后一部杰作《风的故事》。

玛瑟琳说："进入80年代，我们陷入了政治、文化、哲学的多重危机之中。我们在这个时代到底拍什么样的纪录片，成为困扰年近九旬的伊文思的最大问题。《愚公移山》已经使直接电影发展到了尽头，我们不能继续走老路，于是我们渴望突破。然而，正如毕加索所言，成为青年需要一个漫长的过程。而当时我和伊文思的年龄加起来已经一百五十多岁，要我们变得年轻是困难的，但我们完成了这一飞跃。"

《风的故事》打破了纪录片与故事片的界限、真实与虚构的界限、人与神的界限。伊文思在生命的最后让艺术表现得像风一样自由，拍摄了不可能的事情，为他的艺术创造画上了圆满的句号。《风的故事》是超现实主义的，九十岁伊文思的创造力燃烧着旺盛的生命之火、青春之火。

伊文思的一生尝试了纪录电影的所有可能的样式，这是20世纪别的纪录电影人所无法企及的。最后他让不可能变为可能，拍摄了无形、无色、无光的风，让世界叹为观止。由此可见，纪录电影大师会有多个，但伊文思只有一个。

平民电影：压迫与反压迫

20世纪充满了暴力与战争，充满了罪恶与奴役，尤其是这个世纪的上半叶。于是抗争、反压迫就成了六大洲广大地区人民的政治任务。已经对电影语言掌握到炉火纯青地步的伊文思，没有扛起摄影机去为自己谋取世俗的荣耀。他，以一个纪录电影人的良知，扛起摄影机投身于世界人民的火热斗争生活中，从平民的视角，记录了20世纪的历史。

从苏联到西班牙，从中国到澳大利亚，从马里到智利，哪里有压迫哪里就有伊文思，哪里有斗争哪里就有伊文思。

在本次研讨会上，大家说得最多的是伊文思在中国的事情。早在20世纪30年代，伊文思就来到中国，用摄影机记录了中国人民抗击日本法西斯的珍贵镜头，通过影片《四万万人民》向全世界展示了中国人民的伟大形象。在《四万万人民》拍摄期间，伊文思非常渴望到红色圣地延安，但国民党对伊文思进行了秘密盯梢。在西安见到周恩来后，伊文思表示要强行突破封锁前往延安，周恩来说："你在这样的情况下到了延安，就很可能回不了武汉，最终影响到你的电影与世界人民见面。拍再多的素材有什么用呢？"伊文思为了弥补没有到达延安而留下的遗憾，躲过国民党的监视，秘密拍下了周恩来、董必武、叶剑英等共产党领袖在开军事会议的镜头。在电影后期制作时，还把美国摄影师在延安拍到的朱德形象剪辑进自己的影片。

伊文思虽然没有能够到达延安，但他有一种预感，他知道延安是中国人民希望之所在。在他拍摄完《四万万人民》离开中国之前，将自己心爱的手提式"埃姆"摄影机和数千米胶片，秘密转赠给延安的电影工作者。延安电影团的同志们就是靠这些家底，开创了中国新闻纪录电影事业，为中国革命留下了珍贵的镜头。

伊文思刚认识玛瑟琳的时候，玛瑟琳在法国一家电视台工作。那时，电视依然在政府的严格控制之下，想在节目中表现进步思想是非常困难的。而与伊文思有共同倾向的玛瑟琳意识到做了她力所能及的工作，使她的节目更具有民众色彩。接着，越南战争开始了，伊文思与玛瑟琳意识到这是世界上最大的一部机器在压榨越南人民，于是他们冲破重重障碍，奔赴越南，拍摄了《十七度线》。

1958年的中国正处在"大跃进"年代，当伊文思再度来到中国时，有人要求他拍一部"人民公社"的片子，而伊文思把目光投向最普通的人民，描写他们在春天到来时的劳动与生活，平实而生趣盎然，即使在四十年后的今天，依然焕发着艺术的灵光。

1971年到1975年，伊文思与玛瑟琳再度来到中国。当时中国是"文化大革命"时期。他们在北京31中拍摄了《球的风波》、在上海拍摄了《第三药店》。当摄制组赶到大寨时，陈永贵独自一人早早跑到虎头山上开始劳动，而伊文思却没有拍陈永贵的这一镜头。玛瑟琳说：伊文思从来没有拍过任何领导、领袖，他始终把镜头对准最广大的劳动人民。于是这部素材带有一百二十小时，最后完成总长度为十二小时的十二集系列纪录片《愚公移山》，成为纪录中国"文化大革命"的世纪经典。

为了这部影片，伊文思与玛瑟琳在西方社会受到了长达十年的冷落与责难，甚至没有工作。然而这部片子在中国没有能够全部与广大观众见面。玛瑟琳在本次研讨会即将结束时说：如果能与二十六年前北京31中的"红卫兵"们一起看片，再度讨论"球的风波"，该是多么幸福的事啊！然而，当年的那群孩子们，你们在哪里？

玛瑟琳说："跟随伊文思的一生是冒险的一生，但我从来没有犹豫过。"

玛瑟琳说："伊文思一生如果站在官方的立场，西方的立场，或者为某种政治服务的立场，他都有可能飞黄腾达。但他选择了人民。他个人因为没有'站对队伍'而没有享受到荣华富贵，但他的电影却因为反映了群众真实的愿望而成为永远真实的存在。"

理想电影：现实与乌托邦

在这次研讨会上，大家讨论最多的是《愚公移山》和《风的故事》，因为这两部影片所反映的社会图景对今天许多中国人来说依然记忆犹新，尤其是与会者中的不少人亲历了这两部电影的拍摄过程。《愚公移山》和《风的故事》可以让我们重温历史。正如玛瑟琳所说："这样的作品已经不完全属于它的创作者，它们更多地属于观众，属于中国观众。因为谁更了解自己的历史？当然是中国人民。"

在《愚公移山》第二部《上海的药店》中，伊文思和玛瑟琳主要表现了这家药店的日常工作：顾客前来购药，询问小病的治疗，职工检讨自己对顾客的不耐烦，下乡为农民服务，药店邀请工人、农民、居民代表召开座谈会，以便改进工作。笔者在观看这部影片时注意到，那时的中国人外在的统一蓝色包裹着一个统一的思想：为人民服务。这虽然不是中国"文化大革命"的全部，但至少是"打砸抢高潮"过去之后的1972年，普通中国人最为实在的生活。

然而，就是这样一部影片也没有获准在中国公开发行。1973年伊文思与玛瑟琳完成了前期拍摄离开中国，1975年他们带着七部制作完成的影片回来，在一个小型的放映会结束后，只是一片沉默。后来对《愚公移山》进行了批评，要求重新剪辑。当权的人认为《愚公移山》的错误有六十一处之多。比如上海的雨天放《东方红》音乐；比如一个船长说："文化大革命"是怎么回事？我不明白。

当时伊文思与玛瑟琳的观点是：如果我们的电影存在历史陈述的错误或统计的错误，可以纠正，但因为图解政策的需要来修改影片，我们不能答应。这次研讨会上北京电影学院的一位教授说：伊文思为尊严和自由而战，以普通生活取代政治说教，他在中国拍《愚公移山》一年半时间，可以说在中国开设了一所流动的电影学校。只可惜他同时代的人对他理解不够，中国纪录电影错过了一个极好的发展机遇。

伊文思太太

玛瑟琳在会上兴奋地说："我很激动能在三十年后的今天公开谈论这些过去的事情。《愚公移山》是接受周恩来的建议开始拍摄的，而当我们带着完成的影片回到中国时，周恩来已经在病榻上了。当他获知这个消息，就给我们捎话，让我们尽快走，近期不要再回中国来。"

然而《愚公移山》不是周恩来的电影，因为周恩来只是希望伊文思拍他们看到的中国，除此之外，周恩来没有更多的要求。同样，《愚公移山》也不是"四人帮"的电影，因为伊文思并没有满足"四人帮"的愿望。可是在70年代末的中国，"四人帮"当权或不当权，《愚公移山》都没有获准公映。

在西方《愚公移山》的命运又如何呢？在巴黎轰动六个月之后，随即是猛烈的抨击。伊文思与玛瑟琳因为这部片子而失去了西方社会对他们的信赖，在长达十年的岁月里倍受责难，偏激地批评他们与中国共产党站在了一起。他们被孤立，十年时间找不到任何工作。

同与会者一起观看了《上海第三药店》之后，玛瑟琳感慨地说："这部影片完成之后的二十年中我没有再看。当我再次看到它时，我十分惊讶。那个时候，我们两个西方人，相信一个乌托邦正在实现。现在当然我们会用另外一种眼光看这部电影，但当时我们真的相信中国人正在实现乌托邦。"

　　玛瑟琳说："我从落地的一瞬间，就置身于一个用金钱构成的网里，金钱的关系是我所处的社会中最重要的关系。许多时候我在想：有没有一种金钱之外的东西能联络人与人的情感？那个年代我们认为自己找到了。《上海第三药店》就是这个寻找过程的结果。那时中国人生活在共同的慷慨与平等之中，尝试着金钱之外人与人之间新的可能。虽然今天中国的社会已经发生了很大的变化，但如果人与人的关系只是靠金钱来维系的话，那么我们就没有理由相信，今天的社会一定比过去的好。"

　　玛瑟琳说："每个人都应该有历史的责任感，但历史责任感并不是历史责任。我们毕竟是拍电影的，我们的作品只表达我们的理想。"

　　在《风的故事》的故事里，伊文思以一个世纪老人苍凉的面孔，借助东方文化的信号，来表达人类共同的生活意识、运动、风。《风的故事》放弃了明确的社会与政治背景，放弃了具体人物与事件，只高扬着一面思考的旗帜，在东方与西方之间，在人与自然之间，在生与死之间，来回驰骋。它以主观的视角，让想象力自由飞翔，是对纪录电影的一次大解放，是伊文思个人思想的一次大解放。

　　讲完了《风的故事》之后不久，伊文思的生命随风而逝。这一次，西方社会接纳了他，到处喝彩。只是化成风的伊文思已经不再惦念人间的宠辱，仅把六十多部电影留下，任人评说。

　　我是不是说得太多了？正如玛瑟琳所说，如果伊文思在场的话，他一定说：现在该看电影了。好，那现在就让我们去看伊文思的电影吧！

沙飞：
抗战摄影第一人被尘土掩埋

王雁 供图

2005年7月7日起，"沙飞抗战摄影展"在北京王府井举行。沙飞这个抗日战场上的摄影记者在纪念抗日战争胜利六十年的时候，成了一个亮点，虽然知道他名字的公众没有知道他作品的人多，但是他本人就是一个传奇。

在这个展览上你可以看到白求恩临终赠送给沙飞的相机等珍贵历史遗物，还有《沙飞摄影全集》《我的父亲沙飞》两本书的首发。而张罗了这一切的，是几乎没有与父亲见过面的沙飞的女儿王雁。

沙飞用相机见证了鲁迅的最后岁月，然后舍家别妻，以相机为武器北上参加抗战。他是中国摄影史上第一个提出摄影武器论的人，是中国革命军队第一位专职摄影记者，是中国共产党领导的第一个新闻摄影机构的第一任领导者。他和他的战友们创办了中国共产党领导的第一份新闻摄影画报《晋察冀画报》，拍摄和保存了中国革命战争时期最完整的照片档案，建立和发展了中国革命摄影队伍……

1950年，沙飞被处决时，还不满三十八周岁。

而今天，他的女儿王雁都快六十岁了。十年前，她突然萌生了对父亲生与死的追问，于是她花了十年的时间，一步步坚持走下来，于是有了现在对沙飞的全面展示。

"仅仅因为是血缘关系，我做这一切就不值得，"王雁说，"在我眼里，沙飞是一个有意思的历史人物，他与他的时代引起我的兴趣，他用相机为抗战服务，他的历史使命已经完成了。他的死成全了他，他用那种方式来谢幕，值得人们回味。"

生死、战争、爱情这样几个永恒的主题贯穿在沙飞的传奇里，一边寻找，一边思考，一边写作，王雁的十年没有白费。当她的《我的父亲沙飞》一书和由她主编的《沙飞摄影全集》画册隆重出版的时候，她当欣慰。

刚出生几个月，父母就把我留在了老乡家走了

沙飞1912年5月5日生于广州一个商人家庭。他在南国花城度过了人生最初的十九年。他曾这样说自己："我是一个城市小资产阶级的知识分子，生长于广州，原籍是广东开平。父名司徒俊勋，在广州经营商业。八岁时即进市立初级小学读书。一直至十九岁高中毕业这一阶段，家庭的经济状况是不坏的。虽然弟妹年渐增多，父亲的负担日重，但生活上极力节省，七岁以上的弟妹，还是都能进学校念书的。在学生时代，因为是处在广州，故'五四''五卅''大革命'虽因当时自己年幼识浅，但多少还是受到一些影响的。这时期，特别是爱国主义和民族意识的教育和奋斗创造的精神使我易于接受……"

沙飞是司徒俊勋的长子，本名司徒传，别名司徒怀。1936年8月底沙飞背着照相机到上海闯荡的时候，给了他一些影响的正是司徒家族的人，这些人对中国艺术的贡献可以说是开创性的。

先说音乐家司徒梦岩。他十八岁自费赴美留学，曾与美国科学家爱迪生的儿子同校、同班、同桌，后来考进麻省理工学院，数学比赛获得过冠

军。回国后，他是上海江南造船厂第一任华人总设计师。司徒梦岩从小喜欢拉小提琴，还研究小提琴。在美籍波兰小提琴制造家戈斯指导下，他造出了第一把出自中国人之手的小提琴。

再说电影艺术家司徒慧敏。1930年后一直在上海搞电影工作，研制成功我国制造的第一台录音机。为电影《渔光曲》《新女性》《迷途的羔羊》《大路》承担录音工作。1952年参加八一电影制片厂的筹建工作，参加大型音乐舞蹈史诗《东方红》的摄制领导工作。

画家司徒乔。1925年，孙中山逝世，司徒乔带着画板参加了悼念活动，并在孙中山的灵前当场作画，送给守灵的宋庆龄。1936年，鲁迅去世，他用竹笔蘸墨汁，画下了鲁迅最后瞬间的遗容，并为鲁迅葬礼画了鲁迅的巨幅遗像。1946年1月，司徒乔应善后救济总署的聘请，跋涉两广、两湖、河南五省，搜集素材，画了七十多幅灾情画，6月，他在南京联合国远东救济会场举办"灾情画展"，其中《流民图》长卷，血泪交织，动人心魄。

沙飞到上海的时候，这些同宗的亲人都已经在上海，他们热情接待了他。在族亲的招待宴会上，他表达了一个他希望见到鲁迅的愿望。而这个愿望司徒乔很快就帮助他实现了。于是，鲁迅先生最后一组照片《在全国木刻展会场里》就这样不经意间完成了。

早在1933年3月，二十一岁的沙飞就做了新郎。他和一个叫王秀荔的同事在汕头结婚。小夫妻俩预支了一个月的工资，请了一个月假，沙飞新买了一架照相机，快乐地度蜜月去了。他们乘火车去香港，逗留了两天，又乘船去上海。他们还去了南京、苏州、杭州等地。在杭州凭吊了最敬仰的民族英雄岳飞及秋瑾的墓，并合影留念。沙飞还拍了岳飞墓的照片，这是他的第一幅摄影作品。

为蜜月旅行而专门买的照相机使沙飞对摄影产生了浓厚的兴趣，他逐渐迷上了小小的而有点神秘的黑匣子。慢慢地，他喜欢一个人到处奔波，拍摄风景、静物。当他的目光转向社会底层时，他被穷人的苦难打动，他的镜头开始对准了劳苦大众。

1936年初，沙飞拿回家一本外国画报给妻子看。里面有几幅照片，是1914年6月奥匈帝国皇位继承人菲迪南大公到访萨拉热窝时，被塞尔维亚族一青年用手枪打死的场景，这事件是第一次世界大战的导火线。他激动地说："当时一个摄影记者的照相机一直打开着，随时可以拍摄，他拍下了这历史的场面，一下子出了名。我要当摄影记者，我要用照相机记录历史。"他说这话时，情绪沸腾、眼睛放着奇异的光。

这几张一战时的照片震撼了沙飞，改变了他的人生。他毅然决然地选择将摄影作为自己终生的事业。

沙飞曾写道：

九·一八、一·二八以后，我又爱看新的杂志，如《大众生活》《现世界》等，并间或看一些社会科学的入门的小丛书了。但毕竟文学艺术给予我的影响较大些。我又爱上电影和木刻了。将来做一个革命的木刻工作者呢，电影的编导呢，还是文学青年呢？我徘徊在三岔路口了。

不久之后来，我在外国画报上看到了几张好的新闻照片，使我十分感动。但当时国内出版的画报却是无聊帮闲的甚至是反动的。我认为摄影比木刻来得真实，而电影虽好，但必须有大的资本和后台老板。从事文学的人是很不少的，而摄影是非常重要但却没看到过有一两个进步的摄影家。社会上一切的人们都把这一工作看成是消闲娱乐的玩意。

我不满于当时的摄影和画报工作，更不满于当时的社会制度。因此我决定站在革命的前进的立场上，为民族的解放、人类的解放而牺牲一己，与黑暗的旧势力奋战到底，并决心做一个前进的摄影记者，用摄影作为斗争的武器，通过画报的发表和展览方式去改造旧社会，改造旧画报，同时改造自己。——但当时只想到改变自己的生活。

1936年8月，沙飞告诉妻子，他要去上海搞摄影。在上海待了几个月，1936年11月中旬，沙飞回到汕头。1937年初沙飞背上照相机，告别广州直奔桂林。

王秀荔始终坚信：摄影不是职业，不能解决吃饭问题。沙飞为了摄影离开家，长期没有固定工作、固定收入，只挣点稿费，这样下去只有死路一条。她考虑再三，给在桂林的丈夫写了封信，书面提出离婚，这是她的撒

沙飞与夫人

手锏，她认为毕竟是恩爱夫妻，又有两个孩子，他爱自己、爱孩子、爱家庭，绝不可能同意离婚。

可是几个月后，王秀荔收到沙飞从桂林写来的信：同意离婚！她没有想到，丈夫真会弃家搞摄影，她终于意识到，喜欢摄影后，他完全变成另一个人，家庭和摄影，他更爱的是摄影。自己逼他二者必取其一，他选择的是摄影。

王秀荔后来改为王辉。1945年7月，分离了八年的一对夫妻才在河北阜平坊里村重新相见。而王雁正是这对夫妻破镜重圆后的第一个孩子。

沙飞为这个女儿取名王小辉，以表达对改名为王辉的妻子的爱。王小辉上大学时自作主张，改名王雁。王雁1946年5月出生在河北张家口，当时内战即将爆发，她只在父母亲怀里待了几天，尚未满月，就被送到怀安县柴沟堡一个老乡家。坚持革命的父母把王雁留下，踏上了新的征途。

在幼儿园的时候，总会问："哪个阿姨是我妈妈呀？"

我有两只拳头就要抵抗，

不怕你有锋利的武器、凶狠与猖狂，

我决不再忍辱、退让，

虽然头颅已被你打伤。

虽然头颅已被你打伤，
但我决不像那无耻的、
在屠刀下呻吟的牛羊，
我要为争取生存而流出最后的一滴热血，
我决奋斗到底、誓不妥协，宁愿战死沙场。

我决奋斗到底、誓不妥协，宁愿战死沙场，
我没有刀枪，只有两只拳头和一颗自信的心，
但是自信心就可以粉碎你所有的力量，
我未必会死在沙场的，虽然我愿战死沙场。

　　二十五岁的沙飞写下这首诗的时间是1937年的1月，那时，日本人已经对中国有了一些谋求，还企图有更多的谋求。写下这首诗半年之后，卢沟桥事变爆发了。沙飞在桂林发表了《摄影与救亡》，充分地阐释了自己对于摄影的理解，强调了摄影是一门纪实的艺术之后，沙飞突出升华了摄影"唤醒民众"的功能。这个短文可以看作是沙飞成为红色摄影家的北上宣言：

　　摄影是造型艺术的一部门。但是它并不能像其他造型艺术之可以自由创造，而必须是某一事物的如实反映、再现。因此，在当初它是被否认为艺术的。但是，事实上它虽然必须是某一事物的如实的反映、再现。然而，在反映、再现的过程中，就必须要有艺术修养的作者缜密的处理，才会使人感动。所以，摄影终于被人公认为是造型艺术中的一部分了。
　　正因为摄影必须是某一事物的如实地反映、再现，所以才能够使人生出最真实的感觉，得到最深刻的印象。并且摄影可以借着科学的帮助，在极短速的一瞬间，就可以把一切事物摄入镜头，更可以在一

极短速的时间将所反映出来的事物形态翻印出千百万份来，这也是它有异于其他造型艺术的一种特质。

谁都知道，在国家如此危难的今日，要挽救民族的沦亡，绝不是少数人所能做得到的事。因此"唤醒民众"是当前救亡运动的急务。但是，直到现在，文盲依然占全国人口总数百分之八十以上。因此单用方块字去宣传国难是绝不易收到良好的效果的。摄影即具备如述的种种优良的特质，所以，它就是今日宣传国难的一种最有力的武器。

摄影在救亡运动上既是这么重要，摄影作者就应该自觉起来，义不容辞地担负起这重大的任务。把所有的精力、时间和金钱都用到处理有意义的题材上——将敌人侵略我国的暴行、我们前线将士英勇杀敌的情景以及各地同胞起来参加救亡运动等各种场面反映暴露出来，以激发民族自救的意识。同时并要严密地组织起来，与政府及出版界切实合作，务使多张有意义的照片，能够迅速地呈现在全国同胞的眼前，以达到唤醒同胞共赴国难的目的。这就是我们摄影界当前所应负的使命。

这个宣言写于1937年8月13日的桂林。半个月之后，他已身在太原了。到太原不久，他跑到牺盟会的少年先锋队中住了几天，目的就是想看看真正的红小鬼。"因为从丁玲的那篇《一颗没有出膛的子弹》里，知道红小鬼是非常活泼顽强十分可爱。"这是沙飞的原话。这时，二十一岁的周巍峙也参加了八路军，在"全民通讯社"担任编辑和前线记者。周巍峙听说从南方来了一个对摄影很有经验的年轻人，就赶紧找到沙飞，希望他去通讯社当摄影记者，而这正是沙飞梦寐以求的事。于是沙飞就答应了下来，从此开始了八路军军旅摄影记者的生涯。

沙飞采访的第一个战役是平型关战役，这是115师的辉煌战绩。他也从此与这个胜利之师结下了终身情缘。晋察冀的炮火成就了他作为战地记者的所有业绩，他再也没有回到他的风光旖旎的南方，在北国大漠苍关黄土烟尘中，他度过了生命中最忙碌最精彩最辉煌也是最后的十三年。从二十五岁，到三十八岁。不管有多少无奈多少委屈多少遗憾，他都化作了北方的泥土，我们无法知道你的乐与痛，我们只能面对他留下的千余件作品生发感慨：爱与恨，生与死，家与国，沙飞想透了多少就表达了多少……

115 师没有限制沙飞采访，而沙飞想去平型关，但部队已撤退，大家劝他不用再去了。以后沙飞有多次拍摄长城的机会，但这次他没有见到长城——每一个中国人心目中抵御外族入侵的象征性的建筑。

沙飞拍了两个胶卷，拍了战利品，拍了林彪、聂荣臻及战士们的活动，战士们穿着缴获来的日军衣服和皮鞋，扛着崭新的日本三八大盖枪，吃着日本罐头、饼干，个个意气风发。

沙飞迅速赶回太原，洗照片、向各地报社发稿，宣传八路军出师后的第一个大胜利。

10 月 26 日山西东部重要关隘——娘子关失守，晋北战场全线败退，太原危在旦夕。当在围城太原的沙飞了解到聂荣臻率一部在五台山一带打游击开辟抗日根据地的时候，他决定去五台山参加八路军。

沙飞背上照相机，告别太原。在往五台山的路上，他看到一批批打了败仗的中国官兵向后方撤退，受了伤的士兵或爬行或躺在路边，在血泊中呼救……有时还遇到日军飞机狂轰滥炸，百姓流离失所，到处逃难惨不忍睹。这一切，更激起沙飞对日本法西斯强盗的仇恨，增强了他坚决抗战到底的决心。

第二次到晋北，到了军中，沙飞成了军人。在他手中，相机比枪更重要。他的军旅摄影生涯从此开始了，并成了一个永远的话题……

沙飞参加八路军的时间是 1937 年 12 月，地点在河北阜平。此后他先后担任抗敌报社副主任、晋察冀画报社主任等职，拍摄了大量优秀的抗战作品。

1950 年 3 月 4 日，沙飞因枪杀一名日籍医生，被华北军区军法处在石家庄处以极刑。而这一切，被迫丢放在怀安县柴沟堡老乡家的女儿王雁怎么能够知道呢？

沙飞被处决一个月后，四岁的王雁被父亲的战友石少华派来的人接到北京，送进华北军区八一学校幼儿园。王雁后来回忆说："我的记忆从那时开始，校长、老师及小朋友的父母几乎都知道关于父亲的事，他们经常爱怜地抚摸着我的脸说，你爸爸太可惜了……因此我从小就知道父亲叫沙飞，他原来在部队里专门照相，由于他开枪打死了一个日本医生被枪毙了。"

母亲王辉被派往香港、广州工作。于是在北京，每当周末小朋友的父母都来接孩子回家的时候，王雁总巴望着有人接她，可是她和刚满三岁、从阜平上庄老乡家接来的弟弟无家可归，学校就是他们的家。

王辉到北京开会的时候就来看望孩子们，在东北空军当兵的大哥和正在读中学的大姐来看望弟弟妹妹，沙飞的战友石少华和夫人连飞娥来看望王雁。王雁说："80年代初，有一次连阿姨对我说：'你们小时候我们去八一学校看你们，你抱着我问："阿姨，你是不是我妈妈？"我说"不是"。你又问我，"哪个阿姨是我妈妈呀？"我的眼泪都流出来了。'那时的我真是太小、太小了。"

十九岁，第一次偷偷打开母亲的小木箱，终于看到照片上的父亲

在当年的八一学校里，云集了开国元勋、高级将领及烈士的子女，毛泽东、朱德、周恩来、邓小平、贺龙、聂荣臻等人的子女、侄、孙，大多在这里读书。而被留用的日本人的子女，曾有功劳但犯了错误，甚至非正常死亡人的子女也在这里上学，后者也没有被视为另类，笼统地被归入"烈士子女"的行列。王雁从小就是这样的一个"烈士子女"。

不了解当时情况的人会问王雁："你父亲去世后你们是不是过得很惨？"王雁说："完全不是的，父亲的问题并没有影响母亲的政治前途，而八一学校是干部子弟学校，这里是没有歧视的。"她说："因为是在八一学校，所以父亲的死没有给我幼小的心灵造成太大的创伤，在校长老师的关怀、同学的友爱中，我身心健康地成长，无忧无虑地度过了十二个春秋，初中毕业时因获金质奖章保送到北大附中。"

沙飞与战友

王雁1963年才从北京回到广州母亲王辉的身边。王辉在家里从来不提父亲沙飞的事，也从来没有任何人认真地告诉过王雁关于父亲的事情。随着年龄的增长，她越来越渴望了解父亲的一切。

1965年，十九岁的王雁趁母亲出差不在家，偷偷打开了一只从未见母亲打开过的旧木箱。在一个黄色的牛皮包里有个小铁盒，里面果然有她坚信应该有的东西：父亲年轻时穿西装的照片、父亲母亲和哥哥姐姐的合影、父亲在广州桂林影展的会刊、父亲未写完的自传，1950年2月24日中国人民解放军华北军区政治部军法处关于判处沙飞极刑的判决书等文件。

王雁说："我受到强烈的冲击震撼。我终于知道了自己父亲的生与死！我第一次看到父亲的照片，我发现自己长得那么像他！我感觉到血管里流淌着父亲的血，血缘把我和他紧紧地连在一起。父亲，对我是永恒的。"

王雁把照片拿去照相馆翻拍，把文件都抄下来，夜深人静之际她常常把照片、判决书拿出来，看着、吻着、流着泪。她说："这是我少女时代最大的秘密。"

十年奔波，只为寻找一个真实存在过的父亲

2000年初，有人对王雁说："对于一般摄影家，人们只对其作品感兴趣，而对沙飞，人们既对他的作品也对他的人生感兴趣，你应该写关于你父亲的书。"而王雁觉得自己没有这个能力，她一直希望有水平高的作家写沙飞。

1997年7月，王雁参加中国新闻摄影学会主席蒋齐生的遗体告别会，姐姐王笑利把一个小纸箱交给王雁说："6月初蒋老把收集的有关父亲的照片、资料全部整理好，专门叫我去他家，郑重其事地委托我转交给你。"

1999年，姐姐王笑利把她写了八年的采访笔记、日记和资料全部给了王雁。那一刻，王雁突然明白：蒋老无遗憾地走了，姐姐也轻松了，而自己接过来的是一个沉重的历史担子。她说："我感觉自己不可能有其他选择。"

从1995年起，王雁就开始追寻父亲的遗踪，采访了沙飞的战友，跑到国家图书馆、中山图书馆、桂林图书馆、上海档案馆、京沪旧书市场寻找有关书刊，并努力收集整理父亲的摄影作品。

王雁迟迟没有动笔，因为她不知道该怎么写。2002年9月王雁在平遥国际摄影节上见到了复旦大学新闻学院顾铮博士。顾铮说："将来会有人研究沙飞的，你的工作就是收集整理资料，尽量全，把所有的采访记录、资料整理出来，努力让世人了解一个真实的沙飞，这是对父亲的交代、对历史的交代。"

于是王雁开始了《我的父亲沙飞》一书的创作。她说："在完成这本书的过程中，我对沙飞的感觉逐渐起了变化。我面对的不仅仅是与自己有血缘关系的父亲，而且是一个让我感兴趣的历史人物。一个人与一个时代、他的家族、他的心路历程、他的爱与恨、欢乐与痛苦、选择与抛弃、理智与疯狂，及他们那一代人、那一段历史都吸引打动我。"

沙飞的刑事案件在子女们的努力下，于1986年5月，经北京军区军事法院再审查明，沙飞是在患有精神病的情况下作案，不应负刑事责任。撤销原判决。而在80年代，王雁忙着赚钱，忙着出国，几乎没有管家里的事。而当她意识到一件事必须由她来承担的时候，她就义无反顾一往无前。王雁说："这一点，我最像父亲。"

为父亲奔波了十年终于见到成果的时候，王雁对未来有什么打算？她说她将继续研究父亲的东西，一直到2012年父亲百年诞辰纪念活动之后。她说："那以后，沙飞将与我无关，我也上一些年纪了，我将为自己活着！"

徐肖冰：
拍开国大典

再过整整一年的时间，我们共和国将迎来她的五十华诞。许多年轻的电影、电视、摄影、音像工作者，已经开始了各自的艺术创作，以他们独特的思考与饱满的情感，向共和国的五十岁生日，献礼！我们相信，1999年，会有一大批影视作品、摄影作品、音像作品纷纷出现，令我们的耳目无暇全部顾及。但它们形成的一道景观，将为共和国的盛典投去一束最为亮丽的光环。

然而五十年前用相机、摄影机为我们记录下开国大典空前盛况的那些老一代摄影人，今天又怎样呢？半个世纪的风雨后，他们依然健康吗？他们回忆当年，有没有依旧令人兴奋的故事？带着这些话题，我开始了本文的采访。

徐肖冰

八十二岁的老人，在我采访的前一夜，为从无以计数的老照片中选出刚刚去世的杨尚昆同志的那一部分，一直工作到深夜两点。太阳升起又欲西去，我才赶到北太平庄中央新闻纪录电影制片厂，侯波老人迎我进屋时，徐肖冰老人还在床上补觉呢！

徐肖冰在浙江桐乡度过的多梦童年，怎么也不会想到有朝一日自己成了一个新生的共和国的见证人。八十二的徐老讲起故乡，说那是一个小地方。他两手撑了个圆环，亮着嗓门说，生活在桐乡，就像一个井底之蛙，天只有这么大！

30年代初，十几岁的徐肖冰终于跳出了井底。经亲戚介绍，进入上海电影界。上海，这个冒险家的乐园，是一个让乡下人眼花缭乱的大世界。现在我猜想十四五岁的徐肖冰初到此地的情景，眼前浮现的是《摇啊摇，摇到外婆桥》里那位少年的有些迷惘的形象。

进电影公司当了学徒，乡下少年对于大自然的好奇与亲近仍在牵引着徐肖冰。因为抓蛐蛐玩，他被老板开除了。失业后不久，他在"左"翼电影人司徒慧敏的影响下开始接受进步思想的熏陶。之后，作为摄影师的吴印咸的助理，拍摄了我国早期进步电影的代表作《桃李劫》《自由神》《风云儿女》《马路天使》等。

1937年，二十一岁的徐肖冰跟随他的老师吴印咸北上太原，加盟西北电影公司。半年后，卢沟桥事变爆发，日本飞机对太原进行疯狂轰炸，电影公司要迁往成都，吴印咸回上海，徐肖冰参加了革命队伍——八路军。

在太原，徐肖冰荣幸地见到了周恩来。他曾回忆说："我向周副主席简单地说明了为什么不愿去大后方而要求参加八路军的心愿。他爽朗地笑着对我说：'好啊，好啊！……你有那么大的决心，要参加我们这个队伍，我们欢迎嘛。'他还说：'你要知道，我们现在要狠狠打击日本侵略者，所以还顾不上搞电影。不过我们总会有办法把电影搞起来的。因为全国人民和全世界的许多朋友，都很想了解我们共产党和解放区的活动情况，很想看到我们八路军和新四军的战绩，而电影就是一种很好的宣传工具，现在你可以先到前方去，同战士们一起过过战地生活，看看前线的战斗场面，即使不参加作战，听听枪炮声也好啊！'……从此，我就成为光荣的八路军的一名战士。"

二十一的徐肖冰果然听了些枪炮声，这些枪炮声，给了年轻的他以胆量、以豪情、以壮怀激烈的英雄主义思想，这为他进行红色影片的拍摄，积累了情感经验、思想基础，也提供了创作的灵感与创作的渴望。他曾穿过枪林冒着弹雨，踏着血与火，置生死于度外，拍到了八路军进行抗战的精彩镜头，成为红色电影史上一个个令人叹服的经典。

1949年，三十三岁的徐肖冰来到北平。这个昔日的都城，既没有浙江乡下的寂寥，也没有上海闹市的沉迷。经历了战争的洗礼，徐肖冰感受到的是一个充满着无限希望的春天就在这里，并由这里推向全国、推向整个世界！

10月1日开国大典，徐肖冰有两个任务，一个是与苏联同行合作拍摄彩色纪录片《解放了的中国》，一个是为自己的电影厂拍摄黑白纪录片《普天同庆》。为此他非常荣幸地在开国大典那一天，登上了天安门！

在天安门上，身后是沉寂的城楼，面前是沸腾的人海。当经受过旧社会双重奴役的徐肖冰，亲耳聆听毛泽东庄严宣告："中华人民共和国中央人民政府成立了！中国人民从此站起来了！"的时候，他哪里能不让自己的镜头对准伟人，对准伟人开启的一个伟大的时代呢？

当时作为徐肖冰摄影助理的关明国回忆说："肖冰同志拿'埃姆'摄影机为拍好毛主席中近景镜头，跨过天安门城楼上的护栏，站在身边很窄的边台上。周总理看到这一情景，马上过来提醒他：要注意安全，不要大意。"

徐肖冰没有大意，他很细心地捕捉到了开国大典上领袖们的每一个精彩细节，为五十年来我们所反复观看、一遍又一遍，成为每一个中国人刻骨铭心的记忆。

侯 波

徐肖冰的"战友"、夫人，著名摄影家侯波

二十五岁的侯波开国大典时也在天安门城楼上。她为了给中央首长们照个"全家福"，竟站到了光滑的栏杆上，这可能比她的丈夫徐肖冰还要冒更大的风险，周恩来不得不让人过来拉住她的衣角，以确保她的安全。彭德怀见此情景，打趣道："小侯，小心点，掉下去就吃不成饭啰。"

七十四岁的侯波回忆说："即便是如此'冒险'，'全家福'还是没有拍成。周总理前前后后忙个不停，总把别人向前推，生怕自己挡了他人，结果'全家福'把周总理漏掉了。"

侯波是中南海摄影科第一任科长，名为科长，其实就她一个人，任务是记录毛主席和中央领导同志的活动，从新中国成立到60年代初，侯波在中南海度过了自己一生中最难忘的十二年时光。岁月飞逝，侯波拍下《开国大典》到明年，就要五十年了。五十年时间把一个年轻的红色摄影师锻造成一个老人，只是她的红色情结还在。

为了能向祖国的五十大庆典献上一份厚礼，"侯波徐肖冰摄影回顾展"正在默默地准备着。两位老人1942年在延安结婚后携手走过五十六年的征程，现在，他们靠自己的工资积蓄，花四万块钱精心放大了他们摄影中的精品，明年，在祖国五十岁庆典时，到全国巡回展出，再次展示我国一代领袖们的风采，展现一对红色摄影师夫妇的艺术追求和人生追求。目前，侯波、徐肖冰正为其作品的装裱与有关承揽公司谈判着。侯波说："我们是党一手培养起来的摄影家，我们对党的感情就格外的浓，我们深深了解这个国家，我们知道今天的生活来之不易。现在我们年纪大了，我们就更加觉得自己有必要告诉年轻的同志我们的经历与我们的情感，让年轻人接好革命的班。"

侯波的故乡是山西夏县，那是诞生过司马光的地方，司马光写过中国历史上很有名一部史学著作《资治通鉴》。司马光之后的许多年，侯波也为中国历史留下了一些光辉的形象，虽然她用的不是笔，但形象却更加栩栩如生。

侯波十四岁被地下党送到延安，八年抗战，她读了七年的书，1949年10月1日，是她一生中第一次登上天安门。当然徐肖冰也是。徐老说："连毛主席都是第一次。"

"第一次在开国大典上登上天安门的夫妇多吗？"我问两位老人。

"不多，中央领导里也不多。江青那天没上去，在工作人员中，我们很可能是仅有的一对。"徐肖冰说。

"那时候，连身好一点的衣服都没有。"侯波说，"我们就是平常的衣服。洗干净压平整穿了上去，但心情是过节日的心情，并且比所有的节日都令人振奋，是我一生中最激动人心的一日。"

开国大典让侯波看到了许多，也可以说什么都没有去看，照相机老在她眼前，她只想着怎么把每一个瞬间变成永恒。

吴本立

吴本立老人在北京积水潭医院新北楼病房见到我时，示意我把手中的鲜花放在桌上，并且说："咱们不要握手。"七十九岁的吴老因高血压引起

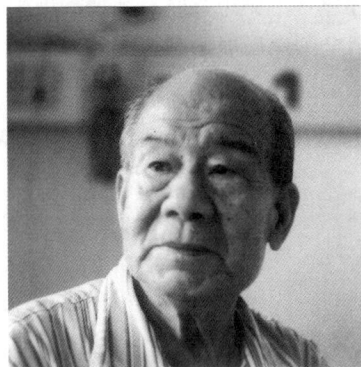

头晕，住进医院已经三周多了。我问："这家医院是新影的合同医院？"他点头道："是，新影、北影、科影都在这里，楼上楼下尽是搞电影的。"

1949年开国大典时，吴本立刚满三十岁，他与徐肖冰一样，上天安门城楼也有两个任务，一是完成中苏合拍的彩色纪录片《中国人民的胜利》，一是完

成我国独立拍摄的黑白纪录片《普天同庆》。

吴本立成为红色电影人，也有一段曲折的经历。今天，当他向我回忆起苦难往事时，眼眶不时闪烁着泪花，新的话头开始时，他总要沉思片刻。

在安徽安庆城乡接合部，吴本立四五岁起就随父下河打鱼。小学毕业后，吴本立想继续进中学，但父亲迫于生计，就与他商量，希望他去汉口学习经商。这样，十一岁的吴本立被父亲送到九江后，就独自上路了。在汉口一家百货商店做学徒，一个月一块钱的工资，他干到了1931年。

1931年长江发大水，武汉整个被淹，吴本立差点被洪水卷走，整个汉口一片萧条，吴本立无奈又漂流回家乡安庆。后来，经亲戚介绍，他到南京一家兵工厂当造子弹的工人。虽然工作常把十三四岁的少年累垮，但每个月能挣到三四元钱，他就可寄回家里解决一些家人生存的困苦，他就再累也能感到些欣慰。

"旧社会，为了生活，到处奔波。"说这话时，吴老又生出些伤感。到1934年，十五岁的他就有意识地买些小报来阅读，同时开始练习写毛笔字。那时候他有一个梦想，就是懵懵懂懂地觉得，应当学些文化写好字，有点本领，将来给人家抄抄写写当个文书吧，一则不太苦自己的身体，一则或许能多赚几个钱。

好梦总是有了，然而一个十五岁的无助少年还得生活，在他牵挂着的乡下还有一个需要他接济的家。于是吴本立仍是在高大的机器下，卖力地装着弹头、钢壳。他不知道他制成的子弹将射向何人，但他给自己施加压力，把对累的憎恶和对新生活的渴望，都埋进了每一个弹头，射向生活的分分秒秒。

"后来我为什么会搞上电影呢？"吴老自问自答说，"有一次工作中渴了，就去供水处喝水。工程师看见了，不管三七二十一，过来就给了我两个耳光，一下子把我打蒙了，我觉得受到侮辱，可是善良的老工人们跟我讲：这不是讲理的地方，自己今后注意点吧。为此，我萌生了离开的念头。每天看着成批的子弹被我们造好，我就愈是无法忍受，好像这些子弹都是射向我一样。令我浑身疼痛。"说着说着，吴老已泪花闪烁。

1934年夏秋之间，吴本立考取了国民党中央电影摄影厂的放映训练班。1935年，分配到电影厂任放映助理，在南京各处巡回放电影。

1937年，电影厂调吴本立担任摄影助理，搞新闻纪录片。他随摄影师到黄河沿线采访，受摄影师委托，到彭雪枫在临汾乡下组织的训练班拍摄了两千多尺的片子，结果被厂里调离新闻纪录片组，让他搞录音去，原因据传是他到了一趟西北，"颜色变红"了。

在与八路军接触的过程中，十六岁的吴本立看到了一个新的希望之所在。由重庆几经周折，1938年11月初到达延安，1939年12月调到延安电影团，参加真正意义上的第一部红色影片《延安与八路军》的拍摄。

后来在东北电影制片厂，吴本立曾四下江南。参加了辽沈战役、淮海战役、渡江战役中纪录电影的拍摄。他参与完成的长纪录片《百万雄师下江南》成为一部反映战争的影片中难得的经典。

吴本立参与了三十几部彩片的拍摄，《东北三年解放故争》《中国人民的胜利》《一九五二年国庆节》《八一运动大会》《七一在北平》《中国民族大团结》《欢庆十年》等，都成为我国新闻电影史上可圈可点的佳构。这其中，《中国人民的胜利》等三部影片，直接描写国庆，记录下新中国的铿锵足音。

在开国大典现场活跃着的摄影师还有很多，但徐肖冰、侯波、吴本立无疑是那一代红色摄影师中的优秀代表。他们成为红色摄影人不是偶然的，而为了这身上的红色，他们把一生献给了党的新闻摄影事业。明天就是国庆了，我想他们面对走向成熟与繁荣的祖国，他们会非常幸福，他们无悔此生，因为他们让一个开国大典的瞬间成了永恒。他们会在心里默默祝福：祖国明天会更好！

汪洋：
北影背影，百片汪洋

汪林立 供图

如今年轻观影人一说"北影"，立马想到的是"北京电影学院"的俊男靓女。而年纪略长的人却认为，"北影"则是"北京电影制片厂"这块璀璨了一个时代的金字招牌。这就是代沟，历史变革使然。

2016年是北京电影制片厂的奠基人汪洋的百年诞辰。走在北京北三环中路那片曾经令人向往过的电影生产厂区，如果碰巧见到了老者，大家念念不忘的自己的"老厂长"。"没有汪洋，哪会有北影？""没有汪洋，哪会有我们？"

汪洋1916年生于江苏镇江。十九岁进上海明星影片公司任美工。二十二岁到了延安，进抗日大学学习。三十岁担任华北军区电影队队长，创办了"一辆大车上的电影制片厂"，在炮火中拍摄了《自卫战争新闻第一号》……

"北影厂厂长"的职务，汪洋担任了三十五年。领导北影生产了近两百部优秀影片，这些影片无论在主题思想还是艺术审美层面，无论承担教化功能还是培养人才，都成了一个时代的标杆。

时过境迁，北影留给今年的，是一个伟岸的背影。这背影，是一片汪洋，更是百片——由上百部影片构成的——汪洋！

北影经典厂标：到杭州买回大理石，在老楠木上裱金箔

在原老北影厂招待所餐厅改建的小饭馆里，汪洋的老部下、北影美工祖绍先见到笔者，首先指着墙上的四种"北影厂标"说："咱就从这厂标说起吧！"

北影的第一个厂标叫"中央电影局北京电影制片厂"。1949年1月31号，傅作义投降了，北平和平解放了，毛泽东和党中央从西柏坡搬过来，在香山一个广场上检阅部队。汪洋当时是华北电影队的负责人，跟踪拍摄了《毛主席朱总司令莅平阅兵》。

他们一边接收旧中国留下的电影厂，一边制作这部纪录片。1949年4月20日，北平电影制片厂正式成立，《毛主席朱总司令莅平阅兵》就成了北影的第一部影片。1949年10月1日之后，正式确定了"北京电影制片厂"这个名称。

"新中国成立，第一代红色电影人拍摄了《开国大典》，结果到苏联莫名其妙地丢了。"祖绍先说，"后来汪洋带着代表团去苏联学习，把厂标的雕塑改成第二个，也是仿苏的。当时苏联莫斯科电影制片厂厂标就是一个男工人和一个女农庄庄员雕塑。"

这第二个厂标用到"文革"前。"文革"期间，汪洋靠边站了，北影拍摄样板戏用的全是第三个厂标，是江青审定过的。祖绍先说："这个厂标我就经历了，红的，放光芒。浮雕用的最好的木头，是一个楠木大象雕刻，被作为'四旧'扔了，我们就把木头开成片用了。"

"现在这个原件你们应该还保存着吧？"

"现在厂子都没了。"祖绍先说，"需要保存的东西太多了，谁保存？"

"文革"结束后，放光芒的厂标显得有点太"左"了。汪洋恢复工作后给祖绍先下命令："做一个新的厂标！"祖绍先召集厂内美术人员开座谈会，发动大家进行设计，设计出了四五十个图案，有天坛，也有天安门、华

汪洋与意大利导演贝尔多鲁奇参观《末代皇帝》拍摄现场（1984年3月）

表。最后都贴在汪洋的办公室审定。

"定稿是谁画的？"笔者问。

祖绍先说："谁的都不是。这一稿，是汪洋口述、我具体落实完成的。他说，老的工农兵的算了吧，不考虑这个类型了。于是，他定了四点。第一，用天安门，只有北京电影制片厂有资格用天安门。他要求天安门要正面，搞成一个金色浮雕。第二，底纹用大理石背景，比较庄重。第三，'北京电影制片厂'这几字肯定得要。第四，国家有规定，要有汉语拼音。"四大元素确定后，汪洋说："大理石，你去给我找个五六块来。"

笔者问："真是找的石头，不是电脑上处理的？"

祖绍先回答说："当时没有电脑，去找的大理石。"汪洋让祖绍先搞几种大理石，为什么呢？汪洋说："每部影片的第一个镜头都不一样。为了和影片衔接得贴切，片头应该有几个版本。比如灰的、墨绿的、紫红的、海蓝的，都得有。主图案是金色，所以底纹浅颜色就不要了。然后再搞一个纯红的，就是红底，就跟蓝天白云，蓝天不就是一个蓝板吗？"

为此，祖绍先跑了一趟大理石厂，得到的信息是：杭州边上有一座山出大理石。于是，他就跑到了杭州，买了七八块大理石回来。

祖绍先拿石膏雕了天安门，涂上金粉。结果金粉不过关，放一段时间就污掉了，老得涂。他就跟汪洋请示说，我要给天安门贴金，得买金箔。

在汪洋支持下，祖绍先请北京雕塑厂在原来那块楠木上雕了天安门浮雕。经中国人民银行核准买到黄金金箔，交给雕塑厂贴上。这样，几个组件就齐了。

祖绍先在一块玻璃上写出北京电影制片厂和底下的拼音，将金色浮雕固定上去。"大理石板放在后面吗？"祖绍先说："不能。焦点在玻璃上，后面的大理石板花纹就会虚。所以只能两次曝光。片头一拍就是一本，各个色调都有，搁着，用什么，导演自己定。"

汪洋定的这个片头，用了很多年，成了新时期北影的名片。

谢芳经典照片：生孩子送鸡，专门安排人拍照送去

北影的电影《青春之歌》让谢芳一举成名。实际上，1935年出生的谢芳对《青春之歌》的社会背景并不熟悉。谢芳1951年进武汉人民艺术剧院做歌剧演员。1953年父母调到北京，1957年她在武汉结婚了。如果不是导演崔嵬还记得她，她就是武汉的一个歌剧演员。

崔嵬在1953年之前兼任过武汉人民艺术剧院院长，和谢芳有两年时间的交往，后来离开武汉到北京拍电影了。分别六年之后的1959年，崔嵬请谢芳出演《青春之歌》中的林道静。这是庆祝国庆十周年献礼片，时长三个小时。谢芳和笔者回忆说："这说明导演对我还是有所了解的。"

那时，汪洋是北影厂长。谢芳说："那时候不像现在。那时的领导从来不挂名。汪洋拍了好几百部电影，几乎没怎么署名。"经过接触，谢芳感受到汪洋是很了不起的一个人。在谢芳眼里，人分几种：有能耐但比较傲气；和善但比较窝囊；有能力又平易近人。谢芳说："最后这种人很可贵。汪洋就是这样的人。他艺术上全懂，是内行；生活当中很平易近人，大大咧咧的，嗓门也大。"

1959年拍完《青春之歌》，1960年谢芳在北京生孩子。汪洋和制片主任、副导演一起到谢芳家。谢芳说："他给我买了两只鸡。因为那是困难时期，遭饥荒。"

1961年，谢芳作为妇女代表团成员之一去日本访问，不是北影的事，也不是电影的事。汪洋特意让北影著名摄影师给谢芳拍了照片，并冲印了很多，送给谢芳。因为汪洋知道，一般女演员出国都得发照片。

汪洋安排拍摄的谢芳肖像，成了一个经典，到处使用。到周恩来提出选自己的电影演员来宣传的时候，二十二位明星照，谢芳就用的是汪洋安排拍摄的这张。

1963年周恩来钦点，谢芳和爱人从武汉调到北京，谢芳成了北影的演员。自此做了汪洋的部下，她感觉很幸福。甚至到拍摄电影《洪湖赤卫队》，汪洋都还希望谢芳出演。

工作经典搭档：田方妻子于蓝病床上睁开眼，汪洋在身边

王希钟虽然因为创作电影《西安事变》和《周恩来》两次获得"金鸡奖"的最佳造型，但普通观众更熟悉的是1986年央视拍摄的电视连续剧《西游记》。

作为新中国培养的第一代电影造型师，八十八岁的王希钟在北影寓所接受笔者采访时一再强调："在中国，配得上'电影事业家'的，只有汪洋。""电影事业家"谁给的称呼？是周恩来。王希钟说："我亲自听到周恩来在讲话里面说的！"

1959年国庆十周年电影献礼片搞了展映月。到了11月，在北京饭店举办庆功会，王希钟参加。他记得，周恩来在谈到培养方方面面的人才时说，既要培养艺术家、工程技术人员，还要培养更多的像汪洋同志这样的电影事业家。

因为这个称谓过去没有，王希钟和出席活动的北影人听了都很骄傲，他们觉得总理这样评价汪洋，也是所有北影人的光荣。王希钟和笔者说："我印象特别深，永远记得。"

但会后不久跨入60年代，国家乱了，就没有人再想"培养电影事业家"这个事了。而汪洋这个电影事业家为什么会名至实归呢？

王希钟说："他懂电影，不管艺术、技术，电影的方方面面至整个生产流程全懂。他对电影事业真是当作自己的生命一样的对待。兢兢业业就是为了拍好电影。"

汪洋对电影的从业人员非常重视。无论导演、演员等主要创作人员，还是各个部门、各个工种。所以，在汪洋主持工作的年代，各个工作间都有几个拔尖的人撑得住。他支持名导演，培养年轻的刘晓庆、张金玲、李秀明、黄健中的故事，都被说了很多遍。王希钟说，哪怕一个漆工、雕工，汪洋都非常关心。

王希钟说："一次，摄影棚外走廊里，一个木匠出身的雕工在做一件石雕。汪洋就在那儿集中精力盯着师傅在弄。工人一边做，他一边哑巴着嘴道：'好，很好！'如果不是真爱，一个大厂长，还欣赏工人干活？可是，雕工做出来的花纹怎么转，长短、比例、美感，都是像真的在盖房子一样。"

王希钟记得，汪洋审片的时候，从来不放过一个细节。一次，不记得什么电影了，汪洋说："那门关的时候怎么那么轻？是用三合板还是五合板做的？要重拍一下。"另一次，演员在楼梯上走，楼梯还有丝微的颤动。这都过不了汪洋的眼。

化装就怕看着穿帮了，解放军的脸涂厚一点，汪洋看出来，就得重拍。笔者问："有没有哪一部戏是你造型问题被汪洋看出来不对，重拍的？"王希钟说："当然有，还很多。"笔者追问："有十部吗？"王希钟果断地说："有。"

王希钟在北影拍的第一部戏是《吕梁英雄》，限于条件，毛病很多。那时给演员粘胡子用的是纤维长一点羊毛线，梳开后再烫直。浦克在《吕梁英雄》里演农民，今天粘得多了，明天粘得少了，所以样片出来胡子一会儿一个样，穿帮很多。

王希钟刚进北影，田方是厂长，汪洋是副厂长。后来，汪洋是厂长，田方是副厂长。他们和汪洋一样，但是在北影人眼里，两个人都不计较谁是一把手。工作有分工，关系非常好，一直到田方去世。黄健中说："汪洋跟田方两个人相得益彰。当年延安文艺座谈会，坐在毛主席旁边的，男的就是田方，女的就是陈波儿。"

笔者："他俩性格上或者工作作风上有什么不同吗?"

王希钟说："表面上看，田方比较稳，工作也好，思考问题也好。而汪洋热情、豪爽，大嗓门。他上台做报告，有感召力，有号召力!"

田方去世后，他的妻子、著名表演艺术家于蓝很无助，汪洋给了于蓝最有力的帮助。甚至在于蓝因乳腺癌做手术，当她从病床上清醒过来，看到的第一人就是汪洋。汪洋说："好好保重，我是替老田尽责!"

人生经典范本：借房子给作家，提携水暖工，给别人希望

北京西四寿壁胡同2号院整个大北房都分配给汪洋和家人居住，最多时房子有十一间。据说，这个四合院在新中国成立前为北京市一位副市长所拥有。新中国成立后成了公产，住了很多户。文化系统的领导陈荒煤也曾和汪洋一同住在这里。

汪洋的长女汪林立就随父母在这里住了很多年。从最快乐的日子，到全家最黑暗的日子，一直到"文革"结束，汪林立也生了孩子。汪林立记得，家里有七个孩子，一个床上要睡四个人。汪林立的女儿告诉笔者："我能记得自己三四岁了，姥爷抱着我在小院里的情景。"

"文革"时，汪洋成了黑帮，北影就把红卫兵一个个安排到四合院来，汪洋家就压缩成四五间了。虽然小了，但是院子好几进，比较深，所以特别安静。

为了能出好剧本，汪洋把房子借给剧作家李準来写作用，自己则住北影办公室。在汪洋的家里，李準创作完成了电影文学剧本《大河奔流》和根据小说《李自成》改编的《双雄会》的剧本。汪林立记得，剧本《女贼》也在这里完成的。

支持名家，也不忘记无名小辈。汪林立说，北影厂的水暖工业余时间喜欢写作，完成了电影文学剧本《瞧这一家子》。把剧本给到汪洋手里，汪

祖绍先介绍厂标

洋觉得挺有生活质感的。那时王好为、李晨声喜欢拍北京市民生活，就让他俩看剧本，他们觉得不错就加工投拍了。汪林立说："我爸完全不会因为出自工人之手，就不用人家的剧本。"

汪洋三十三岁当了北影厂长，在他经营下，北影很快成了一块肥沃的可以滋养艺术成长的土壤。黄健中告诉笔者："我1960年进北影时，汪洋才四十四岁。那时，凌子风、张水华、成荫都四十多岁。他们经历过了上海的电影，也经历了战争，都年富力强，最有创造力。"

黄健中说，北影不只老一代好，在北影成长起来的第二代人，大牌导演、演员也是最多的。从陈凯歌、田壮壮、李少红到管虎、张扬等，从葛优、陈佩斯到更年轻的，最少有十来个北影第二代都很杰出的。其中，陈凯歌、田壮壮是这代人的代表。所以，北影人永远爱北影。

而今，作为电影制片厂，北影厂合并到中影集团，但黄健中觉得由汪洋缔造的"北影"金字招牌虽在，但作为一个单位已名存实亡了。

1998年12月28日，汪洋走完了自己辉煌的电影人生。去世前，汪洋给老伴准备了照片，因为妻子得了肝癌。可汪洋摔了一跤躺进医院治疗，时间不长就心衰、肺衰，刚八十二岁。半年后，妻子也走了。汪林立的女儿说："我姥姥特别有毅力，不觉得自己有病，对生活非常乐观。但姥爷一走，她精神没有了支撑，很快就走了……"

说起汪洋，所有老北影人都遗憾地说："这样的人很难再有。"

黄健中说："凡是跟汪洋工作过，无论同代人还是晚辈，对他都极其敬仰。汪洋的人格魅力，在北影是数一数二的，说他是新中国电影事业的奠基人当之无愧。"

葛存壮：
"老嘎" 其实不嘎

濯缨 绘

在北影厂，人们都管葛存壮叫"老嘎"。1960年，十九岁的黄健中一进厂就随着大伙这么叫，叫了一辈子。而奠定北影基业的一代老演员中的于洋与葛存壮私谊最好，他们1949年在东北电影制片厂时期就结成哥们儿。那年于洋十九岁，葛存壮二十岁。2016年3月5日在北影厂家中养病的于洋告诉笔者，在东北葛存壮就叫"老嘎"了。

"老嘎"1929年1月13日出生在河北衡水。1949年，于洋进入东北电影制片厂三年后，葛存壮也进厂做演员。以笔者观影感受，于洋与葛存壮这样两位演员，他们搭档就如同后来的朱时茂、陈佩斯一样，一正一邪，反差大，出彩。如果是两个小鲜肉，太腻歪了。塑造艺术形象，需要这样的搭配！

而今，八十六岁"正"了一辈子的于洋在病中，八十七岁以"邪"印入人心的葛存壮先走了。导演黄健中在电话中对笔者说："一定请于洋来谈，他们最好……"说着，七十五岁的黄健中哭了……

酒友"老嘎"爽快：一边演戏一边喝的酒被黄健中当水喝了

"唉——"一声叹息后，侧身坐在阳光里、身有疾病的于洋鹤发童颜，展现着极好的精神状态。望去，依然可以唤醒笔者记忆中他在大银幕上的风采。"六十六年的老朋友，一生中能有几个呢?""老嘎"刚走，显然，于洋在怅然地怀念着过去的岁月……

于洋1945年进东影做演员，他说："东影的演员主要来自东北文工团和东北青年文工团。这个青年团原来叫齐齐哈尔文工团，就是'老嘎'所在的团。"东影的演员队伍一百多人，由于有共同的兴趣爱好：唱歌、搞乐队、跳舞、喝酒、聊天，所以于洋和葛存壮成了铁哥们儿。

于洋夫人杨静轻轻擦拭着眼泪，以一位年长表演艺术家的温婉气质，对笔者说："在电影界一起走过来的朋友很多，现在健在的不多了。而于洋和'老嘎'从年轻时代一起走来，二十岁，多年轻啊！那时是一起喝酒，一起淘气，一起惹点小祸儿的两个男孩子……"杨静说到"两个淘气的男孩子"，脸上的洋溢起一缕幸福……

葛存壮嗜好喝酒。黄健中记得一件事：在白洋淀拍摄电影《小兵张嘎》，当时做场记工作的黄健中渴了，看见一个杯子，拿起来就"咕咚咕咚"喝了两口，结束液体下肚，才品出是白酒。他诧异："拍戏现场，谁还不忘带酒呢?"一了解，是"老嘎"的酒。

恋人"老嘎"谦虚：往来情书都要请知心朋友于洋当参谋

于洋、葛存壮一代人，参加过"土改"，在供给制条件下工作，不挣工资。他们的服装都是公家的，吃饭分大、中、小灶，住也在一起。于洋说："艰苦条件下，大家对钱没有概念。"但是，他们人人都有一颗纯洁而赤诚的心，无论对事业，还是爱情。

大概是1952年，葛存壮开始和在北京读书的女大学生施文心通信。于

218

洋无疑是他最信赖的朋友，自然成了葛存壮写情书的"唯一参谋"。

于洋毫不掩饰曾经的美好，他盯着笔者，认真地说："那时的情书，多数讲的是对美好前途的向往，还有互相鼓励的话。"每当有北京的信寄到，葛存壮都拿给于洋看，一起分析女孩子信中传递的新信息，讨论如何回信更能表达合适的情感，也让对方满意自己。于洋看了来信，对葛存壮说："写得不错，人家是大学生，比你水平高！"好友对热恋情人的肯

葛存壮等为北京大学生电影节剪彩

定，更让葛存壮满足。"老嘎"把施文心寄来的信编上号，亲自用线装订起来，一厚沓，一副要珍藏一辈子的架势。

有着同代人关系融洽的背景，杨静笑着插话说："'老嘎'就是觉得自己文化水平不高，才叫于洋和他一起看热恋情书的。"很多年后，葛存壮和施文心早成两口子了，于洋还会当着老友的面，和施文心说："你比葛存壮水平高！"

"那施文心老师看中葛存壮老师什么了？"我问于洋。

"那你得问施文心去！"于洋巧妙地把话题还给了我。

司仪"老嘎"心细：主动给新人的结婚照上彩，还送相片上门

1953年7月1日，于洋和杨静结婚。当时职务是东影工会副主席的葛存壮担任了会场主持。那时条件差，他们就在员工宿舍楼里，让每间宿舍的门都开着，还开了会议室，买糖、买香肠、喝啤酒，气氛非常热闹。于洋说："楼下有家合作社，吃喝不够了，就随时让往上端。"于洋记得，当时的啤酒是俄国秋林公司的大桶啤酒，类似今天油漆桶一样。大家喝醉

了，就在宿舍楼里闹。

我问于洋："'老嘎'主持得怎样？"

六十三年后，于洋的表情中传递着一份心怀感激的满足，他坚定地回答道："非常好，非常好！"

"老嘎"在婚礼现场发挥着说学逗唱多方面表演才能，出色地完成了"合格司仪"的任务。这之后，他还意犹未尽。在没有彩色照片的1953年，葛存壮把新人的结婚照片拿去涂上了颜色，使之成为一张那个年代较为奢侈的彩色照片。涂色后，"老嘎"亲自将照片送上门来……这张照片在于洋、杨静的卧室，陪伴了他俩多年，一直到现在！

结婚不久，于洋、杨静到北影工作。隔了没几个月，东影一批演员都来了，其中就有"老嘎"。于洋说："北影、东影和电影学校三个单位的演员科合并到一起的时候，各家出一个节目。我们东影带来的是我导演的独幕话剧《粮食》，'老嘎'在戏中扮演四和尚，非常受欢迎。"

鼓手"老嘎"多才：艺术范儿十足而不修边幅的时尚青年

回到"老嘎"称谓产生的年代，究竟什么才算"嘎"呢？

"'嘎'就是跟别人不太一样。"于洋夫人杨静深情地回忆说，"葛存壮那时留着长头发。"于洋说："东北有个词，就'嘎胡'（也有说可以写成'嘎伙'的）。那时有的青年在政治上有追求，而'老嘎'兴趣广泛，但却是典型的艺术型人物！"难道"嘎"就是有个性的另一种说法吗？笔者这样理解于洋夫妇的话。

在东影演员中，"老嘎"活跃，会秧歌戏、二人转，对音乐非常热爱，也非常熟悉。当时，娱乐的样式不多，每礼拜的舞会上跳交际舞，就算比较时髦的活动了。因为没有专业乐队，所谓演员们自己组建了乐队。于洋回忆说："乐队十几个人，现在健在的不多了。'老嘎'拉手风琴、拉小提琴，最主要的是打鼓。"那时，于洋和葛存壮在乐队里算年纪小的。

等到了北影，演员剧团又成立了乐队，"老嘎"担任队长，打架子鼓。于洋在乐队吹小号和萨克斯，谢添吹黑管……

阳光下，于洋幸福地回忆着，仿佛回到了青春岁月中去……

杨静是从《生活浪花》开始与"老嘎"合作的，她记得剧组在荒凉的妙峰山住了一个多月，搭帐篷拍外景。那时，葛存壮和于洋经常一起切磋业务。大家共同经历了社会变革，经历"文革"翻天覆地的变化，甚至被打成反革命，所以两位老朋友的友谊是坚固的，彼此知根知底的了解。杨静回忆说："我儿子还在的时候，和于洋观点有矛盾。当接到《艺术人生》的邀请去录制，我就和'老嘎'商量，父子俩的矛盾该不该说？'老嘎'说：'你别谈，家丑不可外扬！父子有不同意见也是正常的。'可是，到了录制现场，朱军还是把这事挑起来了。后来葛存壮无奈地对我说：'你看你，还是谈了！'……他特别知心，总是为我们着想……"

邻居"老嘎"热情：筒子楼里大喊："黄健中当爸爸喽！"

1969年，黄健中和"老嘎"在如今新影地盘的一个筒子楼里做了邻居。黄家和葛家隔着一堵墙，而墙很薄，隔壁说什么，都能听见。葛家、黄家，连同一位编剧、一位资料员，四户人家公用一个厨房。在一起住了两年多的时间，黄健中如同一家人一样，感受了"老嘎"的真诚、热情与可爱。

黄健中儿子就在那时出生了。最早得到消息的"老嘎"就在楼道里大喊："黄健中当爸爸喽！黄健中当爸爸喽！"引来全楼住户的关注。黄健中说："那时候初为人父，我还有点不好意思，但经'老嘎'这么一嚷嚷，我反而觉得挺骄傲的。他一嗓子，给了我做父亲的责任和信心。"

"老嘎"的儿子"小嘎"葛优是1957年出生的，两家人住一起时，"小嘎"葛优十一二岁，黄健中记得，葛优经常愿意推着坐在婴儿车里的黄健中的儿子黄镝到院里玩，如同照顾亲弟弟一样……

一起生活，"老嘎"对比自己年轻的黄健中有了更多了解。1970年，当北影下放到黄村"五七"干校时，"老嘎"说："黄健中会持家，让他当炊事班班长。"果然，黄健中不负"老嘎"慧眼，做四连食堂管理员得心应手，"老嘎"夫人施文心作为创作人员之一，在四连食堂吃饭。那时"小嘎"上学，但是有时间也来干校，也吃四连食堂的饭。

黄村在北京南边，节假日要回北太平庄北影宿舍的时候，上百人浩浩荡荡的自行车队伍，非常壮观。黄健中回忆起来，因为"老嘎"的赏识，自己在那段时间非常愉快。

"老嘎"夫人施文心是北影厂资深文学编辑，当黄健中独立执导电影《如意》的时候，施文心在与作家交流，帮助处理剧本上花费了不少心思，她的努力让电影《如意》更如意。

"老嘎"走了，陷入悲痛中的黄健中给"小嘎"发了条短信："葛优：前辈典型亡北斗；天容惨淡大星沉。……惊悉令尊、我亦师亦友葛存壮先生仙逝，我们全家人都沉入悲痛之中……照顾好妈！小嘎节哀！"

落款，黄健中写道："小黄叔一家人"。

葛优回复说："谢谢黄叔叔、静阿姨、黄镝！"

演员"老嘎"有德：不挑拣角色，还能很快领悟导演意图

于洋回忆说："'老嘎'他们并入东影的时候，我正在拍《中华女儿》。当时演员科每天都会通知：《中华女儿》剧组需要多少人扮演日本兵，需要多少人扮演游击队员。"《中华女儿》是"八女投江"的故事，女演员多，于洋在其中饰演一个抗联战士。"群众演员"葛存壮在电影中一会是日本兵，一会是游击队员，还都开枪。于洋开玩笑说："把这些镜头接在一起，会看见是自己打自己。"

就在葛存壮去世的3月4日当晚，电影频道《怀旧剧场》播出了《中华女儿》。于洋说："'老嘎'在电影中镜头不多，别人看了也认不出来，但我熟悉，我可以看出来。……那时，东影出的很多电影，群众演员中'老嘎'是经常出现的！"

导演凌子风非常喜欢这拨年轻人，正因为有在东北合作的基础，所以

1959年拍摄《红旗谱》，凌子风启用了"老嘎"演冯兰池。"老嘎"因此名满天下。

前前后后，于洋和"老嘎"合作过十几部戏。于洋回忆说："在《生活浪花》中，他演我的助理；《矿灯》他演日本兵，我俩有很多对手戏；《暴风骤雨》《五彩路》《飞越天险》《粮食》……"如数家珍般，于洋一一道来。于洋记得，正是从《粮食》开始，"老嘎"的"反派"形象出神入化了。

1974年到1975年，北影拍摄电影《决裂》，黄健中是副导演。黄健中回忆说："这是留学归来的一位江西省领导所倡导的，在农村也要办大学，办农业共产主义大学。毛主席对此非常支持。今天来看，片子本身也没有问题。'老嘎'在电影中饰演一位迂腐的教授，他的一句台词'马尾巴的功能'太精彩了，以致后来在很长场合，观众都叫他'马尾巴教授'。"

"是啊，一部倾注了那么多政治正确的电影，最后留给观众的只有片刻的欢愉。葛存壮的成功原因在哪里？"我问黄健中。

"艺术作品，细节很重要！在那样一个轰轰烈烈办农业大学的背景下，'老嘎'这个书生气十足、很有学问的教授在课堂上反复讲一个多数人看来毫无意义的话题，于是，喜剧效果就出来了。而'老嘎'表演准确到位，没有脸谱化，却性格化、个性化了人物。"黄健中说，"在《决裂》中，'老嘎'演的不能算完全的反派，他不反对办学，不是队里面，只是受嘲讽的对象。但'老嘎'把握得太好了，在'文革'那样一个缺乏笑声的时候，笑翻了全国……"

黄健中执导《小花》的时候，"老嘎"再度出山。他们住在黄山脚下，刘晓庆、陈冲、唐国强年轻演员担纲主演，但只有配角"老嘎"是唯一著名的演员。所到之处，大家都追着看"老嘎"。而"老嘎"没有明星架子，买当地的"口子酒"，把年轻演员召集到一个亭子里，边坐下喝酒，边帮助年轻人分析角色，省了导演不少心。

说到"老嘎"的成功，于洋感慨道："他非常好合作，不挑拣角色。不论角色大小、主次、好坏，他都欣然接受。并且，他聪明，领会导演意图快，能满足导演、剧本的要求。"杨静补充说："在行里，这样的人就是很有道德的演员，讲究演员道德！"

精湛的艺术，还有好的人缘。于洋说："只要观众要求，'老嘎'不分场合地点，说演就演。他和于绍康经常在一起应邀表演《小兵张嘎》片段，从来没有架子。"

父亲"老嘎"有成："小嘎"葛优的艺术成就主要来自他爹

于洋说："'老嘎'除了他个人出色的表演外，他对于中国电影的最大贡献，还在于他培养了一个出色的儿子——'小嘎'。"葛优在一线明星大腕里，做人低调，大家认为这是父亲教育的结果。于洋说："'小嘎'是我们抱着长大的。"杨静说："'小嘎'出生的时候，我们可能正在一起拍《生活浪花》，真是看着他长大的。那时，住平房，大家都在一起，于洋的妈妈带着我们的孩子，'老嘎'的岳母带着'小嘎'……"

"老嘎"很喜欢自己的孩子，用心极深。于洋说："'小嘎'没有上过专门表演学校，他能取得今天的成就，都是'老嘎'在一点一点言传身教。而且'小嘎'也很孝顺。……"

正在这时，中国电影表演艺术学会秘书长、北影退休演员黄小雷来看望两位前辈。黄小雷说："葛优葛大爷现在是我们学会的会长。实际上，他对担任任何社会职务都没有兴趣，我们做了他一年的工作。"于洋说："表演学会换届，葛优之所以肯接这个担子，是他爸发话了，这个会长不是个官，你应该向老一辈一样为演员群体做点事情。'小嘎'听了父亲的话，才出来做这个会长的。"黄小雷说："葛优特别讲过，他愿意向老会长于洋叔叔学习……"

2013年，于洋和"老嘎"两位老朋友都坐上了轮椅。他们在院子里碰上，聊得很开心。还用手机照了相。2014年10月，"老嘎"住院治疗感冒即将出院的时候，脑出血昏迷了。黄小雷说："葛存壮老师脑血管本来有

堵塞，而遇到脑出血，给
治疗带来很大困难。如果
治疗出血，可能引起更严
重堵塞；如果疏通堵塞，
可能还会引发出血……"

杨静遗憾地说："在
协和医院，于洋坐着轮椅
去看'老嘎'，他在'老
嘎'身边，抓住'老嘎'
的手捏，我从于洋的眼神

老艺术家们　　　　　　　　　　　　汪洋 供图

里感受到，他多么希望老朋友能醒来和他说话。那一刻，我在身边，也挺
为他们六十多年的友谊感动的。实际上，那时的'老嘎'是没有指望了，
我们甚至对自己离开，都有准备。但是，看到轮椅上的于洋拉住'老嘎'
的手不放，我还是很难过……"

叫了一辈子"老嘎"，实际从采访中笔者发现，在做人和演戏两方面，
葛存壮随和谦逊，"老嘎"其实并不"嘎"（另类）。"老嘎"走了，遗憾
在老朋友的心里一时难以拂去。但是他塑造的无限鲜活的角色凝固在了大
银幕上，陪伴了喜欢中国电影的人六十年，甚至还有更远的未来……

吴天明：
老井活水的根性歌吟

吴天明没了的当天下午，我给曾经担任老井村所在乡镇镇长的好友邢兰富打电话，他已经在网上看到了消息，正在和老井村的村长商量，如何代表太行人前往吊唁。邢兰富见过吴天明几次，他有些动情地说："对于老井村来说，吴天明可谓功高盖世。他给这个偏僻的村庄找到了水、引水进了家户、给村庄修了路！是咱贫瘠的老井村唯一的荣誉村民，只造福咱。"

《老井》是关于我的家乡——太行山顶的山西左权县——最重要的文学和电影表达。比它早一点的是赵树理的《小二黑结婚》。从小二黑的明朗，到孙旺泉的沉郁，中间仅仅隔了四十年，太行山由"解放区"转身成"山老区"，在不同的时代，作家来到这个，感受到的是不一样的人生景观。小二黑面临的困境是"自由不自由"，后来政府做主，他"自由"了。但孙旺泉面临的困境是"离开还是留下"，为了大山的重托，他留下了。

孙旺泉是小二黑的后代，在父辈那里解决了问题，到了他这里，重新背在身上。虽然小说不探讨社会问题，但是两部作品折射了中国地区发展的不平衡而造成的人性重新扭曲，真的震撼人心！

我是孙旺泉一代的太行山人，我选择了逃离。吴天明到太行山拍电影的时候，我在榆次的一个师范读书。而小说作者正是从这个师范毕业的，那会还在榆次工作。

我的乡下老朋友邢晓寿比吴天明小一岁，1986年正月十五，他正在家中过节，吴天明、张艺谋开车找他到熟峪村的家里，拉上老邢要为即将开拍的电影选景。一连跑了两天，左权县南乡风景秀美的地方，都不缺少。不缺水的村庄，风景再好，吴天明都不满意。他认为拍不出"缺水"的感受。第三天，找到了非常偏僻的，外人罕至的石玉峧。老邢记得，是吉普车，村里老少很少看到这样威武的东西光顾，都围住车辆观赏。老邢为乡亲们没见过世面，觉得很丢人。

但是，当吴天明了解到村里缺水时，很高兴。因为村庄交通不便，采买困难，所以所有建筑都是就地取材，房子从墙到顶全是石头，围墙、护栏，没有一处不与石头关联。面对被遗忘在进步着的大社会之外的封闭落后的石玉峧，吴天明说："剧组一定要到这里住一段时间体验生活。"

老邢反驳说："左权县的人都不想来这里住，电影演员能在这样脏的地方住下？"

吴天明坚决地说："不能在这里住，就让他离开剧组。"

石玉峧封闭，传说摄制组到了村里，村民拉着吴天明的手问："县城里的日本人走了没有？"据说，当他们听说已经宣布中华人民共和国成立了，村里人就站在村中心的碾盘上宣布："石玉峧人民共和国"成立了！

邢晓寿带着吴天明、张艺谋已经在山里连续跑了三天了，又累又乏。但是吴天明要组织起村民来采访。老邢拿出本和笔，准备开会，但不久就睡着了，本和笔掉在了地上。但是吴天明却兴奋地在听老乡谈缺水生活的感受。

从石玉峧回县城的路上，在小吉普车车厢里，吴天明再次和张艺谋谈起男主角问题。犹豫再三的张艺谋答应了下来。一到县城，吴天明就叫邢晓寿给西影厂发电报："男主角已拍定，由艺谋担当。"

张艺谋来到这里，深切地体验了一把石玉峧人的生活。他在给朋友的信中表达了"藏在肚里，不轻易拿出来"的感受——

……这是深山中一个美丽的小村落，极度的缺水，却使它蒙上一层悲凉。村民们白天要干活，晚上不敢睡，全村的人遍山去找水。在山洼里，石头凹里，搜得那半瓢泥汤，小心万般地捧回来。常有半道上跌跤的，于是便洒翻那泥汤，坐在地上哭，哭声在山中传得很远。许多人为找水摔断手和腿，终生不得行走。没有女子愿意嫁到这山村，村里长大的姑娘也都奔了平川，三百人的小村，光棍儿就占了男性的三分之一。人们为找水，年年打井，年年无水，废井竟有一百五十眼。我们去看了那废井，在坚硬的石层上，用人力挖出十数丈深来，我不知这些庄稼汉们要流多少汗！就算一年打一口，贫困的日子该已挨过一百五十年吧？这就是中国人，悲哀和伟大的民族！

　　县上的人从不来这里，公社的领导也鲜见。摄制组的车停在村口，全村便风一般传开："北京来人解决水啦！"于是，男男女女，大人小孩，半村的人跟在我们后面走，山道上石子哗哗作响，几百只脚扬起兴奋的灰尘。他们给我们捧来炸油条和鸡蛋汤，自己的孩子喝的却是玉米糊糊。摄制组离开村子时，二十五岁的村民委员会主任带着乡亲们送到村口，含着泪对天明说："老吴，帮助我们解决了这一口水，全村人给你立碑啊！"我永远忘不了这张二十五岁青年的脸，以及几百张黑瘦的庄稼汉和孩子们期待的面孔和眼中的泪水。我不知道在我们伟大的共和国内，还有多少石玉峻村？

　　我特别能理解旺泉对老井村那深厚的情感，那是使人终生难忘的，就像我对当年插队的陕西关中北倪村，就像我对现在这太行山中小小的村落，这些山里人。这片生我养我的土地！它常常使我们这些"文化人"在混混浊浊的生活中，于心灵深处生出一点纯净，生出永不泯灭的一点爱来。

《老井》电影轰动了。不过，我是1987年秋天在太行乡间露天广场上看的。天气冷下来了，观众越来越少，大家看不明白没有"好人""坏人"区分的电影。还有，张艺谋端尿盆，观众看得一头雾水。所以，电影

228

还没有放完，人已经走光了。1988年，我在北京大学改造前的礼堂和满场的学生第二次看同一部电影，电影结束，掌声雷动。不久，轰动一时的电视政论片引用了这个电影，并解说道："发生在太行山

吴天明拍电影期间在老井村　　　　　　王占文 供图

这个老井村的故事，多么深刻地揭示了中华民族的生命动力和悲剧性的命运。它的含义几乎可以象征性地涵盖整个民族历史。因此，它才达到了一种与世界对话的高度。"

一边是电影在外面的广泛受好评，一边是吴天明给石玉峧找水打井。因为在拍摄期间，吴天明看了无数干枯井窟窿，他就向村里人许诺："如果石玉峧人没水吃的问题我吴天明解决不了，我对不住大家！"

吴天明去找和顺县水利专家常海明，常海明母亲病重，家里较困难，吴天明个人掏钱给全家人买了衣服。他对常海明说："我从西安那么远来，你从和顺到左权这么近。要说近，还是你们近嘛！咱合力给石玉峧群众解决吃水问题。"

吴天明的为人感动了常海明，常海明安葬了母亲，出山找水，问题得到解决。后来，加拿大扶贫款让水引入家户，石玉峧千年梦想实现了！

2005年，中央电视台流金岁月栏目做《老井》专题，邀请石玉峧村人参加。邢兰富和村民们反复商量：带什么给吴天明？最后，他们带到现场的是一壶"水"！这是吴天明赐给乡民的福气。邢兰富说："现场气氛非常好。"

石玉峧人还给吴天明、张艺谋等主创写了一封信，表达了村里要修路，希望支持。当年年底，中国电影百年盛会在北京举行，吴天明获得"终身成就奖"，奖金十万元。当主持人问他：怎么安排这笔钱时，他说要

　　　　　　第三辑　水光幻影

吴天明在老井村　　　　　　　　　　　　　　　　　　邢兰富 供图

捐献给石玉峧修路。海尔集团张瑞敏看到了电视播出，马上安排人与吴天明联系，合力实现了给石玉峧通路的愿望。

在邢兰富担任镇长期间，将石玉峧改名"老井村"。村名请吴天明写，吴天明说：我的字不好，我请中国文联副主席罗扬写。邢兰富回忆说："当时修水泥路，需要三十多万，吴天明捐了十万，海尔集团派集团团委书记专程到太行山捐了二十万，路修通了。路通了，吴天明、张艺谋回来，全村将近三百老百姓，家家户户拿着鸡蛋、鞋垫。吴天明激动地流着泪说：'你们再这样，我就给你们跪下了。'他和我说：'老乡们太好了。'而老百姓觉得人家是大能人、大恩人。吴天明给了老井村一个巨大的转折和飞跃。对这个村庄，吴天明贡献确实太大了。"

而今，老井还在，老井村唯一的荣誉村民走了。他才七十五岁，他是像孙旺泉一样有担当的人，否则，他不会和一个拍摄景点的村民有这样多的故事。吴天明用他的心，挖掘了一口温暖人心的井，这井里积蓄的是一个艺术家的汗水和心血。

电影，或许慢慢可以懂，而导演的心，山里人早就懂了。

陈虻：
讲述自己的故事

迟到的祭奠
——惊悉陈虻去世一周年

看到柴静博客里的文字，我才知道，可以称为我师的陈虻已经去世整整一年了。2008年12月23日零点，他因胃癌离世，年仅四十七岁。

一搜索才知道，崔永元、白岩松、水均益、敬一丹、和晶、陈晓卿等他的著名同事们早都写了感情真挚的悼念文字，都让我感动。但是，要说写陈虻，我是最早的一个。

1998年8月19日，我在自己主持的《科技日报·声像世界》版上，以头版重要篇幅，报道了他，标题是《陈虻讲述自己的故事》。那时候他只有三十七岁，而整整十年后，四十七岁的他去世了。他还没有等到更多的人采访他，他就去了。

我的文章不一定为他的家人、同事所知道，因为那时候网络并不发达，而陈虻一定也不好意思拿着我写的大块文章给人看。但是，他把三十七岁最激情时代的想法告诉了我，我以数千字来描述了他的故事。

我是怎样认识陈虻的呢？

1996年，我到北京不久，我北京师范大学的好同学李辉把我介绍给中央电视台少儿部的制片人曹宁，曹宁对李辉非常赏识。因为我和李辉是舍友，曹宁对我也很好。她让助手给我办理进出中央电视台的通行证，说我没事的时候可以到他们的图书资料室看书，帮她当时负责的节目《大风车·小记者》出主意。

我的一些主意也曾引起曹宁的重视，但是我并没有很多地往电视台跑。可是有一次，曹宁请人为她的节目会诊，请来了北京电影学院导演系教授、"中国纪录片之父"司徒兆敦，请来了《生活空间》的制片人陈虻。我也是曹宁请来的，在中央电视台一起开了个会，好像还给了大家礼品。

会上，我自己的主张与司徒兆敦、陈虻相契合，于是我心中默认了他俩为师。接着在自己供职的《科技日报》为他俩各写了一个版。表面上是报道的文字，其实是我向他们学习的心得。

我是怎样采访的？查当年的日记得到的信息是：

1998年7月15日　星期三
发稿。约陈虻谈。
1998年7月27日　星期一
写作《讲述陈虻自己的故事》。
1998年8月19日　星期三
出报，约了陈虻来看报，他表示满意。

这就是我那时与陈虻有关的所有日记记载，现在太恨自己了，为什么只写了这么几个字？而再往前查，第一次开会见面的时间可能是1998年5月13日的下午。那日我写道："下午在中央电视台开会，对一些片子提了自己的意见。"可是我居然没有说一起开会的都有谁。

两次说到陈虻，都是说"约"，怎么这样容易啊？那时，他在中央电视台，我在《科技日报》社，两个单位只一条马路相隔。所以约见很方便。我丝毫没有采访大人物的紧张。我可能真的就把他当作了自己的兄长，因为他毕竟大我不多，对待我这样刚从外地到北京不久的所谓"北漂"，也很随和，也很诚恳。

两次见面都是在《科技日报》一楼的茶馆吧？一定是他付的账。我都记不得了。第一次见面采访后给他照了相，版面上的照片都是我拍摄的。

遗憾的是，我那时一周两块版，又采访又编辑，整天是连轴转，说过要到他的工作时间去听他给他的同事们讲片子的，但是终于没有去。有一次好像是山西的一个好朋友，想了解或者学习电视的编导，我就给陈虻打电话，他说你随时让你的朋友来找我就行了。可是我的朋友似乎并没有来。

1998年8月19日，就是我见他的最后一面。

2002年我丢了一次电话本，陈虻的电话就丢了。于是就没有再联系过。

今天是平安夜，是西方的一个节日，而陈虻在天堂已经一年了。天气预报说这两天要降温，天堂里有没有冬天？天堂里今天也是平安夜吗？天堂里不会冷吧？

陈虻，只有过短暂接触却给过我营养的一个伟大的兄长，我想念你！你的机房和朋友们想念里，有故事要讲述的中国老百姓想念你！

这五年来，陈虻天天讲述这老百姓的故事，从而为大家所熟知。《生活空间》播出了近两千个人物的悲喜遭际，它们共同构成了一部变革年代世态苍生的民间人物志，透过《生活空间》，未来的人当然可以解读今天，但《生活空间》是现在进行时，它传递一个个小人物的光荣与梦想，让我们品味这艰难，懂得了对幸福的珍爱，也懂得了对困苦的思耐。

那么陈虻在这五年来有何心得呢？我们能够走进陈虻生活的孔家，去聆听一回他的表达和他自己的故事呢？

思想：世纪末启蒙

在1993年7月14日陈虻进入《生活空间》仅仅是一个服务性栏目，类若《为您服务》，在同年5月1日一开播即受到普遍关注的《东方时空》四个版块中，显得最弱。为了提高《生活空间》在整个栏目中的作用，中央电视台领导调年仅三十二岁的陈虻来担任其制片人。1993年11月8日陈虻在节目中正式打出"讲述老百姓自己的故事"标版，半年后，《东方时空》播出一周年之际，陈虻因其出色的工作已为影视界、学术界、新闻界乃至普通观众所瞩目，"讲述老百姓自己的故事"已经成为这个时代最为通用的一个熟语，渗透到我们生活于其中的任何一个空间。

关于初创时期陈虻的所思所想，近年来已有各类媒体的多种专访给予了充分的报道。1993年盛夏的确是陈虻一生中重要的一个季节，也是中国传播业重要的一个季节，因为这个季节孕育了陈虻的一个构想，从此，中国传播业的思路大大拓展了，普通老百姓从这条路上，获得了与政治家、各类明星同样展示自我的机会。

五年来，陈虻投身其中，最有感触的一点是什么呢？他告诉笔者——

刚开始的时候许多被拍摄者不知道我们为什么要拍他，他不理解没有辉煌业绩的自己有什么理由要上电视。后来，人们逐渐地接受了。这个过程，是人对自身价值认识的过程，是人对自身存在意义的肯定过程。《生活空间》用自己的工作告诉中国老百姓；你的存在是值得人们关注的，你可以像功业卓著的人物一样出现在公众面前，享受被承认的快乐和尊严。

再后来，大众对媒体又有了新的认识，他们意识到自己作为生命个体存在时的许多隐私突然公众化了，纪录片的剥削性使他们开始有了自我保护意识，于是拒绝合作。

《生活空间》五年来在被拍摄者面前遭遇的：不接受→接受→拒绝的过程，正是大众对自我与对传媒一次次认识深化的过程，同时是这个年代社会进步、文明发展的生动表现。

放眼20世纪，可以说《生活空间》是本世纪最后一次文化启蒙。它有效地借助最现代的传播手段，表达着对每一个普通人应有的尊重，那份真切、那份平等、那份浓得化不开的平民意识，让我们看到了纷扰的社会生活表象后面更为本真的东西，教会浮躁的当代人一些传统的从容与现代的精神。

创作：捧出的蛋糕

陈虻审片曾经是《东方时空》的一景，《生活空间》节目组的人都围绕在陈虻身边，听他对一部片子评价时所产发出来的独特观念与各种标准。听陈虻审片，如同听他上一堂精彩的现代传播学课或纪录片制作学课。

陈虻说："我审片的时候从来不说不好，只说如何会更好。"陈虻说："我审片的时候，从来不告诉编导怎样改，而是激发他们改的欲望。从我不改片子，我改的是人。"

最初的时候，对每一个节目陈虻都至少要看三到五遍。从主题到人物、到结构、到表达、到节奏，陈虻一层层剖析，直到满意为止。

尽管这样，陈虻依然执着地强调这样的观点：生活是一块蛋糕，我们千万不要使用完咀嚼的技巧，然后吐给观众；我们一定要忠实于生活，切下我们认可的那块，将生动、鲜活的内容，捧到观众面前。

陈虻说：节目创办伊始，大家没有模式与框框，实际上用的是本心在拍摄，就像初恋一样，一切滋味都须用心去体验。

二十多人一周七个节目，创作不可避免地生产化了，随着技巧的熟练，他们一度失去了一颗原本非常年轻的心。智力在枯竭，体力在匮乏，那时他们只能用技巧来弥补思想与激情的不足。

这时，陈虻意识到《生活空间》需要一次自我超越。他主张放弃技巧回到本真，提出"想怎么拍就怎么拍"的观点。从没有规矩再到放弃规矩，从天性的纯洁生化到理性的纯洁，《生活空间》创作者们经历了一次复杂的否定之否定的过程，从而获得了自我解放。陈虻说："从必然王国进到自由王国，依旧捧出那块新鲜的蛋糕，并不是每一个创作者都能做到的，也许所有的人都做不到，但我毕竟看到了一个努力的方向。"

由原来的贴近生活到现在既贴近生活又贴近时代，陈虹在寻找比表象的真实更为真实的本质的真实。一路寻找下去，也许熟悉的生活将变得陌生，但唯其如此，他才具备让我们重新读解的价值。

现实一：疲倦与困惑

"做了近两千个节目，你就是只看片，也看近一万次了。如是五年，你疲倦吗？"我问陈虹。

"疲倦，非常的疲倦。"陈虹说，"在这个世界上做事，有的人做成了一件马上换另一件去做，而有些人做成了却还是要往下做。我一直坚持在这条路上往前走，超越自我的难度就越来越大，这份执着对我的智力与体力都是空前的考验。

"我之所以初衷不改一直往前走，倒不是基于我个人的偏爱与愿望，而是客观上这件事有它存在的意义与价值。我认为，在社会转型的世纪之交，《焦点访谈》以法律的价值体系关注人的生存境遇，解决是非问题，发挥着舆论监督功能的话，《生活空间》以文化的价值体系关注人，解决更为本质的存在的意义问题，投诸社会的是一种人文关怀。同时，我们从平民的视角，记录着目前中国的发展变化，为未来留下一部由小人物构成的历史。真是基于此，我现在的工作就具有了持续做下去的价值。"

"《生活空间》经历了自己的辉煌，现在进入相对沉寂的时期，作为制片人，你对此有何感想？"我问陈虹。

"任何事物都有其自身发展的曲线，《生活空间》也不可避免经历其最低谷。关键是不管处于什么状态，都有一个明确的方向、长远的目标，才不会被眼前的处境所困惑。陈虹说，"其实，应该承认，一个栏目办了五年，也许到了积累的最艰难的时期。只要不放弃，并不断以新的方式为它注入新的营养，也许我们能走过去，期待事物由于量的积累而发生的质变。"

"拍摄了近两千个人物，其中对你个人冲击力最强的，你能举出几个吗？"

"这两千个人物几乎都以其不同的感人处冲击过我的情感。最近播出的《泰福祥日记》，描写张家口百货商店由国营向股份制改革中几个人物所面临的挑战与机会，不同的人在做着不同的选择。看这个片子，你感受到的是改革与每一个生命个体的关系，它非常具体地告诉你，改革意味着什么。看这样的片子，我常常为自己的工作而欣慰。"

"你也身处改革年代，你作为普通人，最大的困惑是什么？"

"我最大的困惑是不知道该用什么样的标准做人。我一直以为，能力与正直，是一个合格的社会人所应具备的条件。但社会生活中只具备这两点是不够的。我到底还应该去模仿谁、模仿什么？我常常想，不模仿是否就无法接近我的目标？"

"你经常在模仿吗？"我问。

现实二：生活的空间

在采访行将结束的时候，我建议陈虻讲述一下他普通一天的生活轨迹，如同《生活空间》通常惯用的方法一样。陈虻说我这样的看法是对《生活空间》的误解，再说，他的每一天都不一样。我说：你就谈谈今天好吗？

陈虻说："我今天早晨八点从五棵松家中开车出门向东行驶，因为禁左，我绕道到台里，一路上我琢磨着尽可能多的理由，向台里申请房子。……见到领导，我把更多的需要住房的理由陈述出来。然后下楼接到你的传呼，我们就坐到了这个咖啡堡，以一个甜面包、两筒酸奶为午餐，边吃边聊。"顿了顿陈虻问我："你觉得这样有意思吗？"

我没有回答，只是问："下午呢？"

"下午通常到组里，一到组里就会有没完没了的事。就是最轻松的时候，也要找实习生聊一聊他们的工作。"

"作为中央电视台的制片人，面对更多的普通百姓，你是否有一种优越感？"

"恰恰相反，我很羡慕普通人的生活。"略一蹙额，陈虻说，"不对，这样说似乎我不是老百姓似的。不过，我崇尚这样的观点：尽可能去享受自己身边的幸福。

"讲一个故事。又一次夜里两点多钟，我饿极了，家里一点吃的东西都没有，骑车出来，天很冷，转了一大圈，才找到一个由一对中年夫妇经营的卖卤煮火烧的摊位，我相信，在我到来之前，已经很长时间没人吃饭了，在我以后也不会再有人来。但他们两口子就这样耐心地等着，权当我付出一块五毛钱全是利润，他们也仅仅能挣到一块五。我问他们：'有工作吗？'他们说有。我问：'为什么夜里还要出来做生意呢？'那男子说：'我就是看不下去别人的孩子有巧克力吃，而我的孩子没有。'

"这一刻我被深深地感动了，我每天忙碌着，一个普通父亲拿着巧克力送给他的孩子，他的孩子吃到巧克力让他感受到的幸福，我已经体会不到了。生活本身蕴藏着美好、复杂与深刻，远远超过我们的想象。许多时候我们对平民的快乐不屑一顾，其实他活得比你充实。"

陈虻在别人不拍的领域里拍摄，发现了别人没有发现的美。这样的陈虻不知道在中央电视台最近的分房中能否拥有一个实实在在的生活空间，在他忙碌无暇地讲述着别人的故事间隙，能否独享一点普通人的幸福。

吕厚民：
这次远行不带摄影包

吕方 供图

"下个星期我就好了，我就回家……"在北京医院病床上，2015年3月7日从昏迷中被抢救过来的吕厚民拉着老伴的手这样说。这天是星期六。两天后的3月9日0点36分，星期一，即所谓"下周"，吕厚民却永远地离开了他爱着也爱着他的人们……

虽然吕厚民不知道自己究竟是什么病，但是他会不会意识到自己身体确实不行了呢？他所谓"回家"，是不是另有所指？一直守候在吕厚民身边的他的女儿吕方一边擦拭眼泪一边哽咽地说："我不知道，照我理解，他是要回现实中的家……和我们在一起……"

我能理解吕方，她愿爸爸永远在身边。但是，吕厚民从来就不只属于一个家庭，也许他拍摄毛泽东所取得的非凡成就被"天堂办公室"相中

第三辑 水光幻影

了，他这次远行，是要给玉皇大帝照相去！

侯波做媒成了中南海新郎，大摄影师很少有机会给子女照相

2014年11月15日，吕厚民从外地拍摄回来，有轻微咳嗽，住进北京医院检查。结果是"肺癌晚期扩散"。远在美国的女儿吕方12月8日在母亲来的电话里得到消息，心如刀绞，14日上飞机，16日到北京，17日陪父亲住进病房……

整整三个月之后，她与父亲已经人仙两世。在北京九台庄著名纪实摄影家朱宪民家里，吕方情绪难平。她的恩师朱宪民告诉笔者："吕老七十六岁得了前列腺癌，这种癌症是所有癌症中最轻最轻的，非常容易控制，我们都劝他不要手术，用一种药控制。"

应该说，吕厚民非常乐观，前列腺癌控制得非常好，十多年时间人与病同在，相安无事。2013年10月，吕厚民发现肺部有一个东西，医生判断是恶性肿瘤。朱宪民说："我也问过医生，可能他之前肺部的那个东西也不是很明显。"医院说："最好的方法就是穿刺手术。"老伴和孩子们商量，如果一旦是恶性的，穿刺手术后马上就会扩散。所以否定了做穿刺，决定保守治疗。

17日电台新闻说吕厚民是前列腺癌转移到肺癌。吕方说："我从来没听医生这么说过。"刚进医院是因为咳嗽，朱宪民的女儿朱天霓也是吕家最亲的人，她回忆说："一开始可能药物控制住了，但后来也很不舒服，没有食欲，吃药也困难了。"吕方泪流满面说："到最后那几天就离不开呼吸机了，医生如果喂药，就将呼吸机扳开一个缝隙，将药片送到嘴里，这样还很可能被卡住……"朱天霓说："即使这样，吕伯伯也不想给别人麻烦，尽量配合医生治疗。最后，他走得非常安详，我们都在身边……"

吕方调整了一下情绪，告诉笔者："小时候，父亲经常出差，是中南海的任务，保密，即使我母亲，也不知道父亲去哪里了。记忆中，他大约只有五分之一的时间在家里，更多情况，他在工作，在赶往拍摄地的路上。"

"你小时候，父亲给你照过很多相吗？"我问。

"几乎没有。他哪里有时间和我们在一起啊！"吕方不无遗憾地说，"不过，有一张是从北京到南京途中，在济南火车站给我们拍的。"吕方从手机上找出这张照片，让笔者眼前一亮的不是三个孩子，而是他们的母亲。我下意识地说："你母亲真漂亮！"一旁的朱宪民会心地赞叹道："那当然！"

吕厚民的老伴刘钟云，河北保定人，比吕厚民早三天进了中南海做机要工作。吕厚民进中南海做毛泽东专职摄影师，而刘钟云虽然不专门为毛泽东一个人服务，但上班时候轮到她值班，也会给毛主席送信件去。中南海摄影组的侯波对两个年轻人都熟悉了以后，就跟刘钟云说："小刘，给你介绍个对象。就是在主席身边拍照的那个小伙子。"

刘钟云才二十岁，平时伶牙俐齿，这次却不好意思说话了，但她也留了心。一次，她给主席送文件，碰上了吕厚民。第一感觉告诉她，这个小伙子不错，利落大方。

就是在中南海的碧波和共和国缔造者们的光辉里，两个年轻人恋爱了，并且于1954年出生了儿子吕坚。之后的1960年有了吕方，1961年又添一丁叫——吕东。吕坚做了《北京日报》摄影记者，吕方做了《中国民航杂志》摄影记者，吕东起初在东大桥新时代照相馆做暗房。三个孩子受父亲影响，人生都始于摄影。

吕方说："真正拿相机的就是我和哥哥，弟弟做了几年就不做了。我耳濡目染，从小看父亲的片子就多。十六岁之前我有三个理想，一个是当记者；二是当翻译；第三是当兵。"有过部队生活、记者生活、海外生活三重经历的吕方，几乎算三个理想都实现了。不过她说："实现了两个多一点，翻译那事，就是自己可以翻译给自己。"

笔者问："你觉得在爸爸镜头中，妈妈最漂亮吗？"吕方说："爸爸有没有特意拍妈妈，我不太清楚。照片肯定有，我妈还有几张美人像，但是不是爸爸拍的，我不知道。我印象最深的就是四岁左右，我们三个孩子在颐和园的地上，看演出。这应该是我父亲给我拍的第一张照片。我也有在

襁褓里的，但是我不能确定是不是爸爸给我拍的。"

"我不理解，为什么吕厚民天天端着相机，不给自己的孩子多拍点？"我问。

吕方释疑道："他不可能用公家的胶卷给亲人拍那么多照片，有可能不急于发稿，还有一两张胶卷，就给我们拍了。我父亲最大的特点就是特别的节俭。"朱宪民说："几十年来我最清楚。他买胶卷从来不要发票，都自己买。扩印照片，他也是从来不花公家一分钱，都是自费。"

吕厚民、刘钟云结婚后，起初定居在中南海，但吕方没能赶上在中南海的生活。在她记忆里，父亲特别和蔼可亲，从不打骂子女。只有一次，吕坚叛逆，自己出去玩，不回来，打过一次。吕厚民一心扑在工作上，吕方前几年和母亲开玩笑说："我要是和这样的男人一起生活，早就不干了！"朱宪民说："吕老这一点是很可爱的，他把家庭这些都不理会，全部精力都放在工作上。所以他几乎没给家里人拍过照片，我也一样。"

一生敬爱毛泽东，毛主席金质像章挂衬衣上，重病住院像章也在身旁

吕厚民二十二岁进了中南海，做毛泽东专职摄影师。摄影评论家陈小波在电话里告诉笔者："当时选他在毛泽东身边工作，肯定有两方面的考虑，一是政治过硬，一是技术过硬。"现在被人们广泛说起的那些作品，折射出一个大国领袖在人民心目中的光辉形象。陈小波说："侯波、吕厚民把毛泽东应该拍到的都拍到了。吕厚民宏大叙事的能力非常强，毛泽东在一个角落里、在人山人海的地方，他都能拍得非常好，熠熠发光，这不是一般人能把握的。我认为他们几个拍领袖的摄影家都是天才，大家认为摄影就是记录的工作，而我觉得摄影是艺术，是需要天赋的。而且吕厚民在新华社工作，这是一个非常严格严肃严谨的系统，经过这里训练，他有强烈的发稿意识。可是，他的作品在严谨的同时，里面又透着他个人的艺术灵性。"

朱宪民青年时代在《人民日报》上看到毛泽东的光辉形象，拍摄者署名吕厚民，心中就对吕厚民充满敬意和羡慕。没想到多年后经吕厚民推荐，他从东北来到北京工作，成了吕厚民的同事。朱宪民说："1950年，毛泽东五十七岁，一直到'文革'前夕，恰逢毛泽东形象和身体都是好的，精神状态也最佳、最饱满，吕厚民在领袖身边全拍到了。当然拍主席的人也多了，那天有人问我：'吕厚民有什么特点？'我说：'吕厚民用了镜头的视觉，他有观察，有表现力。'有一张毛主席和周恩来低头看文件的照片，那时候毛主席怎么能低头？他就有一种独特的视角。毛主席在北戴河光着膀子，吕厚民拍了。他原来担心，毛主席会说什么，但毛主席看了很高兴。《毛主席在庐山》那张，吕老拍出来伟大、慈祥、生动的形象，让人们爱戴。从构图、到光线，都特别完美、特别集中。新的角度和影像冲击力，吕厚民做到了。"

在毛泽东身边工作了十多年，他用镜头记录毛泽东，也对毛泽东产生了深厚的革命感情。在家里有几百个毛泽东像章，有各种关于毛泽东的书

籍。朱宪民说："他和毛主席的感情非常深，兜里永远揣着毛主席像，只要出门总会佩戴主席像章。他戴主席像多在衬衣上戴，有一枚是我转送他的，纯金的像章。我说，吕老你这么尊敬毛主席，我只能送你！他的手表、领带夹很多物件上都是毛主席像。"

吕厚民也会和朱宪民说起毛泽东的往事，心中充盈着感激。吕厚民身高一米六六，在毛泽东面前显得矮小，毛泽东说他是"短小精干"。吕厚民的摄影作品《欢送志愿军归国》得了国际大奖，请他去古巴领奖去，他胆怯，心里盘算：怎么跟毛主席说？他鼓足勇气说出自己的想法，没想到，主席痛快地说："好啊！"

朱宪民说，吕老对主席有感情，是在一起工作的过程中，他觉得主席可亲可爱。一次，他对主席说："主席，我能不能给你拍张私人照片？"主席说："好啊。"吃了午饭，主席等在办公桌前，说："吕厚民，你不是给我拍私人照片吗？我等着你呢！"

吕厚民住进医院，病号服上他没能佩戴毛主席像章，但吕方记得非常清楚，挂在衣帽间的衣服上，都有毛主席像章。

领航中国摄影艺术三十五年，"密"字号证明：吕厚民是一个大师

"文革"中，吕厚民受到巨大冲击，一直到1978年，吕厚民作为中国摄影家协会筹备小组的领导人之一，开始了人生新的一页。朱宪民说："在摄影界，吕厚民是有领导地位的。他对中国摄影事业的发展，从拨乱反正到改革开放，都起到了很大的促进作用。中国摄影作品走出去，把国外摄影家和他们的作品请进来，都由吕老具体负责。"

1979年，吕厚民把陈复礼的摄影展第一次在中国美术馆呈现给中国观众。接着把日本、法国、美国、新加坡等国家的摄影家请来中国，都是他在操持。直到2002年退休，这三十五年，他一直在第一线，做摄影家协会党总书记十三年。他对中国摄影事业的奉献，获得大家认可。朱宪民说："他的工作作风就是尽最大的努力团结专业的、业余的摄影家。以事业为

主，顾全大局，有利于摄影艺术事业发展、民族文化摄影的，他排除一切干扰去支持!"

在摄影和所有艺术形式都追求塑造"高大全"形象，要摆脱"文革印痕"就非常艰难。1979年和1980年，朱宪民开始拍普通老百姓的生活，吕厚民用商榷的口吻说："是不是表现中国百姓太穷了?"不过很快，两人就达成了共识。

实在是把毛泽东拍得太精彩了，所以人们一提起吕厚民，就说这一件事。甚至有人说吕厚民只是有在毛泽东身边工作的条件而已，算不得大师。朱宪民说："这有点偏颇，实际上，吕老也关注老百姓和祖国大好河山。我们要看到他的另一面和另外一些东西。这些年一发表就是吕厚民拍摄的毛泽东，所以把他更多好作品淹没了。"

正在做"新华典藏"项目的陈小波说："大家只看到吕厚民的毛主席像，而我很惊奇地发现他是一个摄影天才。1959年中国出了一本大型画册，画册应该告诉民众什么? 主编说: 当时广东发洪水，因为时间非常紧，要有一个技术非常过硬的摄影师去拍，他想到了吕厚民。吕厚民拍了一组非常好的照片。这组照片，一是记录历史，二是有诗性，三是有情感的力量。我看到吕厚民留下很多这样的照片。实际上，毛泽东像把吕厚民的一些突出成就遮蔽了。因为我们这么大的一个国家，不是每天领导都在握手开会。老百姓正常的生活状态，吕厚民也记录了很多，这些东西很珍贵。在吕厚民的职业生涯里，给毛泽东拍照只是一部分。"

朱宪民也非常清楚被遮蔽在"密"字文件里的另一个吕厚民。不过，吕厚民拍摄的中国百姓，与外国摄影家拍摄的不同。朱宪民说："吕老有维护民族形象、维护民族尊严的观点。一个艺术家不热爱自己的民族，称不上伟大。"朱宪民记得在法国搞国际摄影大赛，评出来金奖照片反映的是巴黎妓女街巷卖淫。当时法国的评委强烈反对。他们说，我们宁愿不搞，也不能诋毁法兰西和法国百姓的尊严。这就是民族感情问题。"

朱宪民和吕厚民正式一起工作始于1978年，一直到吕厚民最后一次住院前，俩人还一起拿着相机在外地创作。吕朱交往之深，无人可比。去年

　　　　第三辑　水光幻影

11月，他们把毛泽东题材的摄影作品，陈列在了湖南小东江摄影博物馆。

而吕厚民更多更丰富的作品及藏品，捐赠给了自己的故乡——黑龙江省依兰县。展览办起来了，可惜吕厚民没有看到。吕方说："依兰县放的东西多。父亲的荣誉证书、评委证书、生活用品、书法作品、出国作品、主席出国照片、书籍杂志等，数量很难统计。家里还很多，也要分批送到依兰。而在湖南小东江，全部是主席照片。"

2015年2月18日，中国羊年除夕。家人都意识到这可能是吕厚民和大家在一起的最后一个春节了，全家人团聚在病房。吕方本来想把病房弄成像国外圣诞节那样的气氛，母亲刘钟云觉得不合适。于是，在病房里挂了一串气球，祈求吕厚民平安……虽然用了两个护工，但吕方知道父亲来日不多，所以陪在身边，尽女儿的心……吕方说："春节三四天，父亲挺平稳的，也开心，人来人往，像过节一样。"

朱天霓说："吕老刚进医院也非常活跃，护工和医生都喜欢他。他尊重每一个人，不给身边的任何人添麻烦，去看他的人，他深表感谢。谁来看他，他都会问送来什么东西，嘱咐吕方姐要记住这份情。他在住院期间，比较虚弱，还一直说想去台湾，想和方姐一起去，回来搞父女影展。我们都答应陪他，鼓励他赶紧好起来……"

虽然略有遗憾地走了，但吕厚民已有作品在，父女影展并不是不能办。只是，我们可能收不到他拍摄的玉皇大帝照片，不过，他在天堂的工作一样会令神界满意。于是，我们欣慰了：大师，远行走好！

第四辑 火样华年

左权：战死疆场的将军回不到老地方

左权：英雄不曾老的感动

老红军：用余生为左权将军守灵

黄乃：中国盲文之父

黄乃：最后岁月

左 权:
战死疆场的将军回不到老地方

左太北 供图

　　如果有人介绍"左权将军，出生在将军村，牺牲在左权县"，你会不会感觉有点别扭？但这确是事实。为了纪念左权将军，湖南和山西的两个地方先后改了名字。

　　1905年3月15日，左权诞生于湖南省黄猫岭。1942年5月25日左权将军血洒太行山十字岭。2015年，抗战胜利七十周年了，在隔海相望的台湾，军方首次把共产党阵营的左权列为"勇士国魂"以纪念，这给大陆同胞一些欣慰。因为关于左权将军的最有名的一首歌开头就唱道："左权将军家住湖南醴陵县，他是中国共产党的优秀党员……"国共两党恩怨深，影响到了各自对异党英雄的公正评价。而左权，无疑是争议最少的一个。所以，由他开启对岸归宗的破冰航程，应该说在情理之中……

　　百年沧桑，人物两非，假如左权将军活着，他能找到回家的路吗？

名字全非，诞生一百一十年后，回家的路已难寻觅

左权将军肯定不知道左权县的存在，他知道的是山西省辽县。辽县是1912年由清王朝的辽州演变来的。到1942年易名前，辽县在历史上只存在了三十年。

辽县位于晋冀交界处的太行山顶，山高林密。这里是左权将军生命最后那些年生活和战斗的地方……1942年5月，左权将军殉国后，辽县百姓立即呼吁将辽县易名为左权县，为的是让大地铭记一段沉痛的历史。

几年前，湖南省将左权将军出生地——黄猫岭及周边几个村落合并成"将军村"，对当地历史不熟悉的人，根本不知道是想纪念谁。

实际上，"将军村"除了纪念左权将军外，还纪念他的堂兄李明灏将军。今天的将军村把与黄猫岭相距不远的李明灏将军的诞生地——横田村

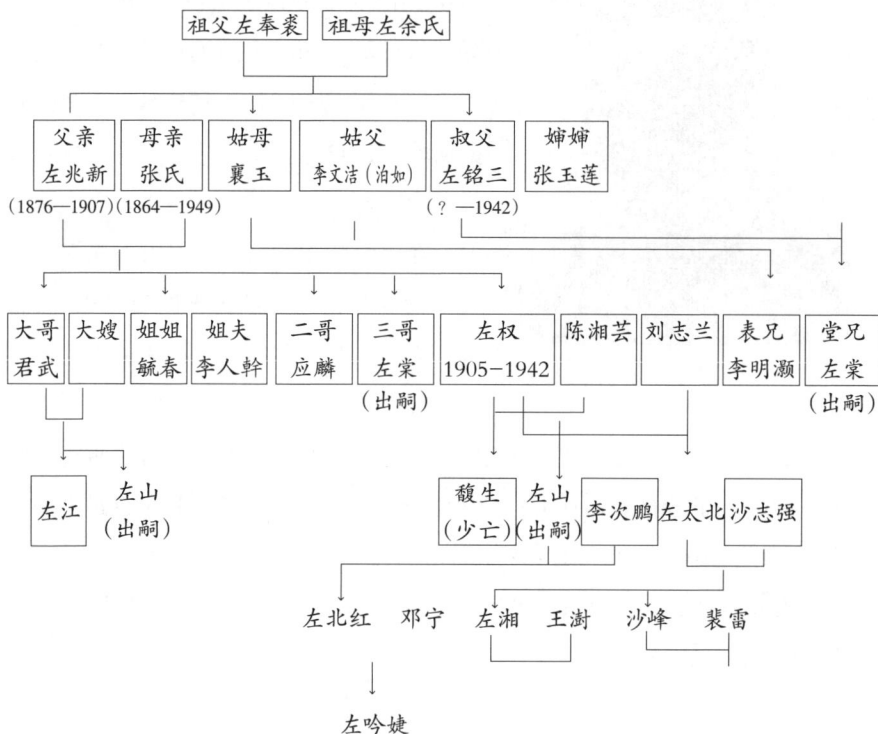

（家谱图）

- 祖父左奉裘　祖母左余氏
  - 父亲左兆新（1876—1907）　母亲张氏（1864—1949）　姑母襄玉　姑父李文洁（泊如）　叔父左铭三（？—1942）　婶婶张玉莲
    - 大哥君武　大嫂　姐姐毓春　姐夫李人幹　二哥应麟　三哥左棠（出嗣）　左权 1905-1942　陈湘芸　刘志兰　表兄李明灏　堂兄左棠（出嗣）
      - 左江　左山（出嗣）
      - 馥生（少亡）　左山（出嗣）　李次鹏　左太北　沙志强
        - 左北红　邓宁　左湘　王澍　沙峰　裴雷
          - 左吟婕

250

也纳入怀中。所以，这里的将军村，出过两位将军：左权和李明灏。

李明灏与左权是什么关系呢？左权的亲缘关系怎样？我以左权将军的视角设计了一个图表（上图）。

李明灏是左权姑姑的儿子，长左权八岁。日本东京士官学校毕业后回国，1923年冬天出任广州大本营陆军讲武学校教育长。第二年春天，二十六岁的李明灏回湖南招收青年学生，把与自己适龄的同辈亲戚一网搜光。被他召集走的有：十八岁的左权、左权的哥哥左棠、左权的姐夫李人幹。遗憾的是，李人幹过早地牺牲在了东征战场上，而左棠负伤退役。

李明灏曾任国民革命军第六军军长、南京中央军校教育处长、成都分校和武汉分校的主任。1948年脱离国民党赴西柏坡与毛泽东见面，次年促成了湖南省和平解放。

把两位将军出生的黄猫岭和横田村合称将军村的动力来自哪里？是来自对"将军"一词的炫耀，还是对两位将军本真的尊重？实际上，中国的"将军村"很多了，简单百度一下，广东三个，安徽两个，湖北、福建、四川、云南、辽宁各一个。令人不解的是，湖南凑了热闹后，让生长于斯的两位将军找不到了回家的路。

老族谱持有人不知名字在册，水库里不见降生的屋檐

王孝柏是定居在湘潭的一位研究左权将军生平的专家，1990年与他人合作出版了《左权传》。2012年，在左权将军殉国七十年之际，再版了《左权传》，并出版了《左权年谱》。他的两本书，是国内研究左权将军生平的最重要的成果，几乎凝聚了他一生的努力和一生的辛酸与愤怒。

2015年初，笔者到湘潭采访王孝柏。这位看上去有点像毛泽东的湖南人说："我在醴陵找到了《湖南醴陵左氏族谱》。我指着一个名字告诉《族谱》持有人：这个人就是左权。人家惊讶地说：'这就是左权呀？'"

原来，在醴陵乡下，左权不以左权名。在这本雕版印刷的老族谱里有这样的文字：

兆新三子：纪传。册名"传"，字孽麟，号叔仁。醴陵县立中学校修业，广州陆军讲武学校毕业。清光绪三十一年乙巳二月初十亥时生。

娶陈氏。字湘芸，邑北易家冲谨吾之女。清光绪三十年甲辰十一月初六日子时生。

子一，馥生。

字、号、经历都对，就是名不对。不少传记里说左权曾叫"左纪权"，由此看来，并无此叫法。左权原名纪传。如果左纪传的单名叫"左传"的话，很难与古代典籍《左传》区分开来。即使读音不同，也写不出不同。这是不是到了广州之后改名为"左权"的理由？还有，在醴陵话的读音中，"左传（chuan）"和"左权"是不是很相似？

早在20世纪70年代末，湘潭军分区宣传科文艺兵王孝柏就萌生了创作《左权传》的念头。那时，醴陵是湘潭下辖县。1983年初，"湘潭地区"撤销，原下辖的攸县、茶陵县、酃县、醴陵县划归株洲市。1985年，醴陵县改市，1994年酃县更名炎陵县。至此，株洲名下有：醴陵、攸县、茶陵、炎陵。面对不断更改的地名，王孝柏带我去醴陵采访的路上调侃说："有人建议，把攸县改成攸陵！"只是"攸陵"与"幽灵"同音，不知道审批部门同意不同意。

王孝柏在《左权年谱》里说左权将军的诞生地是湖南省醴陵县北一区平桥乡睦华村黄猫岭。而今，县成了市，区不复有，乡、村都改了名。要找左权将军的家乡，应该找湖南省株洲市醴陵市新阳乡将军村，与将军出生时的称谓完全不同。

到株洲火车站接我们的是将军村的左文勇。他开车拉我们到了一个人口聚居点，一道大坝横在眼前，写着"黄茅水库"。王孝柏、左文勇不约而同地告诉我："左权将军出生地就在现在水库的位置。"

走上"黄茅水库"堤坝，眼前左侧的低矮土丘就是"黄猫岭"，也写"黄茅岭"。两个叫法各有来历。前者是因为整个土丘远望像卧猫，而黄色茅草覆盖着；后者直谓黄色茅草。

　　王孝柏讲，在修筑水坝前，左权出生的左家屋场就在黄猫岭脚下。左家屋场前面是一条河，河的两岸是稻田。左权少年时代就生活在这里，下河插秧，上山砍柴。……1923年18岁的左权被表兄招生离开家乡，就再也没有回来。1949年7月，解放军南下，朱德命令所有部队路过醴陵县都要看望左权的母亲。因为总司令发话，所以，不论哪个部队，来到左家屋场见到老太太，都亲切地说："我们是您的儿子!"

　　渐渐地，老太太终于明白："小儿子已经血洒战场。"于是，由返乡的儿子左棠代笔，老太太写下了这样的话："吾儿抗日成仁，死得其所，不愧有志男儿!"

　　老太太去世后的1958年，跃进之风刮到醴陵，黄猫岭人迁移到库区外，左权诞生地沉入水底。

　　不过，笔者到来时不是丰水期，水库部分见底，那么"左权将军故居遗址"呈现在了眼前：一片干结泥土，背靠苍山，面临碧水……

故居要不要开发成别墅？战场能不能不像广场？

　　故乡没有故居，即使抗战胜利70年了，依旧没有。于是，左文勇计划修复。在水库大坝上，他告诉我，有人要将水库周边的山丘开发成"将军别墅"，有山有水，这里将成为最好的休闲处。我心里暗暗一惊："如果眼前全是楼盘豪宅，丝毫不见一百年湘东乡间少年左权的生活场景，我来此地是不是比茫茫一片水更失望？"我直接表达自己的意见："所有新的建筑都应盖在库区之外，建在故居遗址看不到的地方。"我想："因修建水库可造福一方而将故居拆除这样的错误还可原谅的话，那么，让房地产业在将军故居遗址上呈现浓厚的商业气息将使来此地寻找将军遗韵的人不可忍受。"

　　但我不知道，左权将军会做何感想？

　　左权将军最有名的遗址是太行十字岭。1999年我第一次登临，人居高处，一览众山小的感受非常强烈。因为是重要革命纪念地，后来削了山头填了沟壑建成巨大平整铺满水泥砖的广场，还盖了两排房子。于是，2013年再次登上十字岭，远山已被屏蔽，在荒无人烟的地方，觉得人工的痕迹太重了。1999年还可见到的"左权将军临时寄埋处"，2013年未找到。"战场"成了"广场"，而且地处偏远，鲜有人来，这于环境，于社会，不都是浪费吗？

倘若左权将军在天有灵，他会是什么感受？

殉国前三天的1942年5月22日，左权将军在辽县麻田给远在延安的妻子写信，表达对女儿太北的思念。不过，他理性地说："我虽如此爱太北，但如时局有变，你可大胆地按情处理太北的问题，不必顾及我……别时容易见时难。……敌人又自本区开始扫荡，明日准备搬家了。"

23日、24日，面对日军实施周密的"铁壁合围计划"，左权将军和彭德怀、罗瑞卿等指挥非作战部队向辽县柴城后沟方向突围。激战两天，损失惨重。25日午后，已经登临十字岭巅的左权将军只要翻越山岭就会进入相对安全的区域。但他冒着生命危险站在高处指挥部队突围，结果被日军炮弹击中，血洒十字岭……

七十三年后，这里不仅有阔气的广场，而且登山的路也现代化了。"激战十字岭"的感受会不会少了，淡了？已经被建设者的好心悄然地消解掉了？2014年8月十字岭被国务院列入"第一批国家级抗战纪念设施、遗址名录"。大家怀着敬仰登临十字岭的时候，发现与普通城市小区广场建设思路相同，会不会生出遗憾？

到十字岭，一定要到附近左权将军离开七十三年的"麻田八路军总部"看看。麻田总部在近二十年来的反复建设，更能体现我们这个疯狂上项目的国家对待文物的态度。

虽是全国重点文物保护单位，但"总部"是按照基层领导的旅游意图不断改造的。国家不差钱，所以总部旁侧先建了一座比总部还巍峨的大院，接着是仿汉唐大门、体量超过总部的巨型诗碑。院里还建了个汉白玉亭子，标明是"彭总下棋处"。更不可思议的是，在几百米外建了座日本炮楼。这还不够，2006年毁了数十亩水稻田建"八路军广场"，最终因左权

254

将军女儿反对，广场改为停车场。

可是，换了个领导，这一切全部拆除，依傍着总部，新造了一片旧式平房，在当时并不存在的平房里想当然地安插了各个部门。但因为房子太新了，就花钱请北京专家来做旧。

假如左权将军知道为了纪念他和他的战友而如此"折腾"百姓，他会高兴吗？

从龙岩到邯郸，建设的脚步不停；王孝柏与时间赛跑

1930年，二十五岁的左权由苏联留学归国来到中央苏区——福建龙岩。在这里，他的第一个工作岗位是——中国工农红军军官学校教育长。2015年初，笔者来到龙岩，党史专家郑学秋说："学校拆了，盖了楼，就是闽西宾馆。我们已经挂了'县级文物保护单位'的牌子，但他们要拆，不理睬我们，我们保护不住。"

1930年底，左权出任新组建的新十二军军长。郑学秋大学毕业分配到龙岩时，新十二军军部还在，是县医院。但如今也拆了，盖了三座楼房。郑学秋说："左权在龙岩革命史上是一位重要的人物。但是，没人重视文物保护，说拆就拆，我们只是研究，没有任何权力，有什么办法？"

从龙岩经过被新建筑压抑着的和凤凰并称"中国最美山城"的长汀，在瑞金我找到了"中国工农红军学校"旧址。1932年6月，左权陷入人生低谷，因"托派"嫌疑而背上"留党察看"的处分。在他任职于此的一段时间里，先后担任校长的是刘伯承和叶剑英。

赣南经济比闽西落后，所以"中国工农红军学校"还在。这所学校先在瑞金天后宫创建，而后搬到瑞金西门杨家宗祠。天后宫基本没有保护，任其衰败腐朽着，部分建筑被利用为新创设的佛堂。而杨家祠堂地处瑞金市中心，占地面积大，打这块地皮主意的人不少，所以，"拆"像一把剑，始终悬着。笔者了解到，西门杨家是当地望族，代有名流。只现代就为国奉献了三位中将、两位少将、六位大校。最有名的杨遇春曾任台湾省

保安警察第一总队队长。

守候于此的一位长者向我展示了新修订的全套《杨家族谱》，他说："经常有北京的人来拍电视，他们告诉我，一定要原样保护祠堂……"

左权的名字在祠堂的墙上有介绍，但是左权在这里住在哪间房里？现已无从知晓。

从瑞金开启长征路，边打边行到达陕北。七七事变后东渡黄河来到山西抗日前线，左权将军一日不曾离开战场。1950年10月21日，左权将军遗骨从太行山移至河北邯郸烈士陵园安葬。遗憾的是，2014年笔者来到将军墓前，而陵园外拔地而起的楼宇正压迫过来。在一个应该产生神圣感的地方，俗世生活场景扑面而至。

"建设的冲动"始终不肯停歇，但踏实的研究却不多。王孝柏经历无数刁难、自费三十余万元终于完成了《左权传》和《左权年谱》。但是，2012年的图书市场，他的书没有销路。出版社要求他包销三千套，十六万块钱。王孝柏跑到左权将军的出生地、殉国地、安葬地，希望各地宣传部门帮助他消化。结果一无所获。太行山里的官员烦了，指着他吼："留下一本给我们做参考，你赶紧走！"他感觉自己被像对待乞丐一样而心生悲凉。难道写了几十年英雄，自己的人生观价值观错了？

王孝柏当然不是完人，但是，抗战胜利70年了，假如没有他近四十年的奔走不停笔耕不辍，我们用什么还原左权将军的一生？四十年里，与左权将军共事的人老了，病了，去世了，左权将军住过的建筑物拆了，毁了，王孝柏以非凡的毅力坚持跑遍全国尽力寻找。他的壮举感动了左权将军的夫人刘志兰，刘志兰曾对他说："你要是我儿子多好！"

王孝柏搜集下的资料也有人羡慕，醴陵官方还向他借去展示。但因我怀了更多的温暖来和他谈论左权将军，所以王孝柏更开心。我想，假如怀着温暖和理性去呵护左权将军所走过的每一个地方，是不是将军的在天之灵会更欣慰？这无关旅游，无关开发，无关发展，只与一个民族对待自己的文化与自己的英雄有关。

态度决定把什么留给未来，七十年，或者一百一十年。

左权：
英雄不曾老的感动

华文出版社的红强兄琢磨《左权》书稿的事大约一年了，突然打电话来说："做成一本面向年轻读者的书，如何？"我觉得非常好，他真是用心看了这散漫的文字了！

我不是专家学者，所以写不出给专家学者看的书。但是，我尊敬专家学者，我一直在读他们的书。

在我生活了三十年的"左权县"山城，出现频率最高的字就是"左权"这两个字。从我出生、成长的北寺巷向北不远，古老的槐树院边上就是"烈士园"。外公说，这里古代是万寿宫。万寿宫在新中国成立后改造成"烈士园"，进去，迎面是左权将军等身塑像，塑像身后的六角石碑上，镌刻着的都是关于将军的介绍和悼念文字。而东廊房里，更系统地介绍了他的一生。每逢纪念整年的5月25日，县里都有活动，人们聚集在"烈士园"，鲜艳的纸扎、花圈无数。那时，整个小城都庄严肃穆起来……

记得很小时，县文化馆王保牛编辑的一份《左权文化》小报连载过《左权将军的故事》。写这故事的郝福田我也认识，乡下来的，巨睛黑瘦而爱抽烟，住在三元阁下文化馆东房一个两间大的屋子里。在屋里办公的似乎不是他一个人，所以，书柜、写字台、床占满了房间。

现在翻出1981年油印在《左权民间故事集》中的郝福田的文字，依稀

左权将军在太行山阅兵　　　　　　　　　　　　　　　左太北 供图

想见当年情形。这篇大约一万余字的《左权将军的故事》，应该是我读得比较早的关于将军的纸质文本了，尽管不是最早的，但当时我才十五六岁的样子。

1981年，晋冀鲁豫烈士陵园编辑了《怀念左权同志》一书，我在县城书店就能买到。这本书来自同时代人的描述，对了解左权将军大有好处。1982年，已经考上大学的一位同学返乡，说要和他的老师合作写《左权将军传》，于是借去了这本书。

1986年，张重天的《左权将军传》在县城上架，我买到了。大约1985年，彭德怀的夫人浦安修重返太行山。说好为山里培养教师，三年分三批，每年五人到北京师范大学进修。我是最后一批中的一个。我到北京，王孝柏的《左权传》也由人民出版社出版了。我记得是在沙滩红楼旁的五四书店买的这本书。

阅读让我更加了解左权将军的一生。但让我心仪的是《西行漫记》和《长征——前所未闻的故事》的写法。两位记者的写作，更让我感到生动而亲切。1998年，我做《科技日报》"声像世界"的编辑，去北兵马司胡同找到左权将军的女儿左太北，和她聊往事，说到辛酸处，她泣不成声。2002年，我三十七岁，在《华夏时报》做《影响力周刊》的编辑。这年的

5月25日，是左权将军殉国60周年，乡下研究党史的邢晓寿发来一篇纪念文章。我在编发这篇文章的时候，加了一段短短的按语，表达我的心迹。因为左权将军殉国的那年，恰好三十七岁。

我写道：

> 左权，首先是一个人的名字，然后成了一块土地的名字。因为这个人的血染红了这块土地……
>
> 我是在这块被将军的血染红的土地上生长起来的，我为我生长的土地而骄傲……
>
> 一次，我采访左权将军的女儿，我说，你身体里流的是将军的血，但你是湖南醴陵人。而我和将军没有血缘关系，但我是左权人。
>
> 可话出口的那一刻，我发现自己错了：我是在将军血染的土地上生长的，我身体里难道能不流淌将军的血？
>
> 1942年5月，一个如今天的我一样年轻的生命融化进了太行山，此后，无数的生命在太行山上蓬勃生长……
>
> 因为有生命的生长，这块土地成了灵性的土地。

在北京，我采访过几位从太行战火中走来的老人，《人民日报》老领导李庄、荣宝斋老经理侯恺都经历了左权将军殉国的那场战役。高等教育出版社老领导皇甫束玉在1942年9月18日前夜创作了《左权将军》这首歌……

2004年，我试图寻求帮助，渴望重新走一遍左权将军走过的路，像两位美国前辈那样，写一本关于左权将军的书，以献给2005年左权将军的百年诞辰。虽然寻找无果，但我的想法为好友、解放军出版社编辑兰草所知，他动员我不走长途而完成一本关于左权将军的书。

其后，我有机会去了黄埔军校。最近几年，我去了闽西、赣南、湘东，重温了左权前半生的主要生活场景。

不选择专家学者为阅读对象，是因为我的书浅显。我努力生动地描述，是希望我的文字更适合与年轻的朋友来交流家国情怀，交流英雄情怀，交流在民族危难时的人生情怀。

我为什么会更倾心于年轻人？因为我是教师出身。我读的是师范，在左权县的农村中学教了很多年的书，一群天真烂漫的孩子占满了我在山里的时光。我是极想把人生的经验与年轻的朋友分享的人，我天生是块做"孩子王"的料。

2012年，左权将军殉国70年了，我在山西省晋中学院、晋中师范高等专科学校、晋中职业技术学院、山西农业大学讲述左权将军的人生故事，和年轻的大学生分享那段血与火的历史给予我的启示。我甚至和晋中电视台联手推出六集系列讲堂式专题片《读懂左权》，六集标题分别是：

第一集《十字岭：血迹依然惊我心》

第二集《湖南人：黄埔军校铸军魂》

第三集《莫斯科：红星照耀亦伤怀》

第四集《长征路：万水千山只等闲》

第五集《太行山：名将以身殉国家》

第六集《儿女情：爱到深处了无痕》

《读懂左权》每集十五分钟，晋中电视台三个频道共播了五遍。现在看电视的人少了，地方台的受众有限，我不敢说多么受欢迎，但我努力了。

去邯郸拜访尚荣生、去湘潭拜访王孝柏，都是很认真也很开心的事情。因为他们在我之前，做了大量的研究左权将军的工作。前不久我回到左权县，找到郝福田的女儿，拿到我曾看过、郝福田编剧的晋剧剧本《太行丰碑》，描述的就是左权将军在太行山的故事。其十个场次分别是：扫墓、送行、帮友、用计、敌围、部署、殉国、思臂、胜利、锄奸。出场人物有：左权将军及妻女刘志兰、左太北，彭德怀和妻子浦安修，左权将军的警卫员郭树保，总部警卫连连长唐万成，总部作战科科长王政柱，总部机要员罗健健、苏金环、李湘南等，还有杨勇、杨得志等名将。反面人物有日寇侵华司令山本次郎、日寇侵华司令部参谋长栗恒大佐、日寇侵华司令部军长猪爪太君等。

遥想当年，郝福田采撷编写左权将军的故事时，已经有了成功编创晋剧剧本的经验，他就一心想把左权将军的故事搬上舞台。他的复写本抄录于1990年，应该说，在很长一段时间里，他在盘算如何把左权将军形象艺术地立起来。遗憾的是二十五年过去了，他的剧本几乎被人们遗忘了。

把我走访到的点点滴滴和年轻的朋友们分享，这是我愿意做的。

如果有机会，我想继续走左权将军走过而我尚未走过的路，一条是留学俄国的路，一条是长征到达陕北的路。假如有机会，我将呈现一个怎样的左权将军？

如果左权将军能活到今天我这样的年纪，五十岁，那就是1955年了。这一年，共和国授勋，与左权将军并肩战斗过的老战友朱德、彭德怀、林彪、刘伯承、贺龙、徐向前、聂荣臻、叶剑英等被授予元帅。遗憾的是，左权将军已经长眠太行山下十三年了。

在我少年时代，很难看到什么画展，倒是春节前夕新华书店卖年画的盛况很吸引我。记得1983年，四川美术出版社出版了一套元帅画像。因为那时对林彪还是不提或慎提为好，所以他们另画了一幅八路军着装的《左权将军》。在山城书店展示区的最高处，左权将军和九位元帅都骑着高头大马一字排开，个个英姿勃发气宇轩昂，场景甚是壮观。那时我畅想：如果左权将军不死，一定可以配当元帅的吧？

左权将军进太行山不久，太行山各县的盲艺人们陆续组织起来成立了"盲人爱国抗日宣传队"。正是这群生活在黑暗中的艺人把抗战时期演唱的曲艺民歌作品传

刘恩荣画的左权将军

唱到今天。2007年起，我不断和他们合作举办演唱会纪念左权将军。先是左权县，接着和顺、武乡、襄垣、榆社、沁县、沁源、陵川、高平等县的盲人也加入进来。不同的曲艺样式，相同的抗战激情往事，一种有声的历史在民间默默流传了七十多年，今天更其动人！

爱家乡，爱家乡的英雄；爱脚下的土地，爱为土地而牺牲或在土地上劳作的人们。我从小到大，一直追念左权将军，因为他的血流在了我所生长的土地上。2015年恰逢中国人民抗日战争胜利暨世界人民反法西斯战争胜利七十周年，左权将军诞辰一百一十周年，我更有讲讲他的故事的必要了，更有颂扬他的事迹的氛围了！

如果你仅仅是一名学生，看到《左权》，我希望它带给你英雄不老的感动；如果你是一名教师，我希望你阅读《左权》后，和学生们谈谈理想；如果你是一名学校管理者，我希望你引荐我给你的学生们，我随时愿意和年轻的朋友谈谈英雄情怀支配下的人生成长……

如果你不在学校，或许你的身边也不缺少年轻的朋友，那就和他一起来聊聊左权将军：三十七岁做完了人生的所有事情却叫此后的人永远铭记，这是怎样的一个人？

老红军：
用余生为左权将军守灵

    太行抗日革命根据地中心县——山西省左权县，生活过一群长征走来的老红军。整个县域内今天确切可考的老红军数量是六十二人，实际数量可能比这个还多。他们来自十一个省份，三大红军主力部队和陕北红军，最远从闽西随中央红军一路走来，而多数来自川北——红四方面军创立的根据地。他们有的人在炮火中走了两万五千里大难未死，有的人三次折返草地九死一生。抗战开始后，他们分别随 115 师、129 师和八路军总部奔赴华北前线，在各个战场，经历了太多血与火的洗礼，幸运地活了下来，却早已遍体鳞伤……

    这群老红军出生在 1890 年到 1921 年间，年龄最大差距为三十一岁。当了红军离开家乡后，十多年甚至二十余年北战西征东渡南下，他们早已习惯了"战场在哪，哪就是家"的生活。

    从 20 世纪 40 年代初到 50 年代初的十年间，因为伤残或年纪过大，他们陆续退伍，却共同选择了曾经的战场——太行山左权县偏僻乡村作为终老之地。他们用生命颠覆了黄永玉说的"一个战士要不战死沙场便是回到故乡"的话。难道在这群老红军心里：太行山战场远比故乡更值得以身相许？

一只虱子换了一堆"好吃的"，丢了羊赔不起，跑去当红军

好多老红军从小就成了孤儿。江西孤儿舒宏标生于1898年，是方志敏的同乡——弋阳县人。他定居太行以后，人们问他姓什么，他只会说："许。"因为江西方言"sh""x"不分，而能分清这两个音的太行乡亲，也不叫他"老舒"，索性叫他"老许"了。"老许"和太行人说，他的家乡人死了就送到山沟里，等野兽吞食。三天后没被吃掉，亲属再去烧纸上供。弋阳人的观念是："人们生前吃山中野兽、河里鱼虾的肉，死后自己就要回归给生灵。"遗憾的是，20世纪二三十年代之交，这种和谐关系被打破了，在家乡无法营生的舒宏标投奔了红军。

江西宁都西布烟村的杨春玉1915年出生，比左权将军小十岁。十七岁做了红军的司号员，得名"小杨"，至老都被人这么叫。他是跟着左权将军参加指挥的中央红军一直走到太行山的。日后熟悉他的人看战争电影，只要有吹冲锋号的镜头，都会起哄地大喊："看！小杨，小杨！"

天资聪慧的刘新成1914年生在川北阆中刘家湾。家穷又父母早亡，十

十字岭

四岁的刘新成便在地主家当了小伴仔。吃下人饭，住下人窝。眼见地主小少爷的零食自然馋得要命，刘新成灵机一动，和小少爷炫耀："我有一个宝物，你没有。"小少爷问："什么宝物?"刘新成说："这宝物得来不容易，你要想看，赶紧回家拿好吃的来，它才肯出来!"

小少爷果真去拿来很多美味，刘新成没办法，从破棉袄里捉出一只虱子给小少爷："嘿嘿，你没见过吧?"小少爷真没见过，感觉很神奇。于是刘新成说："你把好吃的都给了我，我就把宝物给你。"小少爷信了刘新成的话，于是虱子丢进小少爷贴身衣服里。刘新成叮嘱："你要好生养着它，它如果不喜欢你，你就会发痒。不过，你可得忍着，赶紧给我送好吃的，你一送我，我是它爷爷呀，你就不痒了!"小少爷一痒痒就送吃的给刘新成，直到老财主发现了小少爷身上成群的虱子，才彻底揭破了刘新成的把戏。

在刘新成十八岁那年，红四方面军打到了阆中，他投奔红军走了。他的故事在战友中传开了，只要有刘新成想得到的东西，战友们就打趣他："虱子换!"

祖籍四川广元的赵永怀1914年出生，家境艰难，就和三哥哥一起当了红军。那年，他才十九岁。到他退伍时，三个哥哥都已战死沙场。

席元华1916年出生在四川阿坝藏汉杂居区的金川县，母亲是藏人。父母生了八个孩子，席元华在六人男孩中排行老四。席元华八岁就给地主放羊，每年挣几斗粮食。为了生存，母亲带着孩子们辗转到金矿打工。那时，席元华只有十二岁，一天十几个小时背着比自己身体还要高大的筐子出入山洞挖金。他说："干的牛马活，吃的猪狗食"。这时候，红军长征来到了阿坝，受尽苦难的席家人由母亲带领一起参加了红军。两位会说藏语的长兄在红军中担任"通司（翻译）"，席元华和五弟是基层战士。几个能跑能跳的儿子跟着红军部队走了，母亲和最小的儿子无法随军作战，留在当地饿死了。

这群老红军里的"颜值王"干文光1912年出生在贫瘠的陕北延川干北塬。因家境贫寒总受人欺负，十几岁给地主放羊，一只羊被狼吃了，地主让赔，他赔不起。没办法，跑去当了红军。

炸掉腿都不下火线，为左权将军收尸：悲痛、愤怒、遗憾、骄傲

陕南宁强县的李正银从小在川陕边嘉陵江上拉纤，唱"哼呀、嗨呀"的歌。日后他对儿子说："拉船很苦，但拉船人体质好，一般不得病。"当了红军，李正银和比自己小九岁、从江西走来的"小杨"编在一个班走长征路。吹号的"小杨"给首长提行李、运送文件，而李正银负责为周部长牵马。沼泽地很难行走，眼见前面战友陷入泥潭里，李正银想拉都没办法。李正银凭借自己体力好替弱小的"小杨"扛行李，哥俩在长征路上结成生死兄弟。很多年后，"小杨"一见李正银或李正银家人，还激动不已，拉住手反复说："没有大哥就没有我今天。"

长征结束后，席元华成了西路军的一员远征河西走廊。部队打散了，席元华被敌人追进了村庄，当地一位老奶奶将席元华藏在"粮囤"里。敌人走了，席元华叩谢老奶奶的救命之恩。老奶奶说："好孩子，这千里戈壁，你怎能逃出他们的魔掌？别走了，就给我当儿子吧！"席元华诚恳地解释："红军里有我哥哥，有我弟弟。红军就是我的家，我不能离开红军。"他一边哭着一边换上老奶奶给准备的便装，找徐向前去了。

抗战爆发后，席元华担任八路军总部警卫连二排排长，"小杨"在八路军总部特务团担任司号员，赵永怀、李正银及"颜值王"和"虱子换"等在129师，当然还有"老许"舒宏标，他们共同开赴华北抗日前线，平型关之战、百团大战、黄崖洞兵工厂保卫战，都在他们豪迈青春的辉映下连连大捷。

在总部警卫连，席元华在彭德怀、左权身边工作。左权将军还抽空教席元华识字。有段时间，总部安排席元华等老兵下基层担任指挥，结果总部警卫工作出了差池，惹恼了彭德怀。左权将军又把他们调回身边，并说："总部离不开你们呀！"老兵们乐观表态："保卫总部首长，我们最光荣！"

"颜值王"因为一米八几的个头，在总部被罗瑞卿喊为"干大个子"。日后干文光给孙子讲："八路军俘获一条日本军犬。每次朱总司令打篮球，就把衣服、皮带放在军犬身上，军犬自动把总司令的东西放回房间。警卫员们好奇，把自己的衣服、皮带也放到军犬身上，军犬根本不当回事，随便扔掉了。军犬只认咱总司令！"

在大大小小的战役中，这群老红军多数负伤致残。有位老红军整个一条腿被炸飞了，人还在火线上坚守阵地。"虮子换"刘新成伤口治疗不及时腐烂生蛆，医生没有麻药，只好把他绑在门板上、嘴里塞上毛巾处理溃烂伤口。刘新成疼得死去活来，他当时是不是想到了：早年不该玩小聪明，欺负呆萌的"小少爷"？

1942年5月25日，总部突围。干文光赶着一头骡，驮着总部文件在枪林弹雨中穿行，结果

"颜值王"干文光和第二代"颜值王"干晋田　　　干一兵 供图

炮弹把骡炸瘫了。情急之下，干文光将数十公斤的骡驮子肩在背上，一口气跑过了山梁。到达安全地带放下骡驮子，干文光吐了几口血，从此患病至死未愈。

突围到十字岭，翻过山就安全了。率领红一军团走过长征、指挥八路军将士打了无数胜仗的左权将军，先让彭德怀先撤离，自己屹立在山巅继续指挥大部队转移。没有想到，日寇的炮弹击中了他，将军倒在了血泊里。

二十六岁已经见过很多次死亡的席元华，这次被震撼了。他无限惋惜："如果能用自己的生命换回参谋长的生命，我愿意！"日军到达十字岭，在无数尸体中，惊讶地发现：还有一具被掩埋？翻开确认是八路军参

谋长后，赶紧撤离了战场。不久，八路军聚拢回来，彭德怀命令警卫连去寻找左权将军的遗体。二十六岁的席元华和战友们将三十七岁的左权将军安放进棺材里庄重安葬……

左权将军之死，震撼了席元华，震撼了太行山，八路军将士无人不怀念参谋长。1942年9月18日，左权将军牺牲地易名为左权县，正是他们的心愿。是他们的遗憾，也是他们的骄傲。他们不会忘记："我们是左权的兵！"

分果实，娶寡妇，当继父，从"士绅"到"党员"的第一代村官

战争还在进行，而十多年沙场点兵，老兵们伤痕累累已经不适宜再上战场。1942年起，老红军们陆续转业。1943年"颜值王"三十一岁了，二等乙级伤残，落户左权县麻田村——总部曾经住了五年的地方。"小杨"二十八岁了，1943年7月落户左权县拐儿村。李正银、赵永怀一样是二等乙级伤残，1945年落户左权县东关、西关。刘新成一等伤残，1946年6月落户左权县梁峪村。

不少战友已经转业，席元华作为"刘邓大军"中王树声部下的营长千里挺进大别山。1946年10月在徐州战役中肠子被打出了，仍在指挥战斗。通讯员强行从战场上背下他来转回太行老区疗伤。一个月后，以一等伤残退伍，落户左权县碾草渠村。

老红军们几乎全部赶上了解放区的"土改"，分到了果实。笔者在采访过程中了解到，几乎各个村庄都把传统社会里乡绅们修建起来的最好的房子分配给了革命功臣——老红军。他们从无产者转身为有产者。极个别在家乡已婚的老红军在战争中都与家人失联，而多数人未曾有时间找对象。安顿下来后，大多数因为年纪偏大，与"战争寡妇"组成了新家庭。他们抚养着抗日烈士、战争受害者留下的成群子女，直到孩子们成才。

"老许"舒宏标到1949年已经五十一岁了，年纪太大，就转业到了左权县南峧沟村。他的继子舒富兆告诉笔者："我的亲生父亲牺牲了，母亲

268

改嫁，结果不久第二个父亲也死了。我才六岁，老红军父亲就上门到了我家。他骑一匹红马，挎着红军长征时的牛皮包来的。母亲说，老红军养活你，你就改姓舒吧！老红军一直抚养我到成人，我是'红二代'。"

"老许"舒宏标的经历，几乎是这群老红军的一个样板。采访中大家给我讲，有位绰号叫"朝朝红"的女人，从旧社会的地主婆，到日占时期的"汉奸夫人"，解放了又和老红军结合。不论在什么年代，她都有政治包票，所以叫"朝朝红"。不过，熟悉这位老太太的人告诉我，"朝朝红"是个极有修养又极善良的女人。"老红军"丈夫去世后，她身边别的"老红军"子女不在身边，她就主动承担了照顾其他"老红军"的重任。有人说她"图钱"或"鬼混"等难听的话，她淡然处之，一概不理，坚持行事，终于在很多年后赢得了无尽赞美。

"颜值王"干文光早年在陕北结过婚。到了左权县麻田村后，与大林峧十九岁女民兵干部恋爱结婚。1943年生下了第一个儿子。接着，生了一群"小鲜肉"。1952年，"颜值王"思念陕北，凑钱走了。太行山的妻子哭着说："他回去找老婆了，不回来了！"结果两个月后，干文光回来了。他的长子回忆说："父亲从麻田走到县城，县城坐车到阳泉，经过石家庄、郑州、潼关几次转火车到了铜川，再坐汽车到延安，然后步行一天才到干北塬老家。来回两个月，不算长。"其实，老家的媳妇在干文光当红军后，已被抽大烟的兄弟们卖掉了。

老红军落户山乡，农村也正经历着从"传统乡绅社会"向"党员主导的社会"过渡。久经沙场的"老红军"都是"老党员"，他们无疑成了那个时代最重要的政治财富。他们几乎都担任了乡村领导职务，是太行山有史以来最有据可考的"第一代外来村官"。

干文光次子、第二代"颜值王"干晋田记得，小时候在麻田，父亲为了解决村庄水浇地，在一无经验二无仪器的情况下，自主设计凿山打洞。干晋田说："父亲没念过书，但是聪明，敢在一座山两面对着打。我母亲和我去给父亲，踩着绳子编织的软梯，小脚母亲全不在乎。"山洞打通时，"老颜值王"像孩子一样高兴，几天几夜叙述成功与幸福。

太行乡村在老红军们的带领下，无论政治生活还是生产劳动，都发生着根本的变化：从"互助组"到"合作化"，一切显得更加有序和革命。老红军在各个运动中非常活跃，多数成了各村"社会主义建设带头人"。其中突出的是川籍老红军樊永久，他担任左权县骆驼村干部工作出色，1952年进北京怀仁堂受到毛泽东、周恩来的接见。

为恢复"左权"县名，五位老红军进中南海见彭德怀、杨尚昆

1958年，中央有相关政策，拨款支持地方为老红军专门建设住宅。席元华的儿子席栓福告诉笔者："我父亲负责左权县民政局工作，我听他转述毛主席的讲话：'全国的老红军没多少了，让他们提前过上幸福生活'。"基于此，左权县在县城边上盖了一大片房子，成立了红军幸福院，将散落在各村的五十多位老红军和他们的两百多名家属集中居住。席元华兼任红军幸福院院长，赵永怀出任书记，"颜值王"干文光出任副院长。"小杨""虱子换"等等老战友成了一个大院里的邻居。

幸福院刚成立，全国清理"以个人名字命名的县份"，左权县被撤销了。

"左权县"没有了，最最想不通的，大概是这群老红军。据说赵永怀受大伙委托，上太原找省里领导、也是从前的战友们请示：恢复左权县建制。但省里执行的是中央政策，县名的事情省里定不了。于是，席元华找来三位伤残老红军："虱子换"、四川汶川同乡郭春云、河南人曹振声，他坚定地说："你们上北京找彭老总，这事他不管不行！"

上级派人来阻止上访。席元华儿子记得："母亲炒了一个土豆丝，一个鸡蛋，招待客人。我七八岁，在饭桌上，专员拍桌子说：'席元华，你要犯大错误'。父亲也拍了桌子，用四川话说：'老子就不怕犯大错误'。专员拂袖而去。"

先期到达北京的三位老红军见不到彭德怀，打回电话寻找良策。席元华给彭德怀发了一封信。随即，他也上了北京。

席栓福记下的时间是1959年3月19日，彭德怀、杨尚昆在中南海接见了左权县来的老红军上访团四人。笔者查阅人民出版社出版的《彭德怀年谱》，这天没有记载。据席栓福说，现场陪同的有在石家庄工作的老红军、席元华的老战友牛兆林，席元华的老上级王树声等。

席栓福记得父亲说过，彭德怀看到两个老红军衣着很破，眼泪一下子就流出来了。彭德怀说："解放这么多年了，你们还这么苦，对不起你们。"话锋一转，他安慰道："你们比死去的战友强多了。回去搞生产，努力改善生活吧！"

本来气氛很融洽，当谈到与中央政策相左的"恢复县名"主题时，彭德怀反问席元华："左权牺牲固然可惜，但必须要用一个县命名吗？那你说，我死了用什么县命名？"彭德怀表明了自己反对个人崇拜和做劳民伤财的事。席元华据理力争，他说："在石家庄修建烈士陵园用了几百亩地算不算劳民伤财？易名左权县，是晋冀鲁豫边区政府的决定，如果撤销，左权县十万人民不同意。"

彭德怀见老部下们态度坚决，就答应和毛泽东商量。五十多天后，住在北京的上访老红军得到了满意的答复。

单身孤死老红军，三四十个"红二代"拉灵，他们想死后埋在一起

可能最早在1946年，转业到太行乡村的老红军就有人亡故了。虽然年纪不大，但多年征战对身体消耗大，生病后在偏僻乡村缺医少药无救治。集中到"左权县红军幸福院"后的1960年，年纪最长的、从四川广元来的李和秀去世，享年七十岁。李和秀身残耳聋，光棍一人。赵永怀书记亲自操持李和秀的葬礼，让居住在幸福院的所有"红二代"给李老拉灵。李正银的儿子李金林告诉笔者："我十六七岁，小白手绢做的花戴着，三四十个院里的孩子都算孝子，排着长队送李老最后一程。"1962年，秦德功老红军死了，也是光棍。赵永怀还是举全院之力，操办了盛大的葬礼……

大约在这个过程中，赵永怀萌生了让所有老红军安葬一处的想法。李

金林告诉笔者："赵永怀积极要求县里特批一块地，弄个'左权红军陵园'。他想让战友们永远在一起。县里一直都答应，但一直没有办。"

20世纪70年代初，还是小学生的笔者扛上笤帚去"红军幸福院"打扫卫生是主流价值观所倡导的"进步少年"行动。于是，"红军幸福院"在那时经常一天被打扫好几次。

2008年，随着最后一位老红军的辞世，他们全都化成了太行山的泥土。但是，他们传承的以"左权"的名字为代表的红军长征精神、太行抗战精神，都融进了每一座不倒的山脊，守护着左权儿女建设好家园……

2016年夏天，值长征胜利80周年纪念日到来之际，笔者走访了蛤蟆滩村赵永怀墓、西关村干文光墓、张仁发墓、向廷科墓、杨春玉墓，西隘口村纪光明墓，石匣村杨永功墓，七里店村杨传成墓，突堤村陈子曲墓，骆驼村樊永九墓，下庄村向朝明墓、赵永魁墓，麻田村席美中墓……

这群跟着左权将军走过万水千山、历经枪林弹雨的"老红军"会不会比普通太行人更珍爱"左权县"？虽然左权将军的灵柩于1950年迁移到了邯郸晋冀鲁豫烈士陵园，但可能在老红军心中，左权将军倒下的地方，就是左权将军精神永生的地方！于是，左权县成了"老红军"永远的家。他们用离开部队后的余生，为左权将军守灵……

黄乃：
新中国盲文之父

当翘起了牛屁股的时候；

骑上大树，替天行道；

深挖洞，光脊梁……

由于现行盲文一般不标声调，所以一些简单的句子就因为没有声调而变得滑稽可笑，无从理解。其实上面三句话的原意是：当敲起了牛皮鼓的时候；旗上大书：替天行道；深挖洞，广积粮。

现行盲文是黄乃创制的，但也是他在使用过程中碰到了无数的不便，于是他要立志改造。二十年心血没有白流，《汉语双拼盲文方案》应运而生了！

2004年1月30日，阿炳之后中国最伟大的盲人——黄乃去世了。黄乃是革命家黄兴的儿子，是现行盲文的创制者、汉语双拼盲文方案的发明人。因为有了他，新中国几代、几十万盲人的命运被改变了。从这个意义上说，他不仅是盲人文字学家、盲人教育家，更是杰出的人道主义者。

周总理安排赴莫斯科治病，绝望中的黄乃选择了盲文

十七岁眼睛受伤，十九岁留学日本，二十一岁回到抗战中的祖国奔赴延安。20个世纪三四十年代之交，从延安马列学院哲学研究室调入八路军总政治部工作的黄乃开始恋爱了。

1942年他结了婚，然后做上了父亲。他的这个儿子现在六十岁了，定居在美国，是个不错的画家。

1947年，黄乃饱尝了与爱妻的离异之苦。一首《将失偶》定格住了他那年10月的心情："雨急鸣深树，风邪逐暮鸦；望穿书不至，何处可为家?!"这首诗在山西后甘泉村他们的战友间广为传诵。他们的领导王明看到了，还和他一首："云喜幻苍狗，鸠常巢树鸦；丈夫天下志，处处可为家。"

黄乃离异了三次，三个妻子都给了他一个儿子。两年前我到黄乃家采访的时候，我见到的是他的第四任妻子安琳。安琳曾是八一电影制片厂的科技导演，他们1961年春节组成了今天的这个家。

新中国成立前夕，黄乃的好眼也坏了。1949年3月他随统战部进城住到了同仁医院并做了手术。手术后出现幻听、幻觉，患上了精神分裂症。1950年由周总理安排，黄乃赴苏联莫斯科皇宫医院治疗。但治疗无效，黄乃只能重新开始生活。

关于在苏联的这次治疗，黄乃自己有一篇回忆文章。他说：

教授检查了眼底，会诊后，比平时更加亲切、温和，而且还十分委婉地说："你没有必要继续留在苏联了，我们能够做的都已经尽量做了。你应当考虑今后的工作，你需要换一个适合你现在情况的职业。比如说，在苏联有许多眼睛不好的人，然而他们却是出色的音乐家、作曲家，还有法律学家、历史学家、作家等等。我们希望你能找到继续工作下去的办法。"

猛地提到转业，黄乃感到一阵迷惘。"突然，我仿佛觉察到全屋的人都在注视着我的表情。……我努力使自己平静下来，在询问过有关我的病

情后，我深深地向他们道谢，然后和老教授握别……"

这之后，黄乃常常在窗前静静地沉思。经过几天的考虑，黄乃决心留在莫斯科学习，准备忍受一段时间的孤寂，用五到七年的时间上盲童学校学会俄文，然后再上大学。但是组织上没有同意黄乃的请求。可黄乃想上学的消息却传到了盲童学校，他们欢迎黄乃前去参观。

那是离开苏联前一天，一个星期日，学校里没有盲童的活动。有位两次荣获红旗奖章的盲人女教师自告奋勇愿意教黄乃学习俄文。"那位女教师进来了，她穿着朴素，肩上披着又长又宽的大围巾，举止十分自然，好像能看见似的，毫无拘谨地走到我们跟前。校长替我们做了介绍，她根据声音判断出我站的位置，靠拢我，握了手。她说，她刚失明的时候很害怕，什么事都不敢自己做，但不久以后就习惯了，可以自己行走、料理家务。她已经在盲校教了十几年的俄文，每月收入一千六百卢布，有了家庭和两个孩子，生活很幸福。"

盲人女教师用腿部轻轻碰了碰黄乃的膝盖，就和黄乃并肩坐下来。黄乃写道："两个肩并肩坐着的盲人：一个是经验丰富的苏联模范教师，一个是刚刚失明、尚未确定努力方向的中国共产党党员。两个人才相识不久，她就向我倾吐出对中国盲人关心的心声。"

这里的人不知道有没有中文盲字，而且认为用盲字符号来表达汉字是不可能的。黄乃在这一刹那，想起了汉语拼音化和拉丁化的问题，他肯定地对他们说："我将搞出一套适合汉语的盲字体系来。"盲人女教师满足地笑了，叮咛黄乃要为中国盲人的幸福而努力。

第二天在归国途中，黄乃打开俄文盲字字母表，开始学习小学一年级的功课……

创造并颠覆了自己创制的现行盲文，黄乃心中有话说

黄乃1950年年底回国带回了两套盲文书写工具：盲文写字板、盲文笔以及英语盲文字母表，从此新中国盲人事业的领路人诞生了！1953年现行盲字方案问世。1954年用黄乃创制的盲字，启迪中国盲人心智的《盲人月刊》创刊了！黄乃在创刊号上热情洋溢地写了《向愚昧和无知进行坚决的斗争》。文章一开始黄乃就旗帜鲜明地说："中国的盲人有两个可怕的敌人：一个是旧社会对盲人的压迫和歧视，另一个就是愚昧和无知。"第一个敌人被中国共产党领导的革命打掉以后，向第二个敌人开战，就要好好操练盲人自己的武器——盲字。

这个武器刚刚推广不久，黄乃就发现了这套盲字的缺陷。首先是标调问题，上文所说把"旗上大书"读成"骑上大树"就是黄乃在自己的阅读实践上闹出的笑话，所以创制新盲字，首要解决的就是汉字的声调问题。其次，现行盲字没有妥善解决拼音文字和汉字之间的矛盾。

于是黄乃大胆而决然地否定和颠覆了自己创制的现行盲字，到1975年五一节，一套后来被命名为"汉语双拼盲字方案"的基本设计就显出了雏形，其后不断完善，并在一定范围内进行了试验。黄乃后来说："为了求得一个适合中国国情得汉语盲文方案，我经历了长达四十年之久、艰难曲折得探索过程，才最终找到了《汉语双拼盲文方案》。这个方案巧妙地将国际公认、最便利于盲人摸读得盲文形式同汉语的民族特征有机地结合起来，实现了内容与形式尽可能完美的统一。它最大限度、综合平衡地实现了'词形清晰、音义准确、少方少点、好学好用'四条设计标准。"20世纪90年代得到国家有关部委批准开始推广，但推进的力度一直不够，人们用黄乃创制的第一套盲字的优点，来阻碍汉语双拼盲文的普及。黄乃自己可以放弃的，为什么有那么多人不能放弃呢？

为了推进汉语双拼盲文，黄乃在《人民日报》《光明日报》《盲人月刊》等有影响的媒体上陆续发表《请允许盲字改革走"独立自主"的发展道路》《别再让我们后代盲人"猜谜"了》《把我国的拼音盲字推向更高的发展水平》等等旗帜鲜明的文章，彻底颠覆自己1953年创制的现行盲文。

1984年除夕，黄乃为"汉语双拼盲文"受到的阻力而苦恼，万家团圆庆佳节的时刻，黄乃奋笔上书当时的国家领导人胡耀邦，他在信中这样写道："文改会把非以汉语拼音方案为基础的《汉语双拼盲字》视为'异端'，有人竟解释为违法和违背国家方针的，喊叫盲字改革的方向是'汉语拼音化'，其实，他们忘记了盲字改革的目的应为提高其使用价值，提倡其社会效能。这种明盲不分，从主观愿望出发的本本主义、教条主义的思想方法，实在有损于盲人利益。……我也进入了晚年，还有冠心病，如不能在有生之年为我国盲文奠定坚实的基础，有愧于前辈对我的期望，有负于广大盲人群众之重托，死不瞑目！"

黄安也姓黄，但他与黄乃没有血缘关系。年轻的黄安在部队头部受伤，退下来进华中师范大学读书。没想到读大学中途眼睛突然失明，这是1957年，对中国来说这是一个令人恐慌的年代。当时黄乃任教育部特教处处长，就调黄安到北京学习盲文。

因为失去了视力，学校就不想让黄安回去继续学业。"看不见还怎么读书？"这是最有力的理由。但黄乃在政协会议上呼吁，他说，没有眼睛，可以使用盲文，黄安脑子没有问题，为什么不能继续读完大学？

在黄乃的支持下，黄安拿到了大学毕业证，然后分配进京从事盲人教育工作。

从那时到现在，黄安与黄乃的交往已经经历了四十多年。黄安现在越来越感到，黄乃为了盲人的文化事业竭尽了毕生的精力。

黄安说：当初黄乃为什么要创造盲文？他的目的就是要让盲人跟上时代发展的步伐，将来与正常人一样登上文化学术领域的顶峰。50年代他借鉴日语、英语、俄语盲文创造第一套盲文时是这个想法，70年代在极其艰苦的条件下开始研究第二套盲文的时候这个初衷依旧未改。

黄安在黄乃进入"汉语双拼盲文"的研究后成了黄乃的合作者。黄安强烈地感受到，黄乃继续研究盲文并不是为了自己。一些中老年盲人朋友不理解黄乃，觉得现行盲文好好的，有改革的必要吗？

黄安说：黄乃站得高看得远，他否定自己第一套盲文方案而创造"汉语双拼盲文"，目的就不是为了我们这代盲人。他是要为子孙后代准备攀登知识高峰的武器。

在黄乃八十岁生日时黄安曾赋诗一首，充分表达了他对黄乃的崇敬之情。他这样写道："设计辛劳推长者，攻关反复为儿孙，耄年风雨等闲视，一代英才万众尊。"

《盲人月刊》主编朱淑英说，论地位，在盲文界没有谁在黄乃之上了，即使坐吃老本，黄乃也是没有什么不可以的。但他为了捍卫"汉语双拼盲文"的科学性，依旧在不遗余力地拼搏。他是一个有学者风范的工作者，在这个领域，非常难得。他是名副其实的"中国盲文之父"。

汉语双拼盲文推广受阻，成了黄乃的一块心病。第一次打电话给他，他就说了许多。第一次见到他，他将自己的一篇长文《中国盲文往何处去》递给记者。采访中，黄乃最想说的，就是如何推广双拼盲文了。我能感受得到，他很着急。

黄乃坚持认为，汉语双拼盲文是我国盲人最好的文字工具。他说自己独自摸索的时候还不这么自信，当他看到盲人朋友的其他十几种盲字方案后，他就坚定了自己的信心，他说，我感到我的方案已经到顶了，是综合平衡后得到的最佳方案。

有了这样的方案，中国盲人就不会再摸出：当翘起了牛屁股的时候；骑上大树，替天行道；深挖洞，光脊梁……这样的句子了。

一次，记者采访结束准备告辞的时候，黄乃有些腼腆地想继续补充几句，像提醒记者，也像给采访做一个小结。

黄乃说："我继承了父亲百折不挠的精神，始终坚持探索，做个明白人。"

黄乃说："我一生都以父亲'一毫荣辱不须惊'的名言勉励自己。"

眼睛受伤、留学日本、回到延安

黄乃出生在他的父亲黄兴去世后的第二年，1917年1月上海的天气还很冷，黄乃来到了人间。四个月后，襁褓中的他被母亲抱回老家长沙，为尚未完成大业就辞世的父亲出殡。

黄乃眼睛被踢伤是1934年冬天的事，那年他才十七岁。具体日子记不确切了，但黄乃记得，当时还穿着棉袍。那时候他在南京读高中二年级，一节体育课与同学争足球，球打在右眼上，金星乱冒，视网膜脱落了。打伤黄乃的同学名叫万淮长。黄乃说，万淮长是个老夫子，江苏人，数学很好，头上有个包，还口吃。万淮长的体育不好，我和他争球，他不顾三七二十一就来个冲天炮。就是这个老夫子的冲天炮改变了黄乃的命运，但是万淮长却从此消失了，黄乃不知道他此后人生的任何情况。

　　南京、上海的大医院都跑过了，眼睛无法治疗。最后南京中央医院的大夫介绍他到北京协和医院。黄乃在二哥陪护下来到北京，这是他第一次来到这个让他定居了大半生的城市。

　　在协和医院，奥地利的眼科主任亲自为黄乃做了手术，手术是成功的，但对黄乃来说几乎不起什么作用，因为手术后的右眼看东西模糊、变形，两只眼睛看的东西不能叠合在一起，所以黄乃还是只有一只眼睛。

　　1934年秋他又回到课堂，但1935年视网膜再次脱落。于是他又到北京来，再次手术，但已经治不好了。这次他没有再到南京继续学业，而是回到了长沙老家。经过这一番折腾，他不想再待在国内了，在国内还要再读高中。

　　当时他读到了留学日本的中国学生刊物，从中他读到了自由的新鲜的空气，于是他想到日本去。黄乃说，当时日元贬值，到日本读书和到上海读书的花费差不多。这样，黄乃就远走东洋了。

　　在东京，黄乃碰上了南京中学时的一个同学王克西。黄乃说，王克西是对我有重要影响的一个人。在做青年团员时就出墙报《动向》。在日本被宪兵逮捕关押一年，于右任出面保他才出来。黄乃与王克西交往，参加王克西的活动，思想有了转变，奠定了他日后走上革命道路的基础。

　　黄乃在抗战爆发后回到祖国，在上海和南京参加了留日同学救亡会。而王克西可能比黄乃回国还要早一些。1937年冬天，黄乃与王克西在西安再次相遇。当时王在东北大学读书，而向往革命的黄乃想投奔延安。王克西在西安帮助黄乃寻找关系，黄乃就在王克西的叔叔家住了一个月。

在西安三原中学，黄乃碰上了留日时期的另一位同学潘宗周，他替潘代了一段时间的课，在这里，他加入了中国共产党。

西安事变过程中有位西北军的指挥官叫许权中，他指挥一个营的兵力抓捕在西安开会的国民党要员。后来他在山西忻口坚持抗战，因为牺牲太大，被免了军权。他回家探亲路过三原，他和三原中学校长表达了因为与日本人打仗，所以想找一个懂日语的助手。校长就推荐黄乃，黄乃就跟着许权中来到黄河边上的合阳，教官兵一些简单的日语。

不久通过关系，黄乃见到了西安八路军办事处林伯渠的秘书、他的二哥留日时期的同学、早年创造社成员李初梨。与李见面之后，他就拿到了进入延安的介绍信。1938年3月，二十一岁的黄乃到达延安，新的生活开始了。

而王克西在1937年到1938年间参加了山西的决死队，后来回到老家蓝田做上了中学校长。为了照顾家庭就没有再出来革命，再后来黄乃听说他病逝了，年龄还不大。

中国盲文出版社几千种盲文读物都使用黄乃创制的文字

从1917年1月，到2004年1月，黄乃走完了自己的人生路。听到消息，记者打电话给中国盲人协会副主席、中国盲文出版社社长李伟洪，李伟洪有些激动地说："我一下子找不到更好的词来概括黄乃先生一生的贡献。他是盲文文字学家，老一辈革命家，新中国盲人教育奠基人。他创造了现行盲文已经让人感动了，而当他发现使用中有不便的时候，自己颠覆自己的成果，积极推广'汉语双拼盲文方案'，让不带声调的盲文带上声调，更加准确地理解文字的意义。"

李伟洪说，黄乃先生曾说自己一生做了两件事，第一，研究日本问题，20世纪40年代，毛主席就说过，黄乃对日本问题有发言权；第二，研究盲文，一样得到了毛主席的肯定。正是因为有了以北京话为基础的现行盲文，所以才有了中国盲文出版社。一个出版社使用一个人创制的文字，这在中国是绝无仅有的。现在这个当初只有十多个人的出版社，已经发展到一百六十多人，制版技术大大提高，而黄乃创制的两种文字都在使用，每年出版近三百种盲文书籍，建社六十年来，出版几千种盲文教材、读物……

1972年，二十岁的李伟洪失明，痛不欲生。一次，父亲带他到盲文印刷厂参观，他了解到十多个盲人师傅在工作，于是才有了生活的勇气。"是黄乃的文字拯救了我。"多年后，已经做了中国盲文出版社社长的李伟洪这样说。

在整个中国，还有多少像李伟洪一样的人呢？十万盲人按摩大夫大军，全部是阅读盲文教材掌握了技术的；一百三十多所各类盲人学校在使用黄乃先生的文字授课，六十年来，这些学校培养了多少有文化的盲人，已经不那么容易统计得出……

中国盲人，因为黄乃的努力，获得了新生，黄乃应该欣慰。

附：

黄乃的最后岁月

"新中国盲文之父"黄乃2004年1月30日离去了，2月17日他的遗体在八宝山火化，除了他的家人、有关部门的领导外，许多残疾人尤其是盲人朋友不辞辛苦来为黄乃送行。此后的几天，记者电话采访了黄乃的亲人，听他们讲黄乃的最后岁月。

安琳："黄乃……黄乃……天意难违"

通常，对于已经八十七岁的黄乃来说，要保证每天下午有充足的睡眠。但是猴年正月，迎来送往，不断的电话拜年，他的正常而规律的作息被打乱了。正月初五（1月26日）下午，黄乃的老部下、盲文出版社八十二岁的陈少怀提了些水果来看望黄乃，虽然只说了五六分钟的话就匆匆走了，但是黄乃的午觉却没有能够再睡踏实。

下午4点来钟，内蒙古盲人协会主席董秀阁打来电话，告诉黄乃：呼和浩特有一个名叫陈希海的盲人，七十多岁了，早年上过青岛盲校、上海盲校，会六种盲字。经过多年学习比较，陈希海觉得《汉语双拼盲文方案》是最好的、最科学的。陈希海写了一篇文章来谈这个感受，董秀阁就与《盲人月刊》联系，《盲人月刊》已经答应发表这篇文章。这个事虽然不大，但对于致力于《汉语双拼盲文方案》研究与推广的黄乃来说，是值得兴奋的事。

放下董秀阁的电话，黄乃激动地向妻子安琳复述这个令他高兴的消息，一边兴奋地复述一边就觉得头疼，开始出汗。安琳马上为老伴服用了降血压的药，并且叫了120。不到5点，120急救中心的医生赶到，黄乃的心跳、呼吸、血压就都没有了。一边抢救，一边往急救中心送，到了急救中心，心跳恢复了，但是没有自动呼吸，用呼吸机维持了四天，到1月30日，黄乃的胃也开始出血，家人主动关闭了呼吸机。至此，黄乃——这个为盲人教育事业付出毕生心血、创制《汉语新盲字》并用更科学的《汉语双拼盲文方案》推翻之的"新中国盲文之父"——就永远地离开了我们。

2月17日，记者在八宝山菊花厅见到了最后的黄乃，他覆盖着党旗躺在花丛中，四周紧密地摆放着的花圈上，有许多耀眼的名字，但是黄乃看不见，不是今天他才看不见，很多年了，他就生活在没有光的世界里。

他的妻子安琳在黄乃就要被推出菊花厅的时候，一遍遍地呼唤着他的名字："黄乃……黄乃……黄乃……"但是黄乃没有回应。这，安琳是知道的，她在敬献给丈夫花篮的缎带上写着"天意难违"四个字，让记者心里略略一惊。

黄与群："她就是我真正的妈妈！"

安琳在电话里一提黄乃就无法抑制自己的情绪："我觉得他给我的太多了……"安琳哭了，"我现在一点都记不得他有什么不好。我对不起他，他这样风烛残年的人，一点点小事不注意就……我懊悔极了，但是一切都无法挽回……"

安琳二十九岁时丈夫就牺牲了，那年她的女儿才六个月。1961 年，她带着女儿孙连妮跟黄乃结合，比孙连妮小但已经六岁的黄乃与第三任妻子生的孩子也从外婆家回到北京，安琳有了这样一个特殊的家，是一个盲人的妻子，一个六岁男孩的继母。当年的这个男孩现在已经四十八岁了，搞电子工程，叫黄与群。记者打电话与他说起安琳，他说："从感情上讲，她就是我真正的妈妈！"

安琳说："我和我儿子都不是多么坚强的人，黄乃走后，我一直告诉自己一定不能流泪。我儿子看见我流泪就往我身上扑，我哭，他就哭。"安琳说这话的时候，不知道是想哭还是想笑，在似哭似笑间，记者能够感觉得出她在温情中的幸福。

听说杨绛有一本书叫《我们仨》，安琳觉得自己一家虽然没有杨先生家那么有成就有学问，但是自己家的故事也很多很多，她想写，想表达，想把与盲人黄乃以及孩子们在一起的故事变成文章。

黄乃属龙，安琳属马，但是黄乃比安琳大不了两岁。黄乃八十七岁的时候，安琳也八十六岁了。晚年的黄乃与安琳有许多共同的爱好，一个是了解历史，一个是神游世界。他们订阅了《炎黄春秋》，这是一本讲近现代历史的杂志，但是有许多新的观点与思考，能够还原许多历史的细节。他们更加喜欢的一本杂志是《中国国家地理》，"我真是太喜欢了，图片的画面非常美。"安琳说，"黄乃虽然看不见，但是我给他念，给他描述，我们可以到世界各地神游，虽然我们连九寨沟都没有去过，但凭借《中国国家地理》的指引，我们可以展开幻想的翅膀，领略世界美景，甚至设想未来……"

记得有一篇文章谈把胶东半岛与辽东半岛连起来，黄乃和安琳就会有浓厚的兴趣，花很多时间来讨论这个问题。

邓朴方："这是黄先生的福气。"

更多的时候，或者黄乃的主要工作还是关于他的《汉语双拼盲文方案》的推广，他说过："我也进入了晚年，还有点冠心病，如不能在有生之年为我国盲文奠定坚实的基础，有愧于前辈对我的期望，有负于广大盲人群众之重托，死不瞑目！"

黄乃坚信《汉语双拼盲文方案》是最好的，他说："这个方案巧妙地将国际公认、最便利于盲人摸读的盲文形式同汉语的民族特征有机地结合起来，实现了内容与形式尽可能完美的统一。它最大限度、综合平衡地实现了'词形清晰、音义准确、少方少点、好学好用'四条设计标准。"

一直陪伴父亲多年的黄与群说："1995年以后，盲字推广实验形势很好，国家五部委联合发出了推广实验的通知。有的专家与领导还希望尽快结束原来盲字的使用，以使得双拼盲文推广得快一点，他们认为，长期双轨运行，大家就会对原来的盲字有更多的依赖。"

黄乃虽然创制了《汉语双拼盲文方案》，但是如何将这套方案传授，他希望一线的教师能给出一套系统的卓有成效的方法。但是，实验开始后，教学上出现了一些困难：一是方言区有些教师对声调把握不准确，过去习惯不标调的方法一时改不过来；一是一次教的量也过大，学生接受起来有困难。这些意见反馈回来后，有关部委于1999年又发了一个通知，让各地正在实验的《汉语双拼盲文方案》"暂缓实行"。黄乃知道了这件事，埋头把造成教学困难的原因分析出来，2000年写了《中国盲文向何处去》的长文来表达自己的忧思。黄与群说："父亲感到自己来日无多，他只要找到机会，就宣传《汉语双拼盲文方案》的优越性与推广的紧迫性，他特别希望在自己有生之年，看到《汉语双拼盲文方案》的成功推广。"

2003年，黄乃做了很多实验的准备工作，根据学生实际，设计了盲校一年级应该教哪些内容，二年级应该教那些内容。黄与群说："父亲准备好一切，就是等着有关主管部门来启动这件事。"

2004年春节，过了八十七岁生日的黄乃特别的高兴。黄与群说："国家经济形势好，教育部里来看望父亲的同志说国家教育经费充足，父亲乐观地认为，再次推动《汉语双拼盲文方案》实验的时机成熟了。那几天，原来的老骨干频频打电话，一个是拜年，一个是畅想《汉语双拼盲文方案》美好的未来。处在劳累与兴奋中的父亲，就这样走了。"

黄与群告诉记者，1月26日，黄乃到了急救中心，中国残联的领导就不止一次到医院看望，组织了专家组与急救中心的专家一起为黄乃会诊，在残联专家的建议下，调整了治疗方案。

1月29日，邓朴方亲自到急救中心听取专家和家人的汇报。当黄与群告诉邓朴方父亲是为了工作去世时，邓朴方很有感触地说："这是黄先生的福气，能够在工作中这样离去，工作到生命的最后一刻，我不知道有多少人能享受这样的福气！"

第五辑　土地长歌

袁盛戎：百年一净

程砚秋：纪念他，我们需要一种忠诚

程玉英：风靡八十年嗨嗨腔终成绝响

香蛮旦：最后的祁太秧歌大师

谭宗尧：永别一九九八

侯宝林：江湖江山各半生

华资筠：是舞者，是学者，更是大写的人

袁阔成：四大家中，始终说评书

王爱民：花咚咚的哥走了

石存堂：歌王老爹

程砚秋：
纪念他，我们需要一种忠诚

选自《京剧大师程砚秋》

2004年1月1日，是京剧程派创始人程砚秋百年诞辰。12月中下旬以来，纪念程砚秋的活动宣传，淹没在一个又一个哀悼和绯闻里。12月31日是发表纪念程砚秋文章最合适的日子，结果梅艳芳的死讯再次把所有报纸的类似版面占领。想当年程砚秋和梅兰芳有唱对台戏的时候吧？没想到在他百年的关键日子，又一位姓梅的独领了风骚。难道程砚秋就永远地成为过去时了吗？他的光华随着岁月的记忆将远离我们的生活吗？

记者找到了两位程派的代表性人物，问：今天我们怎样纪念程砚秋？他们说："对人生、对艺术、对朋友，我们需要一种忠诚！"

张曼玲：我蒸发，我快乐

张曼玲：程派传人，国家一级演员，1935年生。在20世纪60到90年代，主演了《陈三两》《审头刺汤》《锁阳关》《大明魂》《甘棠夫人》《青霜剑》等。

第一个党培养的程派演员

一过元旦就六十九岁的张曼玲离开舞台已经十年了。应该说苍老一样爬上了她的面孔，但是，作为演员所形成的那活灵活现的神气依旧在她的眉宇间闪烁。她落地有声的表述，让我感到"吃什么饭就是吃什么饭的"。

"想当年我们也红过，一连谢幕七次观众都不忍离去……"张曼玲感慨地说，"从学生时代，我就是我们那代演员里非常出色的一个，给梅兰芳先生跑宫女，梅先生叫我们'小天使'。"说着张曼玲甜甜地笑了，恍然成了个少女。

张曼玲是北京一个街道主任的女儿，因为受大姐张曼君的影响，喜欢上了京剧。早年张曼君和四大须生都合作过，是个有成就的戏曲演员。从北京京剧院退休后定居香港。现在八十多岁。

张曼玲在姐姐的熏陶下，认识到了青衣的魅力。1951年，王瑶卿点名录取她到中国戏曲学校。王瑶卿是四大名旦的老师，世称"通天教主"。戏校毕业后，张曼玲在戏校的实验剧团，由程派嫡传李世济为她排了《陈三两》，一举走红。1962年调入中国京剧院，拜赵荣琛为师，专攻程派。

张曼玲说："我要强调的一点是，我赶上的都是最好的老师。老一辈大师给我们这代演员打下了非常坚实的基础，让我终身受益。现在的青年演员条件都很好，遗憾的是老师们都作古了。"

20世纪60年代，张曼玲在赵荣琛的辅导下，把程派经典都唱了。她还经常到中南海紫光阁给中央领导演唱。周恩来喜欢程派，就鼓励张曼玲要继承好，并带动更多的人学习程派。《陈三两》全剧的时间比较长，京剧团为了给中央首长演出，搞了个压缩版，节约了一个小时。一次，看完演出，周恩来对张曼玲说："你的眉毛要画重一点。"

张曼玲是新中国成立后由党培养的第一个程派演员，她"一出红"。就是一个《陈三两》，成全了张曼玲在京剧界的地位。她是第一个根据自身条件用亮嗓唱程派的演员。因为过去一般的认识是嗓音条件不好才学程派的，而张曼玲的成功说明：亮嗓一样可以唱程派。

两个十年的蒸发

正当张曼玲在戏曲舞台上纵横驰骋的时候，"文化大革命"来了。作为一株黑苗子，张曼玲从前台退到了幕后，在京剧院做了剧务。和她一起成长起来的刘长瑜因主演了《红灯记》而家喻户晓，张曼玲却在默默落泪。程派没有现代戏，所有的古装戏都不让演了，张曼玲一时看不到自己的前途。

不可能唱戏，不可能练功，但张曼玲不甘心，也不放弃。当乌云过后，虚度了十年光阴的张曼玲再次回到舞台，她幸福极了。

"记得在北京工人俱乐部演《甘棠夫人》，我和爱人骑自行车。三块五毛钱买两个猪蹄，幸福得不得了。演出结束，俩人从工人俱乐部，路过珠市口，路过大栅栏，回和平里的家。骑车累了，在路边商铺门前的台阶上坐下来休息，很满足，很快活。"

张曼玲的丈夫史燕生是她的同学，是个武生，担任过剧团的团长。1997年只有六十四岁的他，得了癌症，八个月后就去世了。

1996年已经六十岁的张曼玲离开了舞台，她说："要把台让出来，让年轻演员上。"可是随着丈夫的得病与去世，张曼玲受到了前所未有的打击。她不是消沉，但至少是淡出京剧界，独自抚慰自己受伤的心灵。

张曼玲说："许多老朋友说张曼玲人间蒸发了，十年十年的没有消息。我觉得自己老了，曾经努力过，有个健康的晚年，心态就应该平和，不要抱怨，不要说从前的风光，因为舞台艺术就是这样，总有新人替旧人。"

有一件事说起来叫人伤怀。1985年陈凯歌拍《霸王别姬》，张曼玲负责给张国荣说戏，史燕生负责给张丰毅说戏。此前张国荣对京剧一窍不通，张曼玲手把手一招一式地教。好在张国荣悟性极好，扮相得到了观众的承认。张国荣感念张曼玲，两次邀请她和她全家到香港观看演唱会。在史燕生临终前，张国荣专门到北京看望，并在病床前待了一天，安慰他的师长。

张曼玲说："张国荣非常重感情，他是难得的艺术人才。当然我并不是因为他是巨星我就愿意多交往。我对任何人都是：你敬我一尺，我敬你一丈。张国荣死得很可惜，但他的话还在我耳边：朋友不在多，贵在知己。"

把我揉碎了化成你

"有的人是好演员，有的人是好角儿。"张曼玲说，"许多人辛辛苦苦唱了一辈子戏，演不到角儿。而有的人天生就是角儿。"

当然，角儿更应该努力。有句行话："会了，不等于对了；对了，不等于好了；好了，不等于精了；精了，不等于化了。"张曼玲说："化了，就是发展了。"

不论学什么流派，不论学谁，学死你都成不了梅兰芳。四大名旦都是王瑶卿的学生，但四大名旦各不相同。"我时刻记得前辈教导我的，不是把你揉碎了变成我，而是把我揉碎了变成你！"

张曼玲说："我演出《锁麟囊》，里面就有李世济的东西，也有赵荣琛的东西，还有新艳秋的东西。无论是棒子面还是牛奶，有营养的我都吸收，排除门户之见。"难怪高玉倩说："张曼玲是聪明人。"

现在六十九岁的张曼玲住在北京西三旗，学生们上门求教的很多，但是张曼玲不以报酬作为授课的条件。比起学声乐、学影视剧表演来，京剧老师的价码相当便宜。而对于程派，张曼玲无疑是顶级教师了，但只要你喜欢，她教你都是义务的。

这代演员年轻时候抱着大录音机追着名角到武汉、上海，学艺，偷戏。现在学京剧的孩子，本来说好到家里来，来了备茶备饭，唯恐孩子们学不好。但是，有时候，你等了半天，一个电话打来，说他有事来不了，心里就不是滋味。

这代演员，所有的运动都赶上了。但是所有的国家级大奖设立的时候，他们又过了年龄。所以张曼玲是有遗憾的。

但是，这代谁没有遗憾呢？所以，张曼玲依旧平和地面对生活，她说："今天我们纪念程先生，就是要学习他的敬业精神，无论对人生，对艺术，对朋友，都需要一种忠诚。"

万瑞兴：我创新，我奉献

万瑞兴：1941年生，中国京剧院一级演奏员。是现在健在的程派操琴第一人，京剧作曲家。为张火丁的《白蛇传》《江姐》设计唱腔。为电视剧《青衣》设计唱腔。

"我出生在一个京剧世家，我的祖上三代都是从事京剧演奏的，我的父亲给四大名旦之一的尚小云操琴。所以我有比较好的基础。"

十八岁上了中国戏曲学校以后，李世济的老伴唐再忻组织成立了中国戏校的第一个程派小组，万瑞兴就参加了。其实，在此之前万瑞兴对程派没有多少接触，但唐再忻给大家排《英台抗婚》，万瑞兴就被低回委婉的程派唱腔所吸引，爱上了程派。

万瑞兴说："有人误以为演员没有嗓子就可以改学程派。事实上，演员没有好的气息控制，唱不好程派的韵味。对给程派操琴的演奏员来说，没有极好的左右手控制能力，就伴奏不好。给程派伴奏，难度是很大的。"

记者：是不是所有操琴的都可以给演员做老师？给戏曲设计唱腔？

万瑞兴：不是。十之八九不行。

记者：你能够设计唱腔有什么秘密？

万瑞兴：没有秘密。设计完《江姐》获得成功以后，主演张火丁和我说，为这样的一部戏设计唱

《荒山泪》剧照
选自《京剧大师程砚秋》

腔，必须具备三个条件：第一，传统戏剧的基础要深厚；第二，要经过现代戏的洗礼；第三，要有深厚的程派的基础功力。三缺一都不行，而我正好合适。

《江姐》是阎肃的作品，许多舞台形式都出现过，在中国家喻户晓。我们程派没有演过现代戏，观众怎么才能认可？

后来获得了成功，张元还把它拍成了电影。这是样板戏之后，第一个搬上银幕的现代京剧，其意义不能忽视。

记者：你有电影《江姐》的VCD吗？

万瑞兴：没有。他们出了CD，我也不知道。一次去长安大戏院看戏，无意中看见一张《江姐》，花十五块钱买了。

在万瑞兴家里，万老师为我放了《红梅赞》。因为观众对歌剧太熟悉和喜爱了，所以万老师有意借鉴了歌剧的旋律，程派青衣张火丁唱来，得心应手，又感人至深。

张火丁自己不识谱，万瑞兴就设计好唱腔后再唱在录音带上，张火丁回去一句句学。可贵的是张火丁是天才的角儿，她不仅记得比老师还瓷实，而且能够演绎得更加饱满。

已经六十三岁的万瑞兴是中国京剧院的镇院之宝，但是他说："我一生都不能忘记老师的话：你要记住一棵树，它要生根、发芽、开花，才能结果。没有继承就没有创新，我能够创新，是因为我继承得好。"

程派是一棵树，要结果，就要尊重其整个的生命体系，这是我从万瑞兴话里听出的意思。"你要记住一棵树"，就是记住生命的流程，无论是人的生命，还是艺术生命。

现在的万瑞兴腿很不灵便，张火丁等一群学生上他家里学艺。他和张曼玲一样，不计报酬。连他的太太都献给京剧事业了。当年，"工人阶级领导一切"，万瑞兴在团里没有找演员，而是找了一个工人为妻，觉得这样光荣。现在妻子也退了，主要照顾万老师的生活。记者采访的那天到中午了，万老师的妻子定了几份盒饭。相对于张火丁，万瑞兴是一片绿叶；相对于万瑞兴，他的妻子就更是一片绿叶了……

裘盛戎：
百年一净

裘继戎 供图

1971年10月5日，裘盛戎因肺癌去世于北京肿瘤医院，当时医院还在日坛附近。裘盛戎咽气的时候，长女婿、北京京剧院小生演员刘耀春和裘盛戎的徒弟方荣翔等陪伴在侧。2015年冬日，裘盛戎的长女裘红在北京京剧院附近的家中对笔者说："父亲去世的时候，我在部队。等我回来时，他已经在日坛肿瘤医院的太平间了……"

六十六岁的裘红从小在父亲身边受熏陶，喜欢上了京剧。八九岁就被父亲送进中国戏曲学院，学的是张（君秋）派青衣，后来在北京京剧院工作。裘红说："我爸爸去世前后，我听说总理要来看他，但因为9月13日林彪飞机失事事件，总理很忙，就没有来成。"

当时北京京剧院团址在工人俱乐部，就在那里开了一个小型追悼会，有军代表。革委会主任谭元寿主持，还致了悼词。裘红说："开完追悼会，父亲遗体从医院直接拉到八宝山烧了。烧的时候就几个学生，方荣翔去了，没几个人。非常冷清。"裴红记得给父亲穿的是一身部队穿的样板服……

裴盛戎1915年8月25日出生，但家人记得的是阴历七月十五。裴红说，这天是鬼节。

2015年，纪念裴盛戎一百周年诞辰，裴红从5月份新闻发布会起，到随后的巡回演出，一直跟着。纪念演出是传统折子戏，在北京演了三场，接着到山东、上海、天津各演了两场。最后，北京京剧院排完了京剧《裴盛戎》对外演出。12月12日，纪念活动闭幕式举办。京剧界纪念裴盛戎的活动到此就全部结束了。

百年裴盛戎，无论辉煌还是冷清，无论活在舞台上还是把形象刻成石头，都成了中国京剧史上最有影响力的花脸演员。百年一净，留与后人说……

裴门儿女：九个孩子中两个残疾两个唱戏

裴盛戎祖籍浙江绍兴，裴红只知道最早祖宗是经营药材的，但她从来没有回过老家。裴红的爷爷裴桂仙在北京戏曲界就有名了。她的姑父朱斌仙在荀剧团，是中国京戏"四大名丑"之一，表哥朱锦华是北京京剧院丑角演员，叔父裴世戎在云南京剧团，也是花脸演员。

裴红母亲姓李，姥姥姓谭。姥姥和唱京剧的谭家是未出五服的近亲。姥姥家和唱京戏的杨家也有亲戚关系。裴红说："反正都是戏班里吧，亲戚套亲戚。"

裴盛戎和谭富英在一个团。裴红说："因为我姥姥的关系，所以我父亲得叫谭富英谭先生舅舅，七舅。我父亲随我母亲那边，辈儿'咔嚓'掉下来，就小了。他叫七舅，我们就得叫爷爷。现在，我管谭元寿叫舅舅。就是随我妈妈那边。要随我父亲，就没有这种关系。"

裴红母亲家族都是搞艺术唱梆子的，两个舅舅都是京剧演员。裴红说："我五舅和六舅原来都跟我爸在太平京剧社科班。以后搭班唱戏，都在一块。我六舅在剧团跟着我爸管事，关系非常好。"这样，虽然裘红母亲不唱戏，但家庭熏染，也喜欢上了戏曲，就嫁给一个唱戏的。裘红说："我妈妈是家庭妇女，不识字，贤妻良母，北京人。"

裘红的母亲李玉英1922年9月29日（阴历八月初九）出生，比裘盛戎小八岁，属狗。

裘盛戎和妻子生了九个孩子。长女裘红是第一个，1949年7月19日（阴历六月二十四）出生。这是大暑前四天，正是三伏天。裘盛戎说："这孩子是伏天出生的，就叫伏来吧！"裘红说："我父亲给我们起名，没文化，六月大伏天来的，就叫了伏来。之后，我就改成幸福的福了。"

接下来的妹妹，多数按长女的"福"字排起。

1952年，裘盛戎到兰州演出，为纪念这个事件，次女取名裘福兰。

1953年，裘盛戎到朝鲜演出，也为纪念，这年出生的三女儿取名裘福朝。

1954年，四女儿出生，取名裘福宝。

1956年，裘盛戎去香港演出，五女儿出生，取名裘福港。

1957年，整个大形势是"大鸣大放"，裘盛戎在五个女儿之后，生下个儿子，取名"裘鸣"。

1958年，生了老七，是六女儿，取名裘红。

1960年，生了老八，是七女儿，取名裘青。

1961年，又得一子，叫裘二鸣。

裘二鸣比大姐小了整整一轮。

老七裘红大约四岁的时候，发高烧，得脑膜炎，夭折了。到"文化大革命"，认为"福"是封建的东西，有人指责裘福来："你还'福来'呢，够可以的！"于是，裘福来就"捡了一个死鬼名字"取代自己原来有封建色彩的名字，这就是接受我采访的裘红。既然"福"字不让叫了，妹妹们中，裘福宝改成"裘宝宝"，裘福港改成"裘芸"。

这几个孩子中，有两个残疾人：老三裘福朝和老九裘二鸣。裘红说：

"小时候，家里孩子多，照顾可能不太好。发高烧就把耳朵烧坏了。老三几乎是聋哑人，没结婚，自个儿单住，跟谁都住不到一块，脾气不一样。独自住，她自个儿想干吗干吗。"而裴二鸣也是聋哑人。但在大姐眼里，裴二鸣非常聪明。因为看得多，所以可以放录音演出京剧《盗马》，朱镕基出国访问，还带裴二鸣去表演。

笔者问："父亲对残疾孩子是什么态度呢？"

裴红说："父亲对每个孩子都特别喜欢。因为有残疾孩子，家里就多个保姆。我说过，我妈妈爸爸都死得早，给我留一妈一爸。不能不管啊！"

裴红的母亲六十八岁因肺癌去世。1989年，手术后还要治疗，裴红和妹妹们天天陪母亲去医院。后来因各种原因，治疗就中断了。在家服药，癌症扩散了，人就没了。裴红说："爸爸妈妈都走了，我老大，要把裴家团结好。弟弟妹妹都在南城住，非常近，电话微信经常聊天。有什么事，大家都找我……"

裴红是专业唱戏的，家里还有长子裴鸣也是专业演员。裴红说："裴鸣后来改名裴少戎。父亲在的时候，没改，他学戏以后，就改了名字。"已经成名的京剧名净裴少戎1996年因肺癌去世，那年才三十九岁。裴少戎的同学、国画家侯晓东说："少戎非常刻苦，可惜，刚刚有点名气，人就没了，非常遗憾！"

裴家宅院：正乙祠正对面四合院大门常闭

裴盛戎原来住在棉花西条，是买的房子。在那里，他生下了长女裴红，这是1949年。裴盛戎跟谭富英组成太平京剧社，裴盛戎挑班，已经走红。裴红说："那时候，慢慢地，父亲就特别红。到新中国成立以后，合并剧团，父亲成了北京京剧团四大头牌之一。"

裴盛戎有了更多的钱，就把原来房子卖掉，在和平门外正乙祠正对面买了新宅院。裴红之后的孩子，都是在这里出生的。

笔者问："你家房子门牌多少号？"

裘红说："原先是西河沿215号，现在不知道是多少号。"

笔者问："正乙祠正对面，我假如去找的话，找不错吗？"

裘红说："找不错。西侧现在全部是全聚德的地儿了，头一个门就是我们家。"

原来一进去是二门，前院南房四间。进了二门，北房五间，裘盛戎和妻子住。西房、东房各两间。西房孩子们住，东房是吃饭的地儿，裘红说："跟小餐厅似的。"

家里最多的时候雇佣四个保姆，

裘盛戎剧照　　　　裘继戎 供图

还有一个男性厨师。裘红说："妈妈主要给我爸爸做饭，厨师给我们大伙做饭。家里来的人很多，我爸爸一个人的时候，就在北房用餐。"

笔者问："当年拆城墙修二环的时候，没有影响到你们家院子？"

裘红说："没有。修二环正好拆到这边的烤鸭店。城墙在后边，还有条护城河。我家在胡同里，胡同外才是城墙，离得还好远呢！"

"你上学的时候和街坊孩子们比起来，家里算好条件吗？"笔者问。

裘红说："当然了。有时候小朋友来玩。我父亲对人特别好，和小朋友一起玩，给吃的。"

笔者问："当年买到这四合院，需要多少钱？"

裘红遗憾地说："我不知道。"

几个名角挑班的民营剧团合并成北京京剧团之后，裘盛戎得到了党和政府的高度重视。裘红记得，大约是20世纪60年代初，父亲的工资能挣一千四百元。那会儿，马连良一千七百元，谭富英一千六百元，张君秋一千五百元，赵燕侠一千块，都是高薪。裘红说："我刚毕业拿工资就四十二点五元，很多年后是四十八点五元，后来是五十二元。这可是不少了！那会儿演出费才三五块钱。你说我父亲算不算高收入？"

剧团合并后，裘盛戎排了很多传统戏，比如《赵氏孤儿》《赤壁之战》《官渡之战》等。1961年，裘盛戎联袂马连良出演吴晗编剧的《海瑞罢官》。马连良饰演海瑞，裘盛戎饰演徐阶。吴晗是北京市副市长，史学家。由他执笔的剧本虽有虚构，但主要情节来自史实。《海瑞罢官》1961年1月在北京首演，大获成功。不过，江青对这个戏有不同看法。这为日后《海瑞罢官》成为"文革"爆发的导火索，埋下了伏笔。

新中国热情对待老艺人，捧为艺术家，令他们感动。裘盛戎和同行们积极投身现代戏的创作排练，为共和国喝彩。裘红说："我父亲和李世济老师排了现代戏《南方来信》，还有《雪花飘》。马连良先生和张君秋先生排了现代戏《年年有余》。"

1964年，赵燕侠、谭元寿联合演出《沙家浜》，裘盛戎拍摄电影《铡美案》。裘红回忆说："我记得谭元寿排《沙家浜》的时候，好像马连良和我父亲老哥俩拍《铡美案》。电影是在长春拍的，我父亲长春、北京两边跑。这部电影是马张裘联手，没有谭。那会，老谭先生好像就一直在家养病，不演出了。"

也正在这个时候，宁夏京剧团和北京京剧团同时将移植自话剧的《杜鹃山》搬上京剧舞台。裘盛戎、赵燕侠联袂主演，马连良扮演"郑老万"这一配角。1964年全国第一届京剧现代戏观摩演出中，两台《杜鹃山》引起轰动。不过，紧接着"文革"爆发，《海瑞罢官》横遭批判，戏是不能演了。裘盛戎感觉到了"山雨欲来风满楼"的恐怖气氛。然而，几年之后，北京京剧团把《杜鹃山》改为《杜泉山》，依旧是裘盛戎主演。裘盛戎为此呕心沥血，将主要唱段设计完成。遗憾的是这一版本未能获得"领导"认可，裘盛戎因此丧失登台机会，直到1971年去世。

裘派传承：好弟子真好，坏弟子我们不认

为纪念裘盛戎百年诞辰而编创的京剧《裘盛戎》，就以裘盛戎创作《杜鹃山》前后的心路历程为主要情节。裴红说："第一次彩排我去了，坐在台下，一开始我就掉眼泪，一直哭了一出戏；第二次彩排，我又去了，接着哭。院长说了，你别看了，来了就哭，哭两出戏了。"

孟广禄在戏中饰演裴盛戎，在裴红看来，孟广禄演得非常好，非常像。裴红的丈夫刘耀春是《裴盛戎》副导演。从编剧到导演再到演员，都是对裴盛戎非常有感情的人。裴红说："排戏时，广禄和我们聊过。他说自己压力非常大，因为他没见过裴先生。他说，哪怕让我看一眼，哪怕跟我说两句话呢!"

孟广禄是方荣翔的学生，也是王正屏的学生，算裴盛戎的徒孙。所以，孟广禄叫裴红"大姑"。演出《裴盛戎》结束后，孟光禄就问裴红："姑姑，你看我这个怎么样，哪点不好？你给我提出来!"他还请教刘耀春："姑父，您看我这点怎么样？"甚至包括服装，孟广禄都请刘耀春帮着设计，以更贴近生活原型。

裴盛戎的四大徒弟分别是钳韵宏、方荣翔、夏韵龙、王正屏。裴红说："四个大师哥都跟随我父亲多年，年龄都比我大好多，都去世了。当年他们来家里，看着我长大，对我都特别好。"

四大弟子中，方荣翔在舞台上呈现得更多些。王正屏在上海，号称"江南活李逵"。裴红说："韵宏、韵龙师哥进我家比较早。他们在舞台上演出，我好像没怎么看过。韵宏师哥在青岛京剧团，后来嗓子坏了，就给人辅导排戏。韵龙师哥从萍乡回到北京，在戏校当老师，教裴派的戏。现在好多年轻人都是夏老师的学生。"

不过，还有一个裴盛戎的学生，裴红一提就来气。这个人从中国戏曲学院毕业后进了中国京剧院工作，后来到了上海京剧院，再到战友文工团，现在也退休了。裴红说："我们家不承认他是裴家弟子。"

裴盛戎非常喜欢这个学生。但1966年，这个学生带着中国京剧院红卫兵开着大卡车到裴盛戎家抄家。到了家里，先给师父裴盛戎一个大嘴巴，接着让师母李玉英跪下。恰在这时，得到消息的北京京剧院的红卫兵也赶到了，他们对中国京剧院的红卫兵说："这是我们北京京剧院的事，跟你们中国京剧院没关系!"所以,裴家的东西就没让抄走。

即使这样,这个学生眼睛坏了,裴盛戎还想办法找大夫帮助他治病,给他治好了。因为这个人欺师灭祖,不尊敬长辈,李玉英说:"我死了,不要让他进家门!"裴家孩子们尊重母亲遗言,从此不和这个人来往。

裴苗继戎:艺术家把爷爷唱得再像又如何?

1985年裴盛戎长子裴少戎生了一个儿子,取名裴子千。孩子四岁时,裴少戎离婚。子千十一岁,裴少戎去世。裴少戎在世,没有教孩子学京戏,因为他觉得干这行太苦。少戎去世后,家人让子千进了戏校,学的也是花脸。从中国戏曲学院毕业进北京京剧院工作的过程中,裴子千改名为"裴继戎"。

裴继戎是在爷爷裴盛戎去世十四年后出生的。爷爷对他来说,只是家族遥远的记忆。裴继戎接受采访时说:"爷爷周围人的叙述,我母亲,师大爷们给我讲。我觉得真不可思议。他们说,你爷爷台上怎么怎么样,私底下为人非常好,很低调,很少说话。聊天全是艺术,全是舞台上那点东西。生活上的事,人与人之间的事基本上不聊。在他们嘴里,因为他们太崇拜了,我就觉得爷爷的存在是一种神性的状态。爷爷在我眼里,跟神仙似的,或者说就是神仙!"

裴盛戎孙子裴继戎

裴继戎十四岁迷恋上了舞蹈。2014年7月,突然接到舞蹈家杨丽萍的电话,邀请他出演舞剧《十面埋伏》,从此,他的人生便不一样了。裴继戎说:"爷爷是无法超越的。所谓裴派艺术是后人的定义,爷爷自己没有这个概念。爷爷人不在了,艺术也就不在了。他的那些唱腔,他创造的人物,只有他自己能诠释。爷爷的东西无法复制，也不能更改，你改了，还没他原来的好。能留下的，是爷爷的艺术精神。但是，京戏和现在年轻人无法产生强烈共鸣。这是命中注定的……"

从裘盛戎的父亲裘桂仙，到裘盛戎的孙子裘继戎，一门四代净。社会上有一种说法，叫"十净九裘"，意思是，但凡唱花脸的，多数崇尚裘派。但在裘红眼里，最接近父亲形象的，还是侄子裘继戎。她说："这没办法，可能是基因的关系。继戎像他爸爸，也像他爷爷。他扮起戏来，扮窦尔敦，多漂亮啊！像，像爷爷！"

那为什么没有让裘继戎出演《裘盛戎》呢？裘红说："开始院长找继戎了，继戎说，我没见过爷爷，真演不了爷爷。在选演员的时候，就选中了孟广禄。在一出新戏里，表演非常多，让继戎唱下来，也会有困难。"

裘继戎一边忙他的舞蹈，一边参加京剧演出。清明节，他会和姑姑们到爷爷墓前祭拜。裘红说："父亲原来在八宝山革命公墓。正堂是元帅，我父亲在西屋。2005年，纪念裘盛戎90周年诞辰的时候，家里在西边买了块墓地。那块地挺好的，弄得比较大，还弄了个像，一边是姚期，一边是包公，在石头上雕的。"

姚期和包公，是裘盛戎创造的艺术经典，被刻成了石头。这是过去一百年裘家给中国艺术的杰出贡献。而今，艺术审美的环境已经有了不同，裘继戎是在"杨（丽萍）派舞蹈"中融进了裘派表演，还是在裘派京剧里融进了杨派艺术？答案也许很多年之后才能得到……

程玉英：
风靡八十年嗨嗨腔终成绝响

"为抚养小孤儿（我）任劳任怨，勤纺织苦节俭安度艰难。送我儿到南学去把书念，但愿他肯发奋莫可贪玩。"这是传统晋剧《教子》的唱词，计算一下是四十个字，表达的意思非常清晰：单身母亲独自抚养儿子，日子过得相当艰苦，她自己辛劳赚取学费供子读书是渴望孩子日后成才。

但是，这四句唱词到了著名晋剧表演艺术大师程玉英口中，则成了："为抚养（嗨/嗨嗨嗨嗨/嗨哎/嗨嗨嗨嗨嗨）小孤儿任劳任怨，勤纺织苦节俭安度艰难（哎嗨嗨嗨嗨嗨嗨）。送我儿（哎嗨嗨嗨嗨嗨/嗨哎嗨嗨嗨/嗨嗨嗨嗨嗨嗨嗨）到南学去把书念，但愿他（哎嗨嗨嗨/哎嗨嗨嗨/哎嗨嗨嗨嗨嗨/嗨嗨嗨嗨嗨嗨/嗨）肯发奋莫可贪玩。"

完整唱出来成了一百个字。这多出来的"哎"和"嗨嗨"，时或悠长，时或激越，时或委婉，时或尖利，为表达不同情感服务——这在中国传统戏曲中叫"衬词"。在这段唱词中加入的衬词共计六十个字。

作为虚词，"嗨嗨"没有实在的意思，但在塑造人物方面意义非凡。比如，第一句"为抚养"之后的十二个字，唱来悠绵凄楚，呈现抒情主人公"忧伤""哀怨"情绪下的人生景况。到第二句"安度艰难"之后的七个字，唱来更多些无奈，进一步强化了"孤苦无助"的情绪。紧接着第三句"送我儿"之后一口气二十个衬词，则将情绪由"哀婉"转化为"疼爱"的表达，唱时多了深情与真爱的呼唤。到结尾一句"但愿他"之后，更是用了五小节二十一个衬词，表达更加肯定的激情，抒发出母亲对儿子殷切的希望，仿佛把对未来所有的憧憬都揉了进去！

这就是在传统戏曲里自成一派的"嗨嗨腔"的魅力！山西晋中老辈人讲，当年程玉英红的时候，她到哪里演出，成群结队的年轻人就涌向哪里。大家没钱看戏，就在场外大喊："程玉英，程玉英！"喊声震天动地，以致剧场里没法演出。年轻人们强烈要求："请程玉英出来让俺们看看！"花一样怒放着的程玉英不得不出来接见追星族、粉丝群，这些男青年们看到他们心仪的程玉英，一阵狂呼疯叫后，心满意足地散去……

程玉英被誉为"嗨嗨腔鼻祖"。1935年只有十五岁的她就创立了自己的"晋剧程派"艺术，一直让"嗨嗨腔"在以晋中为核心的大地上传播了八十年！

2015年5月19日，九十五岁的程玉英在晋中病逝，"嗨嗨腔"从此成为绝响……

"师傅不高兴一脚踹到地下"也要学戏，十二岁救场唱红北平

程玉英1920年11月18日出生在山西平遥城内。父亲程福荣抽大烟败光了家产，在程玉英出生的时候沦落到了卖儿卖女的境地。"平遥城六道门，鼓楼就在城当中。"但是，对于年幼无助的程玉英来说，六道门，她走哪道都走不出希望啊！

好在抽大烟的父亲还迷恋中路梆子——晋剧。虽然"程门出戏子"遭到族人的强烈反对，但是孤立无援日日受饥寒的程福荣还是叫女儿跟上晋中著名的"锦梨园"戏班"说书红"师父学戏去了。

"说书红"是晋剧表演艺术家、戏曲教育家高文翰的艺名。他1881年

饰演《算粮》中王宝钏　程平 供图

出生在山西榆次，在20世纪上半叶，红遍山西、河北、内蒙古，影响到北京剧坛。他的弟子李子健的儿子李世芳，日后冠"京剧四小名旦"之首。

穷苦人家女儿投身戏班，死活只有唱红一条路。程玉英进戏班子只有十岁，但是有谁疼她？1996年12月1日晴好的上午，在晋中晋剧团家属院自家屋里，程玉英给我讲述了她的遭际，说到动情处泪水纵横。和程玉英一样，陆续进到戏班随"说书红"学戏的女孩子有九个，她们成名后被誉为"高门九英"。舞台上的辉煌掩盖住了舞台下的辛酸。程玉英说："高兴时还在炕上睡，不高兴，师父一脚把你踹地下了！"

好在程玉英是块儿唱戏的好料子，"说书红"颇为看重，且严格要求。1932年冬天，"说书红"带着十二岁的程玉英来到北平观摩演出，这对于那个时代学艺术的孩子是多大的恩宠啊！资料说，此行是应"京剧四小名旦"李世芳的邀请。可是，此时入了北平科班学戏的李世芳年仅十一岁，还未得"京剧四小名旦"殊荣。他是不是有能力邀请晋剧名家赴京？我表示怀疑。有可能邀请"说书红"的是李世芳的父亲、"说书红"的徒弟李子健，只是他的名气不及儿子大，于是，这段历史就被史家张冠李戴了。

"说书红"带着十二岁的艺术生程玉英在北平观摩了梅兰芳、程砚秋、尚小云等艺术大师的演出。马连良邀请"说书红"观看自己的《四进士》，"说书红"邀请马连良观看自己的《双罗衫》。随师父近距离与艺术大师们切磋，程玉英更加热爱自己从事的晋剧须生表演艺术。

在北平的大街上，"说书红"碰到出师多年的徒弟黄玉喜。此时，黄玉喜率领宣化科班在北平演出晋剧遇冷，"说书红"便带着程玉英前往助力，果然上座率回暖。一天，已经预告出《二进宫》，及戏开演前，两位旦角演员突然提价，不加钱不化妆。黄玉喜很着急，"说书红"很气愤。情急之下，"说书红"说："救场如救火，青衣，让玉英子上！"戏文倒也不陌生，但是专攻须生的程玉英从来没有在台上唱过青衣，这临时救场唱行吗？

果然，没有辜负"说书红"的信赖，十二岁的程玉英一转行就唱出了彩！从此，胡子生程玉英改学青衣。

做了日本翻译官的二房，远走北平无法忍受"戏子"辛酸

1937年，已经创立了"嗨嗨腔"的程玉英才十七岁，正是大好花季。北平发来的邀约不断，她和师傅"说书红"及高门众姐妹到北平演出。不料，日本人打来了，他们撤回张家口。张家口很快沦陷，他们逃回山西。到冬天，太原战事频仍，无戏可演，"说书红"养活不了一群弟子，戏班子只好临时解散度艰难。程玉英为躲避战争，逃回平遥。

"中华大戏院"是位于太原商业中心——柳巷的著名园子，"说书红"恢复戏班后在这里演出。因为日本人占领了太原城，所以，在这种环境下唱戏，中国人的景况已经与过去完全不同。程玉英被师父召回，她与师父共同主演了《武家坡》，"说书红"扮演薛平贵，程玉英扮演王宝钏，再次轰动了并州。

人有名了，来自日本鬼子的骚扰也多了。"皇军"不仅一次次来邀请她去唱戏，而且还动了娶她为妻的念头。只有十七岁的中国晋剧演员程玉英，去不去给日本人唱戏，能不能嫁于日本军官？

在这个过程中，一个名叫赵雪岩的翻译官成了程玉英的救命稻草。赵雪岩出生在山东，童年随家人逃难到了东北却无法生存，父亲把他送人。在东北赵家，他被视为掌上明珠，一直读书到满洲第二工矿学校毕业。毕业时赶上1937年，侵华日军入山海关，赵雪岩做了随军翻译来到太原。

虽然给日本人做事，但赵雪岩心地纯善，喜欢戏曲，更爱看程玉英的

戏。在程玉英遭遇日军逼迫时帮助周旋。在这个过程中，二人建立起了感情。为了不让日本人得手，程玉英宣布做了赵雪岩的妻子。这是一个中国演员在日军占领下的无奈选择。不久，她生了个儿子。

因为娶了别人垂涎已久的名演员，赵雪岩遭到一起为日本人做事的中国同事的嫉妒。这些人使坏，赵雪岩无法安生。好在东北父母、他的第一任妻子和孩子们都已经定居北平，赵雪岩便带着程玉英逃离山西，回到北平家中。

程玉英记得，这是一座传统的四合院，她带着儿子到来，给平静的院落里增加了一种难以言说的气氛。面对公公、婆婆，面对赵雪岩的第一任妻子，程玉英和儿子与大家一个锅里吃饭，她深知自己的身份不为主流社会接纳，心里始终忐忑着。面子上还过得去，但是心中总有不安全感和不和谐感。

有回，邻居办喜事，赵雪岩的第一任妻子兴高采烈地去帮忙干活。有好心人拉上程玉英一起去，刚进门，那主人就大骂起来："谁叫你'臭戏子'来的？你走哪哪扫兴！"

程玉英实在无法忍受北平四合院里"零余人"的生活，她决定带着儿子回山西。这时候，她是否想起过《教子》中人物的命运？她一个人怎样把孩子抚养成人？

但是，赵雪岩希望孩子留在北平，同时也希望程玉英再回到他身边。程玉英去意已定，即使把儿子留在一个冷漠的环境里……

到北京演出亲自带着儿子在剧场门厅发节目单，她的心愿谁懂？

一回到平遥，程玉英丝毫不比今日航天女英雄刘洋回到平遥受到的关注少。平遥晋剧团力邀程玉英出任团长。她排了《莲花庵》《对银杯》《桑园会》等十几个戏，就在平遥演上了。太原的同行闻讯赶来，邀请她到太原加盟演出，可是平遥老百姓不干："平遥晋剧团没有程玉英，我们把戏箱子扔到台下！"

308

1953年，程玉英和她的平遥晋剧团被调到晋中行署，改名为晋中行署晋剧团，程玉英还是团长。在很多年里，程玉英是晋剧青衣的一面旗帜，无论在官方还是在民间，她都是最有感召力的存在。

经历了所有中国人必须经历的动荡，1980年6月2日，已经六十岁的程玉英终于有机会再次登临北京的舞台，她主演了《算粮》。她演出的消息通过报纸散发到了社会上，门票销售非常乐观。程玉英主动提出和儿子一起在剧院门厅义务向观众散发节目单。1996年12月的那个上午，程玉英告诉我："我连续几天，都和儿子在剧院门口等待观众入场。可是，很少有人知道我们想等谁。"

她在等赵雪岩的出现。

赵雪岩在新中国成立后因"汉奸嫌疑"被捕获刑，儿子回到山西母亲身边。但是这个男人哪里去了？程玉英很多年没有消息。她相信赵雪岩活着，她相信赵雪岩看到海报会来看她的戏，但是，等了几天，这个给了她一辈子最多幸福和最多烦恼的人，始终没有出现。

程玉英上北京演《算粮》，心里是想来和赵雪岩算算人生这笔账的，但是她失望了。

程玉英的《算粮》和她弟子们的《下河东》轰动了北京，惊动了中南海。6月22日、23日，他们的戏被邀请进怀仁堂演出。有欣赏晋剧传统的山西籍华国锋、陈永贵和没有晋剧欣赏习惯的李先念等国家领导人亲临现场观赏。这大约是程玉英从艺一辈子，登临过的最高级别

《教子》剧照　　　　　　　　　　　程平　供图

的舞台了。华国锋亲切接见了她，原来，华国锋早就是程玉英的戏迷。

即使有这样的荣耀，程玉英一生的遗憾与谁说？所以，1996年她和我谈人生的时候，没说辉煌，只说孑然一人过一生的辛酸。尤其说到北京戏院门口的守望，泪如雨下……

从北京回到山西后的1983年，六十三岁的程玉英接起了晋中艺术学院校长的重任，为培养下一代晋剧人才而奔走。可能今天晋剧人才和所有戏曲人才一样，面临市场大幅萎缩的窘境，晋中艺术学校不得不开设更多与晋剧关系不大的专业。但是，依旧有人为重现程玉英所创造过的辉煌而努力。为此，晋中艺术学校成立了"程玉英研究中心"来弘扬"程派嗨嗨腔艺术"。

……

程玉英去了，作为国家级非物质文化遗产的晋剧还要唱，程玉英创立的"嗨嗨腔"也还要唱："大胆小奴才把娘瞒哄，为娘把好言教于儿听。你今天逃了学懒把功用，全不念咱过的什么光景。若不把儿来教训，唯恐怕长大后一事无成。在机房把几代勤学古人对儿论，小奴才一一仔细听……"

这七十六个字的唱词也是《教子》中的名段，程玉英演唱时又加入了五十八个"嗨嗨"衬词。你知道她是怎样加入来烘托人物感情的吗？当你知道了她的故事，会不会和我一样畅想：这精彩绝伦的"嗨嗨腔"，难道不是程玉英近一个世纪漫长人生的无奈叹息？

香蛮旦：
最后一个秧歌大师去了

任俊文 摄

岁末，荒郊，新坟，旧友，秧歌声声……

"香蛮旦"，一个蜚声晋中平原的祁太秧歌艺人，以八十岁高龄，刚刚安息于太谷乡下团场村外。

2008年12月13日，以研究祁太秧歌著名的太原师范学院音乐系阎定文教授、任俊文讲师，正在晋中学院开设"祁太秧歌课程"的晋中音乐家协会主席、晋中学院音乐学院常士继教授，以及晋中学院音乐学院年轻教师常晓菲、学子弓宇杰、李国英等一群祁太秧歌研究者、爱好者，一字儿排在"香蛮旦"的坟前，向这位痴心祁太秧歌表演与传承并做出巨大贡献的一代宗师，以檀香，以纸钱，以烈酒，以秧歌，表达了来自内心深处的崇敬。

一曲诙谐而经典的《偷南瓜》，一曲悲凉而缠绵的《梁祝·十八相送》，一曲凄婉而伤感的《上包头》，这些秧歌艺术的爱好者，和"香蛮旦"的家人，在坟头，放嗓高歌。深冬的风呼啸而过，把"香蛮旦"唱了一生的歌，带到天堂……

"这小鬼嗓子铜铃铃的，将来打了戏吧！"

"香蛮旦"生于1929年9月28日，本名王效端。在他童年时代，正是晋中商人鼎力支持祁太秧歌的一个辉煌时期，出现了一大批优秀的艺人和剧作。当然，由于秧歌的娱乐功能，"脱裤子"秧歌在这一时期也非常盛行。那时候在晋中广大农村，每年冬天都延请老师父教唱秧歌。童年的王效端就暗暗记住了一些曲子，如《打冻漓》《做小衫》。

《打冻漓》唱道：

> 小奴家今年十四岁，爹娘早早去世，奴的哥哥没主意，七八岁上把奴家就问在候城。

《做小衫》唱道：

> 家住在太谷东范村，居住在花儿巷有家门，俺的爹，走北京，家留下爷爷刨墙根，拆过厅，卖大洋三百元正。

30年代了，这些词儿已经不那么时髦了。嗓子好，又热衷于演唱的王效端，上了小学，唱着这些古老年代里的流行歌曲，清脆悦耳。一次，少年的他唱着《打冻漓》，被村长听到了，人家就指责他："这学校难道成了戏园子了？不好好念书，不知道唱的是些啥！"

反对唱的人有，但是也有人肯定。村里有人听了他的唱，议论道："这小鬼嗓子铜铃铃的，将来打了戏吧！"

一个八岁的孩子无法自己决定自己的将来。唱戏还是不唱戏，要往后看。

王效端的父亲跑到东北谋生，给家里挣钱，其实是个小店员，并没有挣到大钱。但是赶上1937年七七事变，东北的父亲也没有了消息，于是王效端不得已辍学，靠给别人扛长工挣粗粮来养活母亲。

他们母子俩艰难的生活被舅母看在眼里，记挂在心上。不久，在北六门村的舅母就把王效端接了过去，在那里，王效端和表兄们一起劳动，舅母能给比别人家多的粮食。

北六门村有个著名的秧歌艺人玉成旦，艺名"大要命"，20个世纪初在

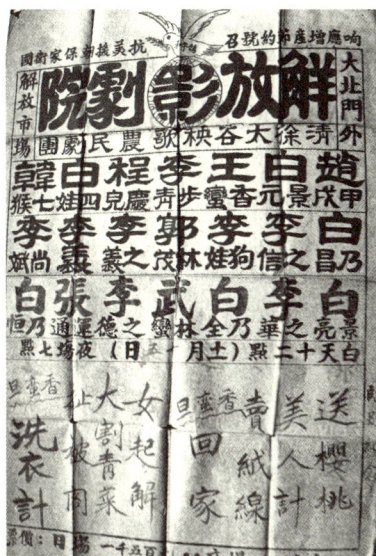
香蛮旦早期演出的海报

太谷周边很有名。不过王效端来到这里的时候，"大要命"已经去世了。但是，和"大要命"同台演出过的前辈艺人都还在，这约略是1944年，王效端十六岁。这年夏天，他刚来到北六门村，遇到下雨的时候，没有办法下地干活，老的，年轻的，都是秧歌爱好者，就在他舅母家敞棚底下把马锣一挂，唱起了秧歌。

这样的次数多了，本来会唱一些段子的王效端心里痒痒，忍不住也加入了演唱秧歌的队伍，唱起了早先学会的《打冻漓》和《做小衫》。

北六门村的艺人一听这孩子的嗓子亮，是个好苗子，但凡聚会就让他唱，他的胆子也逐渐地大了起来。到冬天正式学艺的时候，王效端就在这里开始了自己真正的从艺历程。

在团场家中的母亲听说儿子学唱秧歌，非常着急，亲自跑了来，要阻止他。因为那时候在一般人的观念里，唱戏和唱秧歌都是最下流的营生，正经人家的孩子是不学的。母亲怒气冲冲地说："我们王家是不能出这样的戏子的！"但是王效端太热爱秧歌了，他管不了那么多。舅母和表兄也认为只要他自己愿意，什么事情都要有人干的，支持了效端。母亲没有办

法，只好让他学起了秧歌表演。于是，王效端成了"香蛮旦"。

"腿板里夹着笤帚来回圪扭"

"香蛮旦"开排演艺人生的第一个戏了！这在行话里叫"开蒙戏"。其实，这个"开蒙戏"他早会唱了，就是早年学下的《做小衫》。虽然台词不是问题，但心里还是紧张。里三层外三层的观众围着，几百双眼睛盯着一个十六岁的上了女装的男孩，他，或者说她，第一次，一定是怕的，一定是羞的。那一刻，他，或者说她，鼻尖上冒出了汗。

"不要怕，你记住：'唱甚指甚，装甚像甚'。"老师父在悄悄地叮咛，"你唱天就指天，唱地就指地。尽管发挥你的才能，身段要自然，不要僵化。"

"香蛮旦"终于在六十四年前的那个冬天，成了"香蛮旦"。

1945年阴历二月初五，晓义村的庙会来请北六门村的秧歌。"香蛮旦"在晓义村有亲戚，不想到亲戚门上露脸，毕竟唱戏还是丢人的事情。但是班主刘铁蛮说："叫你去你就去，感受一下现场气氛，不用你上台的。"

没想到，一到了晓义，班主的主意就变了，"开炮戏"就要"香蛮旦"担纲出演。一个俊俏的女人给他描画好了脸，走到台口了，腿还在打战。他真是硬着头皮出了台。没想到台下反响热烈，观众要他再来一个。班主刘铁蛮兴奋地问："你还会啥？""香蛮旦"说："《割莜麦》"。

加演《割莜麦》：

家住太谷丰山坡上，小奴家的名儿叫翠兰花。

唱一句，下面一阵叫好声。一个《割莜麦》，唱了个满堂红。

那时候的秧歌剧团都是农村业余剧团。农忙时忙田地里的事情，农闲时聚起来唱一唱。但"香蛮旦"不一样，他只要有空就学，就练。他吃饭

314

都惦记着秧歌的事情，端着饭碗也往秧歌房跑。中午，别人都午休了，他一个人，依旧在敞棚里扭捏，揣摩剧中人物的表情与动作。

"唱秧歌主要是唱腔和足底下的功夫。"这是老前辈艺人的话，意思是，唱好了，走好了，秧歌就可以表演下去了。

嗓子怎么练？早晨，趴在井台上，对着深井喊。

足下功夫怎么练？晚上，在场房内，腿板里夹着笤帚来回圪扭。

脸上的表情怎么练？拿面镜子，对着，哭，对着，笑……

多年后"香蛮旦"回忆说："那时候就和疯子一样，好像带了邪气一样。想起来，很觉得可笑……"

看了"香蛮旦"，三天不吃饭

晋中、吕梁、太原一带，十多个县城及周边农村，都留下了"香蛮旦"的秧歌。《探监》《洗衣计》《回家》《女起解》《小赶会》《大割青菜》《借妻》《割莜麦》等，都是"香蛮旦"的拿手好戏。

《洗衣计》唱道：

> 正和那臭鬼把气生，耳听得谯楼上起了头更。奴的名叫白秀英，家住在山西洪洞。那一年洪洞县遭上荒旱，跟上那坏臭鬼逃了难。逃在河南彰德府，草村铺上把身安。哥儿兄弟不能见面，二老爹娘不能团圆。亲戚朋友不能来往，姐儿妹子不能相见……想起家园之事就两泪不干……

有自己身世的凄苦，有父亲在关外的流离，有日本人的占领和国民党军队的侵扰，"香蛮旦"在20世纪40年代末演唱这样的秧歌剧，心里的苦与现实的苦，剧中的苦与人生的苦，都能糅合一处来表达，于是格外地动了。

不知道谁说："看了'香蛮旦'，三天不吃饭"。晋中农民普遍传开的

"香蛮旦"王效端　　　　　　　　　　　　　　　　　　任俊文 摄

这句话，和古人"三日不知肉味"是一个道理，"香蛮旦"成了众多知名祁太秧歌艺人中的一个。

正是因为在民间积攒的好的名声，1959 年，他被邀请到山西省歌舞团，准备随团演出。多年后，曾经向"香蛮旦"学习了祁太秧歌艺术的著名歌唱家刘改鱼说，"香蛮旦"保持了浓郁的民间色彩，和专业的音乐工作者在一起，不习惯。合作遇到了障碍，最终"香蛮旦"没有跟随山西省歌舞团演出，但是他教了年轻的民歌手不少祁太秧歌。

一个活泼泼的民间艺人，在专业的乐队面前遭遇了尴尬。这在 20 世纪就出现的问题，到了 21 世纪的今天尤其严重了。这不是民间的错，这是音乐教育体系的错！

1963 年，山西大学音乐系选择民间艺人到学校教唱地方戏曲的时候，祁太秧歌艺人中，他们选择了"香蛮旦"。山西大学音乐系师生，根据"香蛮旦"演唱，记录了九十多首秧歌曲调。1978 年 4 月，山西大学艺术系油印出版的《祁太秧歌音乐资料汇集》中，主要收录的都是"香蛮旦"演唱的祁太秧歌。这本书的编订者阎定文先生到 2008 年的时候已经七十岁了，

316

他出生于祁太秧歌之乡，研究了一辈子祁太秧歌，他的副教授、教授职称都是靠的祁太秧歌，他告诉记者，"是祁太秧歌成就了我！"

晋中音乐家协会主席、晋中学院音乐学院常士继教授，太原师范学院音乐系任俊文讲师，怀着对民间的热爱，对土地的崇敬，2008年5月18日，自费奔赴太谷团场村，找到八十岁的"香蛮旦"，为他录制了六十首传统的祁太秧歌唱段。

2008年9月21日，常士继、任俊文，拉上阎定文，再次来到太谷团场采访拍摄录制。

2008年10月7日，他们第三次来到团场"香蛮旦"家不大的院子里。

2008年10月24日，他们第四次来到这里，继续为"香蛮旦"录制资料。

这期间，任俊文自费将两张DVD一套的《著名太谷秧歌艺术家王效端采访录》，无偿提供给民间艺术的爱好者，他说这一套光盘的硬成本是十二块钱，他送出去了近两百套。

正当他们计划继续采访"香蛮旦"的时候，传来了"香蛮旦"已于2008年11月23日、农历十月廿六日去世的消息。

"看了'香蛮旦'，三天不吃饭"。如今看不见"香蛮旦"了，这些研究者们，很长时间不想吃饭。毕竟，"香蛮旦"是最后一个祁太秧歌艺术大师，他之后，解放前成名的祁太秧歌艺人就都走了。他们经历过的辉煌和屈辱，再无人知晓……

还让人无限感慨的是，"香蛮旦"去后的寥落。没有报纸报道，没有人奔走传说。尤其是"非物质文化遗产"呼声日高的今天，难道祁太秧歌就这样沉寂下去了吗？

"看了'香蛮旦'，三天不吃饭"的时代，还会回来吗？

未来，还会不会再有"香蛮旦"？

谭宗尧：
永别一九九八

第一幕　谭子迷戏

时间：50年代

少年谭宗尧跑到史家胡同的时候已经有点气喘吁吁，他渴望着能见一见饰演《茶馆》《龙须沟》《骆驼祥子》里的人物居家生活的情景，他渴望能与他们说上一句话，或者，他们匆匆忙忙走过的时候掉了一件小东西，他能一个箭步上去捡起来送到他们的手里，然后他们摸摸他的头，夸他是个好孩子，那该是多少幸福的一刻呀！

为了能看戏，能看人艺演的戏，少年谭宗尧将母亲给的上学坐车的钱都省下来，每天提前从家里出发，徒步上学，甚至早点他都取消了，把钱偷偷攒起来，要买戏票，要看戏。

人艺的戏让少年谭宗尧如此着迷。戏的魅力是人生的魅力，令谭宗尧魂牵梦绕，他执着地神往那种奇妙无穷的境界。坐在首都剧场，听那悦耳而舒缓的钟声响起，谭宗尧会忘却饥饿，把现实的一切置诸脑后，全身心地投入剧情、演员为他摹写的人生，感受艺术扑面而来送入他怀抱的温暖与幸福。

史家胡同在北京是条普通的胡同，但在少年谭宗尧的眼里，那是一个神圣的地方，北京人艺的艺术家们居住在这里，朦胧中，谭宗尧觉得这儿才是自己心灵的家，是自己希望的起点与人生的归宿。

《茶馆》最后一幕纸钱纷纷落尽，大幕拉上又拉开，王利发出来谢幕了，掌声雷动。坐在观众席上的谭宗尧眼睛湿润着，他不止一次这样湿润着眼睛，默默地想：什么时候我也能站在大师的舞台上，演绎人生，享受这份光荣？

这一天，为了能挣到买戏票的钱，谭宗尧在天安门广场种了一天的树。对于一个十几岁的孩子挖大坑的确是有些累人的，但谭宗尧坚持了下来，尽管手上打起了血泡，但他无怨无悔，他买了戏票，还想看看大师的风采，于是他静静地站在史家胡同，默默忍受着辘辘饥肠，幸福地等待着……

天暗下来了，王府井时高时低的叫卖声此起彼伏，各种令人嘴馋的小吃的名字在暮色中飘荡，谭宗尧咽了一下口水，迈着坚定的步伐向首都剧场走去。

蓝天野：谭宗尧1972年考人艺的时候，我就参加了对他的考评工作。那时正是"文革"时期，剧院没有什么戏可演，也没有什么表演可以学。谭宗尧进来的时候，周围不是搞艺术的环境。当时人艺情况比较复杂，在是与非上很难给人一个明确的判断。而谭宗尧出于对艺术前辈的尊重，敢于站出来据理力争，我在当时就感觉到，谭宗尧做人，有一颗善良的心。

李婉芬：谭子心里装有老同志，能想到老同志的困难，并尽可能帮助解决，挺不容易的。谭子担任院长，能让剧院老的、中的、小的都觉得这头儿不错，难得。我快七十岁的人了，又有心脏病，住在四民支，生活有许多不方便。前一阵听说谭子想帮我解决，我挺感动的。

第二幕　谭哥登场

时间：近二十年来

进入人艺，对已经二十八岁的谭宗尧来说，他更懂得珍惜。进入人艺之前，他有过太多坎坷折腾的经历。1962年到1966年，风华正茂的谭宗尧在解放军艺术学院戏剧系度过了愉快的求学生涯。当他毕业正要在戏剧舞台上展示的时候，"文化大革命"开始了，理想与梦幻被现实吹个粉碎，他到新疆基层连队做了一名最普通的士兵。三年后回到北京，在一家工厂当了工人。又两年过去了，这中间谭宗尧的女儿谭波出生了，二十八岁的谭宗尧进入了人艺，进入了这座令他朝思暮想的艺术殿堂。

蓝天野：谭宗尧到人艺来的时候，人艺的演员阵容还可以吧，他踏踏实实认认真真地学习。我们到矿山演戏，只要有一点点机会给他，他都很努力地完成。"文革"以后，每一次演戏，不管角色如何，每演一次他都有一个长时，冒出一点光来。

林连昆：谭宗尧从来不挑角色，让演什么就演什么，经磕经碰，给戏就演。《红白喜事》里他没有什么很生的戏，但他创造性地完成了任务。《鸟人》里他只演一个学养鸟的人，可他非常认真。他是一个肯实践，为了提高自己，在任何一个角色上都很有努力的演员。如果说《天下第一楼》多少还有一点表演痕迹的话，那么到《好人润五》，他的进步就很大了。这个时候为了真实地再现一个人物，他完全生活在角色里，适应了人艺的风格，并有了自己的路数。

林兆华：我与谭宗尧的合作开始于80年代的《绝对信号》。当时我们都还年轻，创作热情挺高，都想在戏剧上做些新的探索。他在戏中扮演车匪。到《狗儿爷涅槃》，谭宗尧的戏不太重，《鱼人》的时候，因主要演员有别的事不能演了，临时找谭宗尧，他愉快地接受了，给剧组解了围。

韩善续：从《天下第一楼》开始，北京人艺的重要角色都由中年演员担纲，我和谭宗尧是赶在这个时候开始更多的舞台合作的，于是之说，《天下第一楼》是于是之之后新的人艺的一套新的演员阵容，体现了人艺的发展路程，为承上启下担当起了重任。这个阵容里，谭宗尧是不可缺少的。

濮存昕：谭宗尧在老同志们退下去之后的人艺新时期，是最重要的创作力量。因为他肯用功，他对舞台技术和舞台规律已经很熟悉，即使半截顶上去的《鱼人》，也顶得很快。

任鸣：我与谭宗尧合作的戏主要有四部：《阮玲玉》《好人润五》《古玩》《官兵拿贼》。谭宗尧是个非常敬业的人，他塑造出来的人物非常丰满。他从不迎合观众，没有为了赢得喝彩而故意夸张地表演，他始终生活在角色中。

徐晓钟：作为一个演员，谭宗尧在表演美学上的幅度是比较宽的，无论《天下第一楼》《狗儿爷涅槃》《小井胡同》这样一些具有鲜明时代特征的戏，还是《天之骄子》一类有丰富遗韵的戏，甚至《绝对信号》《鱼人》等探索性、思想性强，具有强烈象征意味的戏，谭宗尧都在新时期话剧舞台上取得了丰硕的成果，创造了不朽的成就。最后，他又在以现实主义为基础的《官兵拿贼》中，为自己的创作打上了句号。谭宗尧赶上了一个戏剧的新时期，并用自愧民艺术实践丰富了这个时期。

谭宗尧的妻子马桂茹是个坚强的人，她与谭宗尧共同承受过大西北的风沙，在艰苦的岁月里，她与谭宗尧共同颠簸过。因为是独女，当1978年远在哈尔滨的父母先后病危的时候，她顿觉无依无靠，只有丈夫是她唯一可以指望得到帮助的人。谭宗尧把她送上北去的列车，说与剧院请好假随后就到。然而，她回到哈尔滨不久，两个老人就相继辞世了，这对她来说是个毁灭性的打击！

马桂茹：宗尧，快来吧，快来帮帮我！

谭宗尧：我……我有戏。

马桂茹：有戏有戏，在《蔡文姬》里你仅仅就是个 B 角吧？每场还有 A 角在演，你怎么就不能来？看到你我心里就踏实一些呀！

谭宗尧：不，桂茹，虽然是B角，可一旦苏民老师有事，轮到我演出的时候，我不在，那多对不起大家呀！

马桂茹：你……

谭宗尧：……

这个事过去了。当《绝对信号》上演的时候，谭宗尧的父亲住进了医院，他白天排戏，晚上演戏，深夜去陪床。在谭宗尧父亲生命的最后几天，他没明没夜地奔波在剧院与医院之间，人消瘦了，可没有影响一场演出。

自此之后，马桂茹把家里的事独自挑了起来，只要谭宗尧说"我今天有会""我今天有戏"，家里的任何事都别指望他有时间过问。

谭宗尧：家里的事再大也是小事，剧院的事再小也是大事。

第三幕　谭爷绝唱

时间：1998年冬

谭宗尧从今年8月起有了一直生活在高原上的感觉，他感到气不够用，他想好好地呼吸，好好地工作，毕竟他才五十四岁。

自1993年挑上了北京人艺副院长的担子，他就更是成了个忙人。有段时间，上午在剧院排《官兵拿贼》，中午刚想休息一下，没出排练厅，就看到几个人找他谈房子的事。中午的饭没来得及吃，下午紧接着排戏，晚上演完《鱼人》回到家里，已脸色灰白，一点饭都吃不进去，喝口水就想读会儿剧本，研究研究人物，钱本初伴着他入眠。

林连昆：我做副院长的时候，谭宗尧是演员队长，我们一起工作了十几年，他对我帮助很大。比如分配奖金，他创造了很多很好的办法，用评分制，演一个重要角色记多少分，使多劳者多得，奖金分配得合情合理，大家没有怨言。

韩善续：谭宗尧是继于是之之后，为人艺建设呕心沥血的一个，这一

322

点绝对有口皆碑。近十几年来的北京人艺，继承和发扬了老一代艺术家的好传统，其中谭宗尧起到了不可低估的作用。

林兆华：同是人艺的副院长，谭宗尧比我做得好。演戏之外，他做了大量的行政工作，事无巨细，一抓到底，很不容易。

濮存昕：谭宗尧是一个能够并且愿意负责任的人，人艺缺他这样的干部。因为在领导岗位上，下面有人有意见很正常，但他真诚的态度，他尽的责任，化解了这些怨言，人艺对他的评价，他受之无愧，他确实做的工作太多了。

谭宗尧住进了他父亲住过的友谊医院，为了根治几个月都不见好的肺大泡，他决定做手术。这个手术在胸科是个小手术，医生说有百分之百的把握。

谭波与谭涛，这一双令谭宗尧、马桂茹夫妇骄傲的儿女来到病房，谭宗尧叮嘱他们叫护士小姐"阿姨"。

谭波：我比人家的年龄还大，叫什么"阿姨"呢？

谭宗尧：论辈分，你应该这么叫。

谭波从小就佩服她的父亲，她觉得自己的父亲比别人的父亲聪明、学问多，他什么都懂。别的孩子看《十万个为什么》，谭波觉得父亲都能解释清楚，所以她没有必要看那么大部头的书。

谭波从来没有担心过她的父亲会过早地去世，她始终相信她的父母会相伴到七八十岁。然而一个令人无法接受的事实发生了，在 12 日北京人艺为谭宗尧举行的追思会上，谭波泣不成声地说，1972 年，我爸爸二十八岁的时候进入人艺，今天我也二十八岁了，而我的爸爸却离开了这里。我爱我的爸爸，我不能接受这个事实，我不想与人艺说再见。

林连昆：谭宗尧走得很突然，我没有一点精神准备。当人艺演出团到香港的时候，我也在那里，我觉得他应该去，就问剧团的人他为什么没来，才知道他因病要开刀。在他最后的日子里我没能与他见上一面，很遗憾。他在这个年龄上离开我们，我尤觉可惜。当他逐渐担负起剧院的重任之后，他的离开就成了剧院的损失。

韩善续：听到谭宗尧去世的消息，我正在怀柔拍戏，这个消息令我很难过。二十多年来我们朝夕相处，是非常好的战友。当时我为自己失去了一个很好的朋友、同事，而沉痛至极，痛哭不已。同时为中国话剧事业失去一位优秀的表演艺术家，为人艺失去一位非常优秀的领导人而感到惋惜。他的突然去世，使剧院的许多工作陷入了惘然，人艺失去了一根重要的支柱。

濮存昕：谭宗尧的生命力是非常强的，他心里还有许多愿望没有来得及实现，在他最不应该离去的时候离去了，特别值得惋惜。

谭宗尧今年9月刚刚过了五十四岁生日，11月，他为儿子谭涛过了二十二岁的生日。而他突然走了的时候，儿子谭涛正为参加12月13日全国电视小品大赛而紧张地排练着。谭涛含着泪送走了自己的父亲，他忍受着巨大的悲痛，要求学校参加比赛的小品不要换人。他说：如果父亲知道我因为他的离去而放弃了演出，他会批评我，也会指责他自己的。我只有演好戏，才对得起培养了我的父亲。没有父亲的日子里，走好人生的每一步，让父亲的在天之灵放心。

谭涛：我走上表演的路，是受父亲的影响。许多年来，我渴望有朝一日能与父亲同台演出，可是，这个做了多年的梦破灭了，那就让我有朝一日站在父亲站过的舞台上，完成父亲没有能够完成的事业。

马桂茹：宗尧，儿子马上就大学毕业了，他学的是表演，你在这个圈里熟，他的分配你得管一管呀！

谭宗尧：不是还没毕业嘛。毕业的时候我一定管。

马桂茹：你好像没有和我们生活在一起，你只有闭着眼的时候才来到我们身边，你还有没有这个家？

谭涛：爸爸生病的这段时间，是在这里待得最长的一段时间，你不记得人们是怎么劝你的嘛，可以演李润五，但千万别学李润五。

谭宗尧：演李润五，就得学李润五。我快点治好病，我还有很多事做。我不能待在这里，我不能离开人艺那帮人呀！

谭波：爸爸，你病好了，我们全家出去玩几天。

谭宗尧：好，玩几天。可是人艺不能在我们这代人手中垮下去。我着急呀！

蓝天野：谭宗尧走得太早了，他早走了至少三十年，甚至四十年。他从很困难的情况下成长为一个好演员，他本来可以取得更加卓越的成就。他走了，特别可惜。

徐晓钟：新时期的戏剧是不朽的，谭宗尧的创作就是不朽的。

——剧终

侯宝林：
江湖江山各半生

侯鑫 供图

"没有侯宝林，可能就没有今天的相声艺术。"

为什么呢？在侯宝林之前，以娱乐都市平民挣饭吃的相声艺人散落在下层社会最不受关注的边边角角，他们以"荤口"小技搞笑人生，在新中国成立的时候，统统在清除之列。用侯宝林先生的话说："那时候，相声艺术到了绝境。"

正在这个关口，侯宝林一贯坚持的"文明相声"拯救了这个民间曲艺品种，并且，正是由于他之后的不懈努力，原本是京津民间的街头杂耍玩意儿，成了中国曲艺的第一品牌！直到许多年后电视小品出现之前，相声在曲艺界占据着第一把交椅近半个世纪之久。

也正是有了"相声"这碗酒垫底，今天的一些人不仅在娱乐圈混出了名气，并且在多个领域享受到了前所未有的厚遇。有人说，今天电视晚会出来三个演员，里面一定有一个是说相声起家的。

我不知道他们在获得今天如此多的厚爱的时候，会不会想起他们的始祖——侯宝林。虽然相声不是始于侯宝林，但谁能说新中国的相声不是始于侯宝林呢？

从小受的苦，没法提……

十二岁的侯宝林跟着师父，开始从"天桥"混自己的人生……

天一亮就起床，先将煤球火炉收拾干净，点着。待浓烟冒过，坐上一大壶水，要看好，不能将火压灭。侯宝林就去喊嗓子。老师家住天桥市场福长街二条东口内路南第二个门，他由此出发，直奔天坛西北角，开始喊嗓子。首先是念"引子"和大段独白，有时停下来喊，有时边走边喊，要看时间而定。

侯宝林喊嗓子，总得想着家里的大水壶，万一把水壶熬坏了，准得挨打。

走到天坛西门，往西奔先农坛，一直喊到"四面钟"停下来，拉了"起霸""山膀"，走个"马遛子"，然后往回走，估计到家水壶也开了。

扫院子，倒垃圾，都要轻轻地做，惊醒了谁，后果也是严重的。

……

干粗活还是比较容易的，干细活更是提心吊胆。例如，烫茶壶茶碗，这得干完了脏活儿，洗了手再干。北京有一种专用的工具叫"砂锅浅儿"，将水烧热后，把茶壶、茶碗放在里边烫洗，有一点茶锈也不行，碰坏了一点也不行，那真是要精神高度集中。

老师漱洗完毕，喝茶，侯宝林这就快正式挨打了。

老师喝着茶，给徒弟们吊嗓子，完了再教新的。这时学艺的孩子们就提心吊胆起来，因为每天挨打总是从这里开始。侯宝林的精神比洗茶具更集中，唯恐自己学得慢或记得不牢。

……

早上学戏两小时，这段时间太难熬了！只盼着师娘说一句："算了，

侯宝林少年时　　　　　侯鑫 供图

让他买东西去吧！"此刻，侯宝林犹如囚徒获释。

买东西、做饭，吃完午饭就到场子去卖艺。师兄是个软骨病患者，还是个大罗锅，在家里可以生活上自理，走远路不行，凡出门就得侯宝林背着，好在师兄是轻量级的；可当时侯宝林才十一岁多，背师兄也够困难的。

演出从午饭后开始一直唱到晚饭前止。吃完晚饭，侯宝林再背着师兄，师徒三人去串妓院卖唱。每到一家，先从背上将师兄放下，老师拉京胡，师兄拉二胡，侯宝林打板，拉个"小开门"或是"夜深沉"。接着，侯宝林拿着剧目到各屋里问问："老爷，您听哪段二黄吗？"

每个院都是这样。从石头胡同中间往东，经王广福斜街、博兴胡同、大李纱帽胡同、小李纱帽胡同、火神庙夹道，再往西往返石头胡同，一直串到午夜回家，基本上每天如此。

这就是20个世纪二三十年代之交一个学京戏孩子的日常生活。恐惧、危险、饥饿，侯宝林在肉身和心灵的双重折磨中，苦度自己的少年时光。北京社会底层，天桥是非之地，是少年侯宝林最初的人生舞台。也在城南，也在那样的时代，侯宝林所有的记忆都是苦的，而以《城南旧事》闻名的林海音，写来是那样的哀婉。因为衣食无忧的林海音是一种对底层的悲悯，整天颠沛的侯宝林是切肤的疼痛。侯宝林说：

我在天桥的学艺生活是艰苦的，主要是饿。你想，中午12点钟我

328

们就得上地去唱，一直唱到吃晚饭，哪能不饿呀？下午4点钟以后就觉得饿了。……有的听戏的人喜欢小孩儿，给你两人铜板，可以买个烧饼吃。那我们也不敢，得老老实实地交给老师。老师说了声："去买个烧饼吃吧！"才行。若是不说话，那我就只好饿着。就这样锻炼成了一天吃两顿饭老挨饿的习惯。

老师家人口少，油水大，他们吃两顿饭不觉得饿。我不行，我以前要过饭，吃得多，他们就说我饭量大。

后来，师娘总闹病，也没工夫做饭，就叫我到外边买饭吃，每顿饭给十个大铜板。十个大铜板，真要让我自己支配，可以吃饱肚子了。二十枚一个饼子，四个，再来一大枚的粥，一大枚的咸菜，可以吃饱了。但她不让你吃，她嫌你吃那个寒碜。她让你吃炒饼。这样，她和人说起来就可以说："我的徒弟在饭馆吃饭"，觉得好听。十个铜板正好半斤炒饼。那时粮食贵，菜便宜，饭馆掌柜往炒饼里掺绿豆芽，一抓一大把，一炒一股水，吃不饱。

饿着肚子混江湖，这是怎样的江湖？

在天桥，说评书、唱大鼓，还有其他卖艺的，这是正经的江湖艺人。而最多的是相面、算卦、卖假药的，这是坑人骗人的买卖。其中赚钱最多、骗人最凶的是卖戏法的。卖戏法是真正的江湖术士。相面、算卦、卖野药的也是江湖术士，可都比不上卖戏法的骗人手段厉害。

侯宝林把江湖划分为两种，一种是能说会道的江湖术士，一种是卖艺为生的街头艺人。他严格把自己与前一种人区别开来，他不希望人们将二者混为一谈，因为他确实从心里鄙薄江湖术士，这基于他渴望获得社会尊重的迫切要求。越自卑，压抑得越久，他就越希望有尊严。而另一个时候，社会给了相声演员更多的荣耀，他们很可能就以此为资本，凭借公众对他们的信赖，而重新沦落为21世纪的江湖术士。每当我在新闻中或者在网上看到他们的消息，我就非常感念侯宝林，觉得侯宝林的可贵是一个真正的人的可贵。人是靠尊严获得了价值，而非靠金钱获得了价值。尊严来自你点点滴滴的对尊严的自觉维护，而不是铺天盖地的广告。

饥饿威胁着的江湖

十六岁的侯宝林很爱说相声，偶尔相声场子演出的人少，他就帮着说。一天早晨，雨下得很大。侯宝林口袋里一个钱也没有，没吃东西。他眼巴巴地盼着，可是直到下午4点多钟雨才停了。场子里的板凳都淋得湿透了。板凳是用链子锁上的，夜里怕人偷。沮丧的侯宝林堆着笑脸跟租场子的人说："您把这场子打开，我把板凳晾一晾。"

那人恶狠狠地说："你穷疯了！这暴雨刚……"

侯宝林迫不及待地说："出太阳啦！"那人哪儿知道侯宝林的心事啊！饿了一天，他总得想办法挣钱填肚子啊！

把场子打开，把水扫一扫，一会儿，就有游客来了。商场四个场子，那天就侯宝林一个人说相声，一直说到晚上。挣了多少钱呢？论枚是一千五百多枚，合银圆是三元多。这是侯宝林说相声第一次挣这么多钱！也是侯宝林平生头一回"发大财"！那天，他父亲也没饭吃，侯宝林给了父亲一半，还剩一元多。

侯宝林多年后回忆说："从早饿到晚，晚上8点钟才吃了一天的第一顿饭，这顿晚饭可吃饱了。"

又唱戏又说相声为班主所不容，于是侯宝林离开西单商场，又回到了天桥。住在天桥小店里，在老江湖里混日子。侯宝林从十七岁长到了二十二岁。五六年的时间，侯宝林就这样饥一顿饱一顿寒一天暖一天地过着北京社会最底层的流浪艺人的生活。世态炎凉，与童年和少年时代比，他的体会更加深切。

可是无论怎样也改变不了的是他胸中涌动的向善的理想，不向善，就会被人轻贱，以后也就没有办法再体面地活着。所以，长达六年的时间依旧苦着，但也磨砺着年轻的侯宝林，无论艺术上、意志上、人格上！

侯宝林多年以后说："挨饿，我是有经验的，你要让我跟人借钱、赊顿饭吃，我宁肯挨饿，不干；坑蒙拐骗的事，更不干。在街头艺人中间流传着这么两句话：'犯恶（wu）的不吃，犯法的不做'，真正卖艺的街头艺人就怕犯法。我们得挨饿，但也绝不趁火打劫，干犯法的事。"

毛主席最喜欢听

1949年，毛泽东一进北京就喜欢上了侯宝林的相声，中央首长的娱乐活动不论歌舞晚会、杂技晚会，还是戏曲晚会，都要加一段侯宝林的相声。1950年，杨尚昆说过："哪一个人能使我们的主席这样高兴？只有侯宝林，侯宝林是我们的国宝！"

一次，梅兰芳演完快走到下场门儿的时候，侯宝林让监场的工作人员搬着场面桌上台，自己跟着就来。毛泽东纳闷："怎么梅兰芳演完还搁个桌子呢?"可一看是侯宝林，马上明白了。

侯宝林回忆说："解放后听我说相声最多的可能要算毛主席了，现在回忆起来，大约有一百五十段左右，连新带旧，一些传统节目我们在外面已经不说了（不合时宜），到了主席那儿，人家说：'你还教育主席呀，外边不说的，这儿也可以说。'……《关公战秦琼》是主席喜欢的节目之一，刚说完不久，他就让我再说一次。一天，我正给毛主席表演，刘少奇主席夫妇抱着一个孩子来了，毛主席把刘主席叫到身边，让我说《关公战秦琼》。这是主席唯一一次点节目，可见这个节目在当时影响不小。……1975年毛主席在湖南养病期间，特意要我为他录了十二段相声，这十二段相声是：《醉酒》《婚姻与迷信》《改行》《串调》《关公战秦琼》《买佛龛》《戏剧杂谈》《戏剧与方言》《卖包子》《阴阳五行》《卖布头》《讲帝号》。这些节目有时电视台还放。"

毛泽东还喜欢侯宝林改编的传统段子《字相》。这是清朝同治年间相声艺人"穷不怕""撂地"时演出的节目，边说边用白沙子撒字。在地上撒字要求演员在低处、观众在高处才出效果，可是1950年之后，演员登上了舞台，撒字观众就看不见了，于是就不再表演这类节目。但1960年，侯宝林把这个节目带进中南海给毛泽东看。

在地上撒个"而"字，说它像"粪叉子"，做过"典史"（官衔，谐音"点屎"），为什么丢了官，因为它"贪脏"。"粪叉子"能不"贪脏"吗？

撒个"非"字，说它像"发篦子"，做过"司法（发）部长"。撒个"二"字，说它像"筷子"，做过"净盘大将军"。撒个"0"，说它像"台球"，做过"总统"，打台球总得用棍子捅着。为什么丢了官？因为它"反动"。捅出去撞回来，能不"反动"吗？

这不是一个政治讽刺相声，但似乎又沾了点政治的边，想象奇特，笑骂有理，说给1960年的毛泽东，恰逢其时。难怪毛泽东看后抱怨："这么好的节目，怎么过去没说过？"

1952年的一天，周信芳到北京为中央首长演出，中南海俱乐部主任钟灵在全聚德设宴答谢并饯行。梅兰芳、马连良、程砚秋、侯宝林、郭启儒都应邀作陪。酒足饭饱后侯宝林说："今天和诸位前辈见面，机会实在难得，我想唱段京剧助兴，这才真是班门弄斧哩！"大家鼓掌表示欢迎。

侯宝林先唱了四句《四进士》宋士杰的唱段，是地地道道的麒派，在座的周信芳先生跷起大拇指，说："您把我的缺点都唱出来了！"侯宝林来劲儿了，改唱旦角，又唱了四句《锁麟囊》，确是程派的韵味，又是一个满堂彩，这时包间外面也传来了掌声。侯宝林说："在各位老师面前，太放肆了，逗个乐儿吧！就再唱一段。"这回是学马连良，唱的是《借东风》，尤其是"望江北"三字提上去，连马先生也说："了不起"。大家都鼓掌喧笑，高兴极了。这时梅兰芳先生慢条斯理地说："听说您唱京剧唱得好，开始是学我的，今天能不能见识一下……"侯宝林就说："那就试着唱段南梆子吧！"最后唱了几句《霸王别姬》，连梅兰芳也承认："今天真是开了眼界，学得太像了！"

全聚德的老板这时躬身进来，说："别的屋里的客人，连饭也顾不得吃了，谢谢各位光临，让我们听到了这么精彩的……"钟灵点破了真情：

"这要感谢侯宝林先生，这几段都是他唱的！"

即使这样，我依旧觉得侯宝林的一生中至少有两大幸事是别的相声艺人所没有的：一是幸亏学了京戏而又幸亏放弃了唱戏而专攻相声；一是有一个重要的人物喜欢他的相声使他躲过政治劫难、作品得以传世。

早在侯宝林出生前五年，十八岁的梅兰芳已经唱上了大轴戏。1931年，十四岁的侯宝林学京戏尚未出师，三十七岁的梅兰芳被评为"四大名旦"之首。梅兰芳出身梨

侯宝林表演中　　　　　　侯鑫 供图

园世家，深厚的家学、系统的教育为他独霸菊坛打下坚实的基础。而侯宝林是街头艺人，唱京戏赶超梅兰芳，其难度是不难想见的。所以，幸亏他幼年学了京戏，有演唱的功力；也幸亏他较早地实现了转型，避免了其更艰难的艺术上的竞争。因此，他的这个不得已的选择应当是他一生的第一大幸事！要真正是个唱京戏的，敢在梅兰芳、周信芳、马连良、程砚秋名流面前学舌？

在新中国刚刚成立的年代，毛泽东的喜欢意味着什么？意味着侯宝林彻底地抛弃了"江湖艺人"的低贱身份，政治地位、社会地位的骤然提升。由京戏改学相声，侯宝林才得以与一代京剧大师梅兰芳同台为毛泽东献艺，有时还"攒底"。也正是毛泽东的喜欢，在侯宝林盛年，录制了更多的节目留存于世。即使在政治迫害最艰苦的岁月里，他被毛泽东钦定为"全国人大代表"。这理所当然是他人生的又一大幸事！

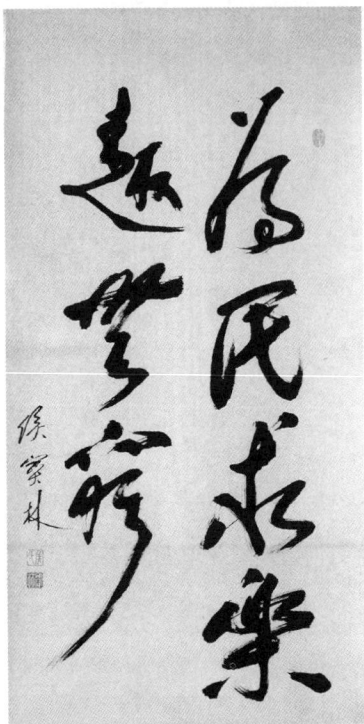

侯宝林自写的字

侯宝林为什么要说"文明相声"?

有资料显示:"解放以前,相声只不过是撂地摊的杂耍一类行当,根本登不上大雅之堂。虽然传统相声有不少民族精华,但不堪入耳的脏话、糟粕却比比皆是,难怪有人斥之为'下三烂'。"

相声艺人于俊波1950年撰文说:"相声节目多迷信、色情、侮辱劳动人民之事。解放后,文艺界的同志改作各种鼓词很多,唯相声尚付阙如。在此青黄不接之际,适有侯宝林等同志联合同业成立改进小组,……相声乃大放光明。"

资料说:"那时候,相声是纯市俗艺术,你没有'荤口',人家还不愿意听呢!但相声界的有识之士早已认识到'俗'对相声的危害了。相声界的老祖宗张寿臣先生就开始讲'文眼'的段子,马三立师祖也以'相声秀才'闻名于梨园行。侯宝林是新人,但他比诸多前辈更新的是,他表演的相声段子不仅'文',而且'雅'。……是他把相声从地摊上提升为正宗文化,使相声洗净小市民的庸俗情调,登上大雅之堂;是他以自己的榜样,把相声推到一个前所未有的顶峰。"

侯耀文说:"事实上,我爸真是彻底的改革派。在解放初期,相声由于表演方式和内容上有许多糟粕的东西,明显的与时代不符了。后来成立了相声改进小组,我爸和其他一些人对相声中的不健康、落后和低俗的东西进行了脱胎换骨的改造,使它有了新的面貌,也就是从那时起,他的追求和别人不同了。其实,我爸只念过三个月的义学,可就是这样他最后成了一个事业的领头人,凭什么?……后人评价父亲的功绩时是说他给了相声新生。他创作的相声在思想、语言上都挺超前的，既保留了相声的讽刺功能，又演出了许多符合在解放初期嘲笑敌人、歌颂新中国和劳动人民的新作品。从这一点上讲，他的功不可没，是个里程碑式的人物。"

我一直思考这样的问题：只有一丁点学校文化基础的侯宝林，他的对于把相声提高到"艺术范畴"，进而担当起了"研究者"的使命，他的"自觉意识"来自何处？这种"自觉意识"一定比他的"研究能力"更让人钦佩，并最终因为他的"自觉"才使得他成了中国相声理所当然的"领军人物"。

相声植根于侯宝林生命的最深处，是他赖以生存的手段，他到生命的最后一刻，都深情而真切地告诉人们，他一生努力的目的不是为了荣耀，不是为了富贵，他"一生只盼望能吃上一碗安稳饭"。这一个"安稳"，是没有经历过颠簸的人所无法明白的。因为有太多的不安稳，太多的无着落，太多的不可预见的困难，危机四伏，这顿吃完不知道下一顿在何处，"明天的早餐在哪里？"他一定无数次地问过。所以，唯求"安稳"是他的愿望，"安稳"即是福！

极度贫困的早年生活滋养出了侯宝林的极度自尊，在生命最艰难的时刻，他的这种自尊不是没有动摇过，"我是不是也去行骗？我是不是也去乞讨？"用一种更下贱的方式养活自己，苟且生存在这个世界上？思考和困惑了一夜又一夜，他最终还是守住了"自尊的底线"，没有向下滑行，用被别人鄙薄而自己辛苦学得的这点"玩意儿"，维持了自己的生命，维护了自己的尊严。

活着，提升自己，就必须提升自己赖以生存的这点"玩意儿"，不糟践自己，就是不能糟践自己手里的这点"玩意儿"。这"玩意儿"好了，自己的生命的价值才能充分地体现。"玩意儿"被鄙薄着，自己何以体面地生存？

侯宝林一定这么想过，所以他力争使相声变得文明，糊口是一回事，但对糊口之后的尊严，侯宝林一定比他早年的同行们想得更多，当然也比他的后来者想得更多。他不让自己停留在"艺人"一格，一步步地做到了北京大学的教授；他也不主张自己的孩子学相声，一个是学艺太苦了，一是"艺人"坚持自己的操守更难。这个，他比谁都懂。

熟悉侯宝林的人都说，别看侯先生在舞台上表演机智、幽默，台风潇洒，但是生活中他是一个极其严肃的人。他的客气、谦逊与平和里，无法掩饰的是他对自己的尊重。他越是谦和，你越应该尊重他。这是旧社会长期生活在社会最底层所形成的生存智慧，他坚持了一生。不卑不亢不骄横不跋扈，因为他深深懂得，卑怯者和娇纵者的下场几乎一样，都为人所看不上。

他自己说过："在旧社会，我们艺人，特别是街头艺人，在饥饿线上挣扎是多么困难啊！好不容易盼来了解放。我们的幸福生活确实来之不易啊！我们这一代人非常珍惜这样的幸福生活。"

幸福生活不是仅仅体现在有饭吃、有衣穿，更加体现在你的手艺能够博得整个社会的尊重。我不知道有多少人能理解侯宝林这一个层面的意思。

相声赢得今天的地位，真的"来之不易"。我看过一篇文章，评说侯宝林，标题是《从江湖到江山》，不说文章，这标题多么准确地描述了侯宝林，也勾勒了相声艺术的命运。令人担忧的是，侯宝林半生血泪半生心血打造的江山，他的后继者们懂得珍惜吗？当我们看到侯先生所扬弃的东西又回到现在相声演员的身上时，当侯先生为留点资料录制的"荤口"被不良的出版商散布时，我们真的觉得侯宝林的时代远没有结束，重新研究侯宝林的艺术主张并推广之，就显得非常迫切。

袁阔成：
老传统主将 新曲艺旗手

濯缨 绘

"非常惋惜，非常遗憾！"中国艺术研究院曲艺研究所吴文科所长一句三叹地对记者说，"在袁阔成先生生病、去世这一段时间里，我没有抽身去看望先生，太遗憾了！"

1963年，三十四岁的袁阔成以改编自《红岩》而轰动一时的"新评书"《许云峰赴宴》而成为"说新书的带头人"时，吴文科刚刚出生。二十多年后的20世纪90年代初，吴文科由北京师范大学毕业，专门从事了曲艺研究。在一次曲艺活动中，他与袁阔成先生同桌吃饭。面对名满天下的曲坛大师，新人吴文科无限敬仰还略感拘束。他注意到，袁阔成先生，给比自己年纪大的曲坛前辈夹菜，也给他这个初出茅庐的小伙子夹菜。接受采访时吴文科说："袁先生给我的第一印象是：和善。"

那次吃饭，袁阔成了解到吴文科是大学毕业专门从事曲艺研究的，就很高兴。兴奋地对吴文科说："在我们曲艺界，学历高，有文化的人少。

你愿意以自己的才学来搞曲艺，很难得，我敬你一杯!"

正是在前辈们这样的包容和鼓励下，吴文科为中国曲艺做了一些事情。在评价袁先生之前，吴文科提请记者注意"评书创新难"。他说，近二三十年来的一个现象是，评书在中国曲艺的各个品种中，没有其他曲种发展得好。其他曲种，短篇的多，即碎片化，不需要很长时间就欣赏完了。而评书，主要是长篇节目。评书的特点，就是以传承为主，创新很难。电视台曾经搞过《电视书场》，但是难以被观众认可，也就收场了。

在这个大背景下，曲艺世家出身的袁阔成，赶上了一个新旧交替的时代。他1929年出生，在父亲袁杰武亲自传授下进入说书行，少年登台。他多方学艺，渐成气候，《十二金钱镖》《施公案》成了他这一时期的名作。他的说书功力在新中国成立前即已养成。1949年新中国刚成立的一段时间里，二十岁的袁阔成面临着一个巨大的问题：传统评书就像传统戏曲、传统相声一样，适应不了新的政治环境，行将被淘汰。作为一个说书艺人，怎样在社会上立足?

1950年，旧时代的相声艺人侯宝林组建"北京相声改进社"，创作了新相声《婚姻与迷信》《一贯道》的时候，袁阔成悄悄埋头准备"新评书"。一段相声和一部评书，体量悬殊。所以，袁阔成沉寂了两年，于1952年推出《吕梁英雄传》和《二五长征》。由此，中国评书的面貌焕然一新! 吴文科说："从《林海雪原》走来，到《敌后武工队》，再到《红岩》，袁先生自己创演了大量的新书目，是那个时代可以与观众见面的书目。基于他的非凡功力和独特的艺术创造，《舌战小炉匠》《肖飞买药》等已经成为经典名段。"

三十多年时间几十部书说下来，虽然也受到时代的局限，比如，和传统书目比，在新书目里，袁阔成往往不敢多评一句。对正面人物，歌颂得多，对反面人物，贬抑得多。但在吴文科眼里，袁阔成是新评书主力，是新评书先锋，是毫无争议的"中国新评书旗手"!

进入改革开放新时期，回归传统书目，袁阔成的代表作是《三国演义》。在王震同志的关心下，袁阔成调入中央人民广播电台文艺部，成了职业的电台评书艺术家。吴文光说："这在中国是唯一的一个很特殊的现象。"

正因为是通过电台传播的形式在说书，而不是在书场面对几十个上百个观众说书，传播面大了，所以袁阔成也更加追求严谨与科学。吴文科说："袁先生口风清雅，力求使作品更有内涵，而不是像有些人在书场说书，一惊一乍的，以吸引观众注意。"还有，在《三国演义》这样的传统书目里，袁阔成也加入了辩证唯物主义思想。在同样题材的老版评书中，诸葛亮被塑造成了"半神半人"的人物，而袁阔成却不这样。比如，讲"草船借箭"，袁阔成就谈及气象知识，既讲的是传统书段，同时又加入了时代的内涵。

2005年，吴文科担任了中国艺术研究院曲艺研究所所长。次年，曲艺研究所搞成立二十年所庆。吴文科打电话邀请袁阔成参加，而且派人送了请柬，同时希望袁先生为研究所写几个字。遗憾的是，袁阔成因身体原因，无法前来。所庆那天，他派了女儿前往，送来了一件工艺品表达祝贺。袁阔成的意思是，我的字不好，送礼表达心意，感谢研究所做的不少好事情！艺术要传承，没有研究不行。研究的人要把从业者写进历史中，很不容易！

评价一个刚刚过世的长者，吴文科觉得一下说得非常准确很难。但是，除了"新评书旗手"这一点外，还有几点是无可否认的。

首先，袁先生说书"坚守一辈子的精神"。吴文科说，在袁阔成、单田芳、田连元、刘兰芳说书四大名家里，袁阔成是唯一的从说书到说书，最后还是说书。而其他艺术家是从鼓书转过来的。而另外的一些曲艺界人士，哪里热闹去哪里，相声演员演小品就是代表。小品是戏剧，已经不是曲艺了。很多人把评说说得不像评书了。但袁先生干一门专一门精一门。这种精神非常可贵。

其次，袁先生"学艺一辈子"。吴文科说，袁先生认为说书艺人的肚子是"杂货铺"，要什么得有什么。这样，学习是一辈子的事情，不能瞎说。而时下的曲艺，"撒狗血"比较多，没有"节制"，而袁先生是非常"节制"的。这一点，也让业界对他高看一眼。

最后，袁先生"为人清高"。吴文科说，袁先生保持人格独立，靠自己的贡献说话。有的艺人三分东西可以卖五分，而袁先生十分东西大家认识到的也许才八分。但是，他的地位和品格受到同行的称赞。

虽然没有在袁阔成最后的日子亲往探视，遗憾之后，吴文科也有欣慰。欣慰的是，袁先生八十多岁，也算高寿，而且创造了属于他的评书辉煌。带着遗憾和欣慰，吴文科祝愿袁先生："一路走好!"

资华筠：
飞天，飞到天上去

濯缨 绘

"哎呀，哎呀，太遗憾了……"前天刚刚赶到台湾参加"第六届海峡两岸及港澳地区艺术论坛"的中国舞蹈家协会驻会副主席冯双白接通电话后不停地感叹。他说："我8日早晨6点结束工作，乘车去北京军区医院看望资先生，结果，走了一半，太堵了。如果我执意去医院，很可能误了飞机。而台湾论坛安排我是主持人，我不能不来。所以我一边想着没有资先生过不了的关，一边掉头到机场。结果，飞机晚点一个小时。把我气的！"

2014年12月9日早晨7点10分，冯双白在台湾接到短信，资先生于半小时前去世了。冯双白欲哭无泪。他只能把悲愤向一起开会的田青宣泄。

尽管知道资华筠有病，九十二岁、曾经担任过中央歌舞团副团长的孟于听到资华筠去世的消息，还是不免吃了一惊。在孟于记忆里，资华筠十几岁就参加了中央歌舞团。虽然父亲是个资本家，但是资华筠自己非常热爱她的舞蹈事业。在那个年代，跳舞不是成名成家，是为人民服务，资华筹在业务上非常努力，是中国第一个国家级艺术院团——中央歌舞团的领舞和独舞演员。

已经去世的李凌也是中央歌舞团的老领导。在他的女儿李妲娜的记忆中，李凌非常看重资华筹，两个人的关系也非常好。无论出国比赛，还是在国内演出，老一代艺术家戴爱莲为资华筹编了不少精彩的舞蹈，再经过资华筹的舞台创作，成了中国民族民间舞蹈里的经典。李妲娜记得最轰动的是《飞天》。孟于说："资华筹的《飞天》《荷花舞》《长绸舞》《新疆舞》，都非常漂亮，是中国一个时代舞蹈艺术的杰出典范。"

不吃下盘村白面，一个舞者的时代诺言

在20世纪60年代，为工农兵服务是艺术工作者的宗旨。中央歌舞团几乎每年春节都组织节目深入基层演出。他们分成"工""农""兵"三个队，"农"队由孟于带队，资华筹是其中的一个队员。

大概是1964年或者1965年，孟于带着"农"队到河北省平山县下盘松村体验生活。这个村为深山环绕，抗日战争年代八路军医院设立于此。但是，在那个特殊的时期，药品、营养品都非常短缺。有一位连长病情很重，住在医院里吃不到东西，生命危在旦夕。村有个妇女叫戎冠秀，刚刚生了孩子不久，她为了革命，毅然断掉孩子的奶，把奶水给革命干部吃。为此，她成了晋察冀边区的"劳模"，气震华北。

资华筹等年轻艺术家下乡住在戎冠秀所在的英雄村庄，与群众同吃同住同劳动。孟于清晰地记得，资华筹身上一点都没有资产阶级家庭出身娇气。不仅不娇气，其他女孩子还有点挑挑拣拣的小毛病，而资华筹一点都没有。

资华筹成天和大家一起吃白薯、玉米、土豆等，非常乐观。孟于认为，资华筹是义无反顾地全身心地投入到老百姓的生产生活中，为了理想，她进行了脱胎换骨的改造。

在村里住了一个月要离开了，戎大娘动员各家各户，把攒着过年才吃

342

的白面拿出来给艺术家们吃一顿面条。孟于听说后，就让资华筠去叮嘱队员："谁也不能吃老百姓家的白面面条，要把白面面条留给孩子们吃！"

有人给资华筠和戎大娘照了一张相，孟于也照了一张。资华筠后来写了下乡体验生活的感想交给孟于。孟于记得，资华筠写得非常深刻，非常好。

下乡回来，孟于带着资华筠等人到延安过春节，为那里的人民演出。还一起在临潼搞社教。几次下乡，资华筠等艺术家们有了想法，都想创作新的节目，孟于就狠抓排练，积极准备汇报演出。

恰在这时，"文化大革命"开始了。中央歌舞团四个主要负责人中的三个，都进了"集训班"，文化部领导找孟于谈话："看了你的材料，党对你还是放心的，你在团里协助军宣队做业务吧！"可是，军宣队还没有进驻，给孟于的"大字报"就贴出来了，标题是：《孟于用排练破坏"文化大革命"罪该万死！》。于是，孟于成了中央歌舞团第一个走资派。

但孟于记得，在这个运动中，资华筠跟着喊口号都不可避免，但年轻的资华筠在大运动的狂潮中，没有带头闹，没有被裹挟进去。

几乎所有艺术家都被耽误着，资华筠于1970年到1974年在坦克部队待了四年。种稻田，修桥补路。孟于看到大量的人才在浪费着，一边坚持组织练功，一边给周恩来总理写信。她认为："像资华筠这样的艺术人才，应该得到保护，应该给她们属于她们的舞台！"

印度版《孔雀舞》，一个舞者的吉祥祝福

经过多年的压抑，20世纪80年代初，资华筠第一个带头和同行举办了三个舞蹈晚会，开了风气之先。

终于有了机会，1982年3月，中央歌舞团组团到印度、尼泊尔访问演出，孟于是出访团的团长，她特别点名资华筠担任这个团的"艺术指导"，整体负责节目的艺术质量。孟于说："无论人品还是能力，我觉得资华筠是够格的。"

"那时候她不能跳舞了吗?"记者问。

"她不是不能跳,而是她具备了更高一个层次的能力。虽然是'艺术指导',但是,不论哪个节目演员有伤病或其他意外,她都毫不犹豫地顶上去。这种一切为艺术质量考虑而不是个人名利的作风,真的非常令我感动。"孟于这样说。

在国内就准备了很长时间,从3月组团一直到11月才出访。资华筠付出了很多。

到了印度,演出的第一个节目是群舞《孔雀舞》,引起了轰动。孔雀在印度人眼里是吉祥鸟,接待方提出要学这个舞蹈。但是,只有两三天的时候,怎么才能把这样一个高难度的舞蹈作品教给人家?孟于非常为难。这时候,资华筠主动站出来说:"我改编吧!"

这样,其他演员都去学校和名胜古迹参观游览了,资华筠放弃了一切休闲的时间,集中精力把中央歌舞团一个成熟的舞蹈作品,简化成了三分钟的舞蹈节目。虽然时间压缩了,但是抽取的是原作品的四个代表性动作。从出场到结束,非常完整。不仅是舞蹈,资华筠还把音乐标配好,录在录音带上。一切准备好了,再一点一点地把中国民族舞蹈的精髓传授给印度舞者。

到告别的时候,印度女孩子就完成了这一作品。孟于回忆说:"我们送了一套服装给她,从头饰到鞋,是全套的。"

"是资华筠老师演出穿的那套?"记者问。

"不是。我们每个舞蹈都有预备服装,怕破了或者别的意外。我们这套服装是新的,没有穿过。印度的女孩非常感谢,她说:'感谢资老师教给我这样好的舞蹈作品。'我们就鼓励她,说随着熟练,你会越跳越好!"

两个奇迹两颗心,一个舞者是大写的人

在台湾开会的田青听冯双白说到资华筠的去世,心生悲哀。因为资华筠和田青的一位叔叔算同辈人,因此,老被田青称呼"大姐"的资华筠就

开玩笑说："田青，你应该叫我阿姨！"

田青说："资老师一生至少创造了两个奇迹：其一，是从舞者到学者的转型；其二，是与白血病常年斗争赢得时间培养年轻舞蹈理论家。"

资华筠出身名门，是著名学者资中筠的妹妹。那时，家里别的孩子都做学问，只有她爱上了舞蹈。家庭极力反对，但是她义无反顾。她曾经在电话里和老领导李凌的老伴汪里汶说："家里人看不上我的职业，认为是四肢发达，头脑简单。我就立志不仅学好舞蹈，而且学好理论。"正因为此，李凌组织编写过一批文艺普及丛书，关于舞蹈的部分，就让资华筠来负责。

田青说："资老师在《荷花舞》等一系列作品引起轰动成为中国民族舞蹈领域的领军人物，在表演上取得巨大成就。而中年，转型学理论做研究，她是从舞蹈到学者转型唯一成功的人。不说大家也知道，从事舞蹈、体育工作，在年轻的时候要把几乎所有精力都投进去，没有时间博览群书，因此大多从业者文化基础薄弱。但资老师却创造了一个奇迹，不仅成为学者，而且是这一领域最优秀的学者。"

资华筠的学生冯双白说："资先生在艺术理论上，把生态学理论、当代语言学成果和舞蹈理论与实践相结合，创造了'舞蹈生态学'达到了令人赞叹的高度，成为一座高峰叫人无法逾越。舞蹈研究与舞蹈史长期缺少属于自己的方法，资先生却建立了一个体系，在世界上都是非常有个性的。"

现任文化部艺术科技司司长于平在1998年考取了资华筠的博士。他说："大家都知道资先生是一位执着的担当者，自从她从舞蹈表演艺术家艰辛转身为舞蹈学者之后，十分强调维护舞蹈的职业尊严和舞蹈评论的健康生态。她一直要求我们舞蹈批评要讲真话、明真相、析真理，而她自己坚持'三真'的特点，一是敏捷，二是犀利，三是通透，四是友善。"

十多年前，资华筠得了白血病，要与疾病斗争，但是她要带学生，要改论文，因为身体原因，电脑不能用，她是一个字一个字用手改。因为重病在身，资华筠的日子是"数着过"的。正因为这样，她非常珍惜时间。

汪里汶说："她每天干什么，都要计划好。但是她乐观。"资华筠头发掉光了，她却对汪里汶说："这样凉快，洗头方便。而且不少学生在国外，给我买各种头套，黄色的，黑色的，我变换着戴。"

这样的一个资华筠，却有两颗心。田青说："一颗是'热心'，一颗是'直心'。"

给于平印象最深的一件小事足以说明资华筠的"热心"。一次，于平在资华筠家谈完舞蹈建设构想后被留下吃饭，资华筠的丈夫王寿印是烹饪高手，做了许多佳肴。当一盘韭菜炒鸡蛋端上来，资华筠说："这是于平最爱吃的菜。"就这简单的一句话，让于平明白了资华筠对人的关心是真切而实在的。这种真切与实在又包含了对舞蹈文化建设的深切期待。

在田青眼里，资华筠是中国非物质文化遗产保护的重要推动者之一。她在行内最有名的一句话套用了毛泽东"严重的问题是教育群众"而说成："严重的问题是教育干部。"田青说："正因为这样，她并不讨官员们喜欢。她的'直心'给人印象深刻，她不喜欢的官员，她不虚伪，敢当面骂。所以，会有人不喜欢她，但是也怕她。"

冯双白说："资先生为人光明磊落，一生求真知，认真理。她批评过很多人，但在为人这方面的坦荡，是我们的楷模。她不会一团和气，但是事隔几年，大家都承认，她批评的有道理。"

"热心人""直心人"资华筠在2014年岁末，借着即将飘零到北京的雪花做了"飞天"，她飞到了天上去，在天空中以深邃的理论与绚丽的舞姿，写出一个大大的"人"……

王爱民：
"花咚咚的哥"

王爱华 供图

"打鼓匠"是鄂西长阳一带对红白喜事上吹鼓手们的称呼。"打鼓匠"必须唱奏兼好，他们在婚庆或丧葬活动中打一段，唱一段，人、歌、乐合一。在"打鼓匠"眼里，没有歌手和伴奏的区分，他们适应不同的情绪宣泄氛围，把传承了不知道多少年的"薅草锣鼓"唱成欢乐，唱成悲伤，迎新人，送逝者，一代又一代……

3月12日晚，很多很多的"打鼓匠"云集在宜昌一家医院的殡仪馆里，为他们心目中最好的"打鼓匠"王爱民送行。因为正是爱民的出现，"打鼓匠"才走出了鄂西，在短短几年时间里，横扫国内顶级民歌赛事的最高奖——民歌擂台赛歌王奖、原声民歌大赛金奖、中国民间文艺"山花奖""群星奖"金奖……爱民之后，还有谁敢奢望这样的成就？

遗憾的，不只是爱民走了。更遗憾的，爱民只有四十五岁！

王爱民参加了"土苗兄妹组合"青歌赛获奖

山歌本是命中物，谁把山歌当成事？

湖北长阳县贺家坪镇李家槽村的土家族王家世代为农。爱民爷爷王代焕有了一个到乡政府做炊事员的机遇，算是吃了公家饭。但到了父亲王纯臣一代，又重新回到了土地。

据爱民的弟弟王爱华讲，鄂西山区的村落，居住不集中，非常分散。王家祖宅距离最近的邻居，也有一两公里的路程。在这偏僻的一隅，旱田多，所以只能种植玉米、红薯、土豆。这些作物收获后，成了爱民一家主要的口粮。爱华回忆说："水田太少了，我们小时候很难吃到大米。"

父亲王纯臣年轻时以土地为乐，以山歌为乐。他记忆力好，耳濡目染，把乡间"打鼓匠"的一整套技艺烂熟于心。若有一些疑问，再向十多公里外的著名"打鼓匠"张祖怀师傅问一问。于是，从王爱华记事起，父亲就已经是当地有名的"打鼓匠"了。六到十几个"打鼓匠"组成一个班子，在当地叫"家业班子"；他们使用的十件左右的乐器，被叫作"锣鼓家业"。以王纯臣为首的"家业班子"在方圆几十公里很叫得响……

不过，虽是"家业"，但不是职业。王纯臣一辈子并没有因为"家业"养家。在传统农业低成本运作的社会环境里，"相互帮忙"成为一种共识。乡里乡亲的红白喜事，王纯臣喊上"打鼓匠"们去渲染气氛。每人获得的，是主家赠予的一块毛巾，或者一双鞋，加一包香烟。王爱华说："再高级一点，给一个手电筒。"

笔者听到这里，忍不住笑了。在"半职业化""非营利性"的状态中，鄂西"打鼓匠"不知道已经存在了多少年。但是，随着社会市场化脚步的加快，"打鼓匠"开始挣钱了。如今，谁家办事情邀请的"家业班子"多，谁家就显得气派！

老"打鼓匠"王纯臣没有赶上挣钱的好时候，但距家乡一个小时车程的宜昌车溪风景区看中了王纯臣，邀请他和他的班子到景区驻场演出，给固定的工资。在景区唱了三年多，老"打鼓匠"生病回家了。

爱华说："我父亲性格随和却很有气场，心肠好还能说会道。乡邻遇有家庭矛盾，父亲前去调解。他没有读过书，却能替乡亲们写状子、悼词。我认为他是'没有文化的文化人'。"

2008年初，老"打鼓匠"病逝。爱华记得，自己婆婆（奶奶）去世的时候，自发来了十三个班子，很令人羡慕。而老"打鼓匠"以歌乐送了无数人，这次，来了更多的班子，几十个，义务唱山歌为他送行。这种场面，民间草根艺人会感到无限欣慰，感到命有所值。

发财岂是寻常事？财产散尽唱山歌！

老"打鼓匠"没有女儿，清一色五个儿子。从大到小分别叫：爱国、爱兵、爱民、爱华、爱龙。爱民行三，1970年农历六月廿三出生。受生长环境影响，爱民和哥哥、弟弟共计"五条汉子"都能唱山歌，但基于山歌养心不养人，而且乡下人普遍认为唱山歌是"不务正业"，所以每人都得有一个"正业"来谋生。

爱民在当地一所像样的高中读了书，后返乡务农。他学理发、学木匠，最后选择到湖北很有威望的"蔬菜大亨"王兴国的公司当种植蔬菜技术员。就在他到湖南推广技术的过程中，认识了小他六岁的"湘妹子"田辉凤，二人最终结成夫妻。

爱民聪明能干，事业慢慢做大了，他承包了几十亩地种植蔬菜。爱华说："可惜，他运气不太好，那年赶上气候反差大，所有蔬菜都废了。"爱民损失几十万元，血本无归，还负了债。

在这种情况下，本来没觉得唱歌可以是职业的爱民，只好暂时跟上父亲到车溪风景区唱歌去了。

这时候，爱民和辉凤的孩子也出生了。于是，小家庭索性把家安在了景区，妻子做饭，爱民跟着父亲为游客唱歌，儿子王浩宇就在台下玩。

爱民本身爱好唱歌，但胆子小，一上台就抖得不得了。在景区第一年演出，父亲在舞台上，爱民在远处搭建的吊脚楼里唱，基本上等于是在幕后表演。

为了改变爱民"怯场"的毛病，景区逼着爱民站在景区入口，只要有人，就唱。

经过景区"魔鬼式"培训，爱民胆量渐长。2004年8月，在山西省左权县举办的"第二届中国南北民歌擂台赛"上，爱民和父亲王纯臣、儿子王浩宇组成的"祖孙三代"组合，第一次登台，就获得了"歌王"称号。爱华说："正是在太行山上，爱民获得了自信。回来后，开始把民歌演唱当回事儿了。"

爱民人好，有智慧。一年后，成了景区艺术团团长，工资从原来的一千元升至两千多。对山歌自信起来的爱民，拉上五弟爱龙一起唱歌，组成"农民兄弟"组合。遗憾的是不久爱龙嗓子坏了，唱不了歌。2006年全国青年歌手大奖赛在即，爱民的两个合作者中，父亲年纪大，不符合参赛条件；五弟爱龙嗓子有问题。于是，爱民临时抓来四弟爱华搭档。爱华本来是不唱山歌的，但是为救三哥的急，仓促上阵。仅仅学了三首山歌，爱民、爱华"农民兄弟"组合就获得了2007年"中国原生民歌大赛金奖"，2008年央视青歌赛原生态组金奖、观众最喜爱歌手奖。2009年，在四川绵阳，他俩蝉联"中国原生民歌大赛金奖""中国民间文艺山花奖"。

在全国"群星奖"比赛中，他们更如中国乒团一般所向披靡。第一次，他俩以《喊歌》获得金奖第一名；第二次以《鼓盆歌》再夺金奖。为了更有新意，宜昌文化工作者以他俩的金嗓子为卖点，打造了音乐歌舞剧《三峡我的家乡》。正是爱民、爱华的杰出发挥，作品获得"群星奖"金奖。爱民爱华算"三连冠"得主。

2010年，爱民爱华作为"人才引进"项目，进入宜昌市夷陵区文化馆从事文化传承与文化宣传工作。因为唱歌将爱民这个农民改造成了"文化人"，这是祖祖辈辈的"打鼓匠"从来不敢想的事情……

兄弟最重手足情，农家兄弟情更浓！

爱华比三哥小两岁，1972年农历四月初四出生。1986年，不满十四岁还在读初中的爱华，在长阳县歌舞剧团招生考试中吹了吹笛子，就被录取为舞蹈演员。因为出色，又被调入宜昌市葛洲坝艺术团。

爱民的儿子在景区听着爷爷、爸爸的歌玩耍，不经意出口唱的就是祖辈的歌。

一年春节，小侄子拉住返乡的爱华问："爹（当地对叔叔这么叫），你会不会唱《花咚咚的姐》？"爱华说："不会。"

"你连《花咚咚的姐》都不会？"侄子瞪着眼很诧异地说，"快，我来教你！"

从事艺术表演很多年的爱华，跟上只有几岁的小侄子第一次唱起了土家族山歌。

等爱民叫五弟帮忙的时候，爱华只有小侄子给打的这点基础。于是，

祖孙三代，从左到右：王爱民、王爱民的儿子、王爱民的父亲

爱华跟着爱民学习。爱华说："爱民对于我来说，是兄长，也是师傅，还是搭档。"

哥俩一起参加国外文化交流演出、世博会演出，2009年被推上中央电视台的春节联欢晚会。这对"打鼓匠"来说，是做梦都梦不到的，但兄弟俩实现了。《花咚咚的姐》这首在鄂西流传了无数年的山歌，通过他们的演绎，融入尽人皆知的中华民族民歌宝库。

2015年秋，爱华在武汉演出。爱民途经上海，准备到欧洲演出。那天，爱民觉得不舒服，想到医院看病。同行的人问要不要陪他，爱民可能意识到病的严重性，谢绝了别人的好意，一早独自上医院去了。

检查结果出来，医生说："你让家人来和我聊吧！"

爱民说："没关系，有什么情况，你告诉我就行。"

医生说了实话：肝癌晚期，没有治疗意义。

从医院出来，爱民照样随团赴欧洲演出。

回到宜昌，爱民没有和任何人提起他的病，在和爱华一起应邀参加《崔健摇滚之夜——宜昌站》演出排练过程中，爱华准备了《花咚咚的姐》等四首原生态民歌的"摇滚版"曲谱，但是，爱民只排练了一次，就坚持不下去了。在宜昌市体育中心，六个乐队排练费时费力，崔健只好放弃了原来的方案，迁就体力不支的爱民，让他们原样演唱原生民歌。

爱华说："跟爱民在录音棚，他就直冒汗，在沙发上上气不接下气。因为他一向身体不好，所以也没有引起我的注意，只按照他说的，是感冒了。"

2015年10月，坚持在文化馆上班的爱民差点休克。和哥哥在一起工作的爱华和同事们赶紧送爱民到医院检查，大家才明白爱民病情的严重性，也更懂了爱民的隐忍。

2016年春节，五兄弟都知道这是和爱民过的最后一个年了，大家举家连同老母亲胡绍贞齐聚爱民家过节。不知底细的母亲发现三儿子瘦了，精神不及往日。大家都打哈哈："感冒了，就这样！"

3月11日凌晨，爱华陪着三哥在医院，爱民不行了。爱华给已经十八岁正在备战高考的侄子王浩宇打电话，没有接。孩子还在睡梦中，爱民悄悄地走了……

　　舞台上最好的"打鼓匠"王爱民，总是穿着那么鲜艳，他是笔者眼中最棒的"花咚咚的哥"。而今，哥走了，把《花咚咚的姐》留下，我百度一下，他仿佛又回来了："花咚咚的姐呀，姐儿是花咚咚，回娘家背个花背笼。哭哭啼啼呀，姐是花咚咚，回娘家呀，背个花背笼……"

石存堂：
歌王老爹

胡浩 摄

亚妮问："儿子得歌王你服气不服气呀？"

石存堂干脆说："不服！"

掷地有声的"不服"二字，让石存堂紧随歌王儿子石占明于2003年初迅速出了名。随着一部描写石占明成长故事的纪录片《进城记》在浙江卫视播出，全国电视观众不仅记住了山里放羊娃走向人民大会堂绚丽舞台所经历的颠沛、快乐和荣光，更记住了占明之所以人好歌好，是因为有一个沾满泥土的老爹憨厚自足快乐地歌唱着。他爹的心态和造诣，要比儿子更好。

作为知名主持人、编导，我的好友亚妮不止一次和我说："实际上石老爹作为拍摄对象更有故事，因为歌声带给他的快乐就如同血液在他身体里一样不能缺少。老爹才是真歌王！"

那一年8月，我陪我和占明的恩师、著名音乐学家田青第二次上太行。县里策划了名为"红都首都共建中国民歌之都"的大型采风活动。我陪专家们来到占明乡下的家，第一次见到石存堂老人。一起受邀而来的著名记者、作家唐师曾，抓拍了我和两代歌王坐在石家门外田边石头上的照片。

我不记得那时谈论什么话题了，但从神态中，我一定感受到了他们的快乐。是他们的快乐感染了我，让我笑成了一朵爆米花。我能爆裂，是他们给了我足够的热量！

大约是占明的爹给包括田青、李松、唐师曾、刘序盾、李明珍等一群人表演了节目，而且尽兴地表演了。高兴处，石老爹躺在地上打起滚儿来，彻底还原成一个顽童，完全没有衣服被土弄脏的概念。远道来的围观者自然乐不可支。那一刻我很恍惚：是我们在"逗"他呢，还是他在"逗"我们？反正那天所有人都被歌王老爹震撼了，沉浸在他的歌舞带给我们的快乐中。

返程车上，占明说："周围乡村熟悉我爹的人，都觉得他是个'七成'。""七成"大约与"缺心眼"意思相近，表明他的智商只有别人的十分之七。于是我想，心理负担越小，才越可能快乐！我在车上说到前一晚大家欣赏的盲人宣传队，我曾计划和他们徒步上京演出。田青老师调侃道："幸亏你没成行，要不你就只有'六成半'了！"

车上洋溢着难得的快乐。

随着和占明交往的深入，我知道歌王老爹实际上有满肚子的不快乐。他虽然是红都村石家班老板所生的第一个孩子，但是以农牧为主吹打为辅的民间艺人，整年奔波也挣不下多少钱。所以，歌王老爹七岁就放羊去了。一放就是七十年。

要不是歌王老爹的母亲用一碗"鸡蛋炒捞饭"哄住了一个无依无靠的女孩来家里居住，放羊的石存堂很可能就打了光棍。于是，"羊倌歌王"也就不可能有了。所以，但凡喜欢占明歌的朋友，应该记住占明奶奶的那碗"鸡蛋炒捞饭"，这是歌王家族命中的"奠基饭"。如果占明有重大活动，应该和亲友一起来一碗这种极具象征意味的太行土饭，这一炒，炒红了红都，炒红了歌王！

老爹七岁起就只会与最纯粹最干净的风打交道，他喜欢山野河流，喜

在中国音乐学院演唱   武惠平 摄

欢羊群猫狗，喜欢野草石头。他只在素朴的自然中接受日月洗礼，人类社会"成功学""厚黑学"的味道，他一丁点都没有闻到过。所以，他保持着人类在某一个特定阶段的样式，几乎可以与自然融为一体，他张嘴唱歌，就是替石头说话，替土地抒情！

但是结婚了，陆续生了四个儿子一个女儿，老爹的短板就尽显无余。村里、家里，该他定夺做主的事情，他没有能力担当。这可苦了占明的娘，里里外外全得操心。一个女人无奈和烦恼的时候，只能拿男人出气。于是，娘操起笤帚痛斥痛打老爹的场景无数次在眼前出现，深深地刻在了占明的心中。

"老汉不中用，老婆累下一身病。"去年夏天，病了很久的占明娘去世了。我没有回太行，委人送去一副挽联，受到了不少熟悉石家家事的朋友的认可。这副挽联写道："笤帚疙瘩统江山苦撑红都石家班；羊鞭细梢惊太行泪养歌王金不换。"

2009年5月25日，在几位老乡的支持下，我在榆次文化中心大剧院策划并主持了《左权之歌——五二五开花调演唱会》，以铭记左权将军血洒太行十字岭的英雄壮举。感谢占明接来了他的老爹和石家班的兄弟们参演。我不敢说这个演出多么辉煌，但是以老爹为代表的浓烈的土地上的味道，

356

感染了所有人。

应邀前来的田青被我邀请上台后，激动不已。他也只有在晋中，才可以领略到开花调与土壤的不可分离。

榆次活动结束不久，受北京中山公园音乐堂祝晶的邀请，我策划了《烂漫开花调——献礼中华人民共和国成立60周年左权开花调演唱会》。为了这台演出，我把民间歌手集中到榆次排练。歌王老爹再次被我组织而来。那段时间，是我和老爹相处较长的一段时光，他也为所有参加排练的各个年龄段的演员带来了乐趣。

其实，歌王老爹的节目没法排练。他不能与乐队合作，就像一只百灵鸟唱歌无须伴奏一样。他的节目也没有办法打字幕，因为他唱歌，从来没有过排练，从来不曾固化过，如同河流不能倒退重来一遍。所以，只要开腔，他永远是在一种歌人合一的忘我状态，一路向前！

转年过来的2010年，我再次带着老爹出发。到中央电视台录制民歌中国《花开左权》，到中国音乐学院举办小型演出。那次行程，一路上因为老爹，我们更多的是感受来自纯天然的欢声笑语。

频繁的近距离交往，我看到的不仅仅是老爹的乐子。我更看到了占明歌声里因为有根而产生的魅力与分量。占明在不断成长的过程中，练就了他的歌可以比父亲更加悠扬奔放，大大提升了原生民歌在审美层面的感染力，赢得了更多热爱土地人的追捧。从吹响原生民歌回归的号角，到一代原生态歌王，而今可以自由演绎更为丰富的音乐作品，占明脚踏实地大步而来。我相信：占明的前进动力，来自土地。土地上父亲永远不倒的背影就是占明民歌的灵魂，支撑着他的民歌长城去经历岁月风烟的消解，然后，更具魔力。

这个冬天，歌王老爹走了，他带着快乐，带着满足，不留遗憾。于是，在太行山的风里，我再拟一联安慰好友占明：

憨顽乐活无挂念责骂声中放羊去了；
厚土天籁有寄托太行山里唱歌来吧！

辑外辑 养育恩深

在《春寒北寺巷》首映式上的书面发言

春寒北寺巷——为姥爷百年诞辰而作

冬殇北寺巷——为姥姥百年诞辰而作

在《春寒北寺巷》首映式上的书面发言

今天是阴历丙申年三月二十（2016年4月26日），是姥爷赵丙辰百年诞辰纪念日。弟弟在家乡举办微电影《春寒北寺巷》的首映式，我因为工作原因无法返乡。特请我的好朋友王熙代表我说几句话，表达一点我个人的心意。

我在家乡生活了三十年，几乎每个日子都是和姥爷一起度过的。我和二弟、三弟都生在北寺巷姥爷家的院子，我只在小学五年级和两年初中随父母住在西关后街。小学五年级之前和考进左中之后的大部分时间，我都在北寺巷住，我认定我是一个"北寺巷人"。

在北寺巷居住了一辈子的姥爷，是我生命中最重要的人。他给予我太多的希望，希望我留在他的身边，希望我坚守北寺巷传续百年的家业。但我始终认为北寺巷不可能是我的归宿，在"去"与"留"的天平上摇摆，成了我青春期的所有彷徨和忧虑。我不是没有想过留下，也不是没有试图努力，但隐约有更遥远的召唤在吸引着我，于是，更多时候倾向于"走"。我是姥爷生命垂危的时候最后离开北寺巷的，那种生死两茫茫的诀别，萦绕在我离去后的日子里，我于是决定再也不回北寺巷，也再不敢回到北寺巷。"不敢"不是怕别人，是怕自己受不了所有美好记忆的重压。那一刻，我是品味到了"往事不堪回首"的苦了。

1994年夏天我走出北寺巷，不久，姥爷去世。此后十年我有机会回

作者的姥姥周文清（左），姥爷赵丙辰

乡，但我不曾进过姥爷的院子，直到2004年亚妮拍摄《弟弟的歌》，我才带着极其复杂的心情和感受踏进我和姥爷住过的房子里。房子已经易主，各件东西都很熟悉，但是味道变了，我有"恍然隔世"的感觉了。又过了十年，2015年初，我隔墙观望了凋敝的姥爷的房子，这里的邻居多数都已不认识我。北寺巷里有温暖、有欢笑、有伤感、有悔恨，说起它，太多的是莫名的惆怅……

年轻时不懂事，我恃才放旷，桀骜不驯，大有天不怕地不怕的感觉，走出家庭可能也伤害过别人。但回到家里，我怕姥爷。他要强，脾气不好，动辄上火，破口大骂。我虽然很少顶撞他，但我在他的重压下，一直悄悄践行着自己的远走计划。

我是不是世界上对姥爷伤害最深的人？我没有按照他的设计走我的人生，我便是最不肖的孩子吗？在姥爷百年的时候，我的愧疚比过去任何时候都更强烈。

但是，理智的姥爷绝不是仅仅想把我留在身边下。早年他支持他的弟弟远走他乡参加革命，晚年他也有魄力支持我离开大山。记得那时调动受阻需要交教育局三千块钱时，姥爷二话没说就给了我这笔钱。理性地讲，他可以接受我走，但情感上，他舍不得，他骂我最狠的一句话是："你让我没有家了！"

那么大的一片院子，姥爷却说"没有了家"的话。看来，有房子根本算不得家，有希望、有人气、有爱才是家。我决绝的去意，让姥爷受到的伤害有多深？我是年纪越大体会才越真切。

今天弟弟和张基祥老师、小春哥一起张罗这个首映式，我由衷感到欣慰。我想请王熙和主持人弓宇杰代表我鞠三个躬。

第一个，向大银幕上的姥爷鞠躬，表达我深深的歉意、无尽的思念和一生的感激。

第二个，给现场的所有前辈亲人、乡亲、嘉宾、朋友们鞠躬，感谢大家记挂着北寺巷，记挂着红权和他的微电影首映，记挂着远方的我，我是爱故乡的那个游子。

第三个，为苍茫的太行山曾经有过和还将有的生命鞠躬。正是这种生生不息代代传承的爱的延续，使大山有了温度，而我们是其中的一环，微妙着而珍贵着！

春寒北寺巷

——刘红权为姥爷百年诞辰而作

如果姥爷可以活到2016年春天，就满一百岁了。可惜，他抛下我和哥哥已经很多年……姥爷常常出现在我和哥哥的梦里。我们是多么怀念他啊！

白花园，八十五岁，老亲戚：赵丙辰他是一个好人。那时候人家对我家不赖，我叫人家哥。你姥爷他是一个直脾气人，他见不得歪门邪道……

李文林，老街坊：丙辰叔虽然是村里头一般的农民，但是村里头离不了他。他这一生为全村老百姓办了许多好事，群众对他印象挺好。他这人正直，也不讲情面，是啥就是啥，实事求是的一个人。

郝凤鸣，老街坊：我对我们老邻居赵丙辰叔特别尊重的。他这人对人很慈祥善良，对待家庭，对待邻居，对待社会，没有出现违背良心的做法。

赵建明，老亲戚：丙辰公公一生秉性正直，眼里容不得沙子，也不管是什么人，觉得不对马上就给他们纠正批评。

哥哥出生于1965年，那年，姥爷四十九岁。我出生于1969年，那年，姥爷五十三岁。因为母亲双目失明，姥爷收留我们在他这阔大的院子里住。院子里，有一株遮天蔽日的果树，春天，花开的季节，满院香气。入秋，果实累累，带给我的是多么大的快慰呀！每每想起来，这个院子记载着我们快乐的童年……

李文林：我丙辰叔住的院挺大的，北寺巷可以说数人家这个院大。

白花园：那院可红火了，栽一棵小果树。我去了你家，你姥姥可能给我吃小果了。

可是，山里冷，也有春寒的时候，花开了，寒气重新袭来，冻伤了已经开放的花，于是秋天就不会再有果实。那是小院遗憾的日子。我小时候，巷子里还有车马，马车经过时的铃铛声，非常悦耳……

那时全国搞"文革"。据母亲说，巷子里打斗的队伍经常夜间出现。我们的父亲正值盛年，外公叮嘱他："不要去打人。"父亲说："有咱孩哩，我还去做甚哩。"

在那样乱的一个时代，一个乡间普通人家，为了孩子的平安，一家人达成了一种爱的默契：不伤害他人，才有可能不被他人伤害。

刘廷儒，外甥的同学：我和老人是三十年前有过交往。在左权这么一个小县城里，老人也可能经历比较丰富，所以对好多事情他有比较独立的看法。在当时应该是很超前的，这一点上我印象非常深刻。

解玉珍，奶闺女：我的亲生父亲是干革命的，把我送给赵丙辰家。在家里受到保护，奶爹背着自己闹社火……我父亲当年是在太行山干革命工作，因为部队的调动，把我送到北寺巷我奶妈家。全家对我特别特别的好，我奶爹对我更关心。我九岁的时候，已经开始在北街跳小花戏了。过了正月初五、初六就开始排练了，晚上在村公所吃饭。村公所饭不太好，我不爱吃，我都饿肚子。后来每天晚上我奶爹给我送饭。正月十五、十六要表演，从东关到西关那么长一条街，我演一场，我奶爹背我一场。我奶爹给我提着一个小罐子，罐罐里装着点米汤，再拿点干粮。我就跳一场小花戏，奶爹把我背起来给我喝点米汤。他怕我嗓子不好，然后再给我喂点干粮。下一场再去跳，跳完以后再背我。赶到演完节目以后，我在我奶爹背上就睡着了。快解放了，我那时候已经吃上公粮了。领回来公粮以后，我奶爹说，每年咱们领这么多的公粮咱也吃不了咱就不领了。别人就说："赵丙辰你咋这么傻？那么多粮食你不会领回来去卖啊！"我奶爹说："不，我不卖，粮食我也不要。我家粮食够吃，把粮食捐给国家。我不吃那些昧心的。"

赵玉英，二女儿：我父亲在家里对老人很孝顺，一句重话都不说，百依百顺。

郝凤鸣：在一个不知道什么年代，因为过年没有面，吃不起扁食，过年跪下对你太姥姥说："儿子无能，没能给你吃上白面而感到后悔。"

赵玉英：我叔叔赵秉忠为了革命，离开了太行山老家，我父亲同意他走。亲自为弟弟操办了婚礼，送他离开山里，参加革命工作，后来在包头担任公安局长。我父亲对弟弟、妹妹都是尽心尽责的。他的弟弟十七岁就去参军当兵走了，家里留着我的爷爷、奶奶还有两个妹妹，都由我父亲一个人照顾。日本人来侵略，我父亲逃难担上一担，有老的有小的带着。我叔叔到三十几岁回来结婚，没有钱，经济上很困难，我的父亲拿上家里面的东西，借了别人两千块钱，买了些面给我叔叔结过婚。办过婚事以后，剩余的一些钱也给我叔叔带走，让他出去外头好好参加革命工作，放心家里。

李文林：兄弟在呼和浩特也是干政法工作的。1952年，他这兄弟从呼和浩特回来结婚我还去了。我丙辰叔在合作社正干得好，给他搬回三四袋面，吃的拉面。我还给人家拉拉面。结的是东关最漂亮的一个女子，人家二十来岁。那时候他那兄弟已经快三十岁了。

姥爷没有参加革命，但是他支持弟弟走出了太行山，走上了革命道路。而他自己忍辱负重，在北寺巷维持着一个大家庭的正常运行。也经历了在乡下的风风雨雨……

李文林：1945年解放了。冬天，北街就成立了合作社。我丙辰叔一直在合作社工作了十一年还是十二年。当时办起来很起作用，人们日用生活都得去合作社买，油盐酱醋买衣服买鸡蛋都去合作社。合作社搞得挺好，搞了十一年，后来到了1956年以后，小商贩就多了，城关就建了联社。城关联社人家是要年轻人，年轻姑娘站柜台。他回到村里，有文化，能写会算，村里就缺这种人。1958年办食堂，我丙辰叔可以说是食堂的主任，甚也管，吃喝拉撒，筹备食堂不容易啊，全村好几百人在这里吃饭，就是我丙辰叔组织。

赵玉英：我父亲是小队的会计，每天去劳动了以后回来记工、评分。我在三四年级的时候，学习珠算打算盘，我在学校不会，晚上回去很想让我父亲教教我，可是我父亲记工忙，忙得总是到了十点多，十一点他都睡不了。小队会计到1958年，我们村里办的食堂，我父亲是食堂的事务长。我们生产队这个食堂搞得是最好，城三关都要去我们那里开现场会。大队到了1964年弄上磨坊磨面，我父亲就到了磨坊里面了。给看磨，后来还做粉条，还榨油。我父亲都要参加这些工作。后来队上要抽一个人到街上去护路，大队又把我父亲抽调到养护公路，干了有二年多，也是次次开现场会，我父亲都得的奖状。他对工作非常敬业，勤勤恳恳的，从不喊冤。

赵建明：那时候我也回村里干活，村里有磨坊粉坊豆腐坊，这些作坊账务都是丙辰公管。村里的磨坊在县城、邻近县城四五十里远的乡下人也来北街村里磨坊磨面。老人家爱一天辛辛苦苦二十四小时转，也不觉得累。还经常告我们年轻人，人家来磨面要对人家热情一点，要给人家干活。你比如说磨玉茭面，磨上两遍要籤皮，籤皮有的人不会籤，老人家还自己拿着籤箕帮助他们籤皮、筛面。

郝凤鸣：人家在写写画画这方面比较做得好，人家有文化，对会

367

辑外辑 *养育恩深*

计、食堂事务、磨坊财务都是他管。人从表面上看是一个古怪的人，他磨坊经营了那么多年，一般人进去后都怕他。因为啥怕他？一瞧见他的眉眼就觉得怕得不行，不敢见。可是人最慈祥，说话语言不多，但是说得很重。两句话就能把你说住了，就是这一种人。

我们小时候，巷子里住着一个从临汾回来的"右派分子"刘致和。经常挨批斗，但外公和他的关系却很好。姥爷全然不在乎别人的评价，他以老坐地户的资本，和一个"右派分子"保持着亲密的交往。

　　赵建明：刘致和原来在临汾铁路局干活，"文化大革命"因为历史问题就被下放到回村里面了。经常村里面搞运动批斗人家，有的年轻人还打骂人家。可是丙辰公公就不管他是什么人，对人对事还是很善良的，经常和这个老人来往。

　　赵玉英：刘致和他在临汾工作，娶的是临汾的老婆。反右派被撵回来左权来了。大队给他找了一个破驴圈让他在那里居住，生活非常困难。我父亲就对他生活挺照顾，因为从小生活在一块儿也有感情。

我哥记得，每年腊月，刘致和都到我们院子里来，给我们写对子。腊月廿八，贴起来的对联，都是这个"右派分子"的字。

刘致和住在驴圈，如果他的外地老婆不来看他，他就一个人住着，很多不方便，姥爷力所能及地予以帮助。

这样善良的姥爷，老天却没有眷顾他。姥爷姥姥生了两个儿子，一个十四岁夭折了，一个二十七岁夭折了。这两件事，对姥爷打击很大。姥姥去世后，姥爷一个人坚强而孤独地活着……

　　赵建明：在我结婚办喜事的时候，老人家大儿子去世早、二儿子又有病还没有成家，我知道他心里不愉快，我就没有告人家。那天中午到吃饭的时候，老人家就到了。老人家就对我说："建明，成

纪录片《春寒北寺巷》片头

家了……"眼里面还流着眼泪。

李文林：儿子先丧是他一生中的不幸，你没有办法，儿子有病，去世就去世了。1982年我还回去看他，人家是北寺巷最大的年纪。他说了一句甚话？他说："唉，老不死！"

刘红权，外甥：我从盲校毕业回家，姥爷让我在临街的房里开按摩店，又和姥爷住在了一起。大多家务是由姥爷指导，我自己做。比如要吃面条，姥爷会叫我和面，他在旁边辅导，还时不时把洒落的面帮我捏回盆里。面和好了，擀面条也是我的事。他一旁叮嘱，我用心学习。三次之后，我就能顺利干了。和姥爷在一起的日子，我学会了做饭、生火等家务活。

因为在家里开按摩店客人实在太少，我便想离开家，到太原找出路。我盘算："姥爷不让走，该怎么办呢？"一天，我趁姥爷不在家，让人帮我伪造了一封信，大意是："刘红权按摩师，经人推荐，我们了解到你有按摩技术，决定聘请你为按摩师，希望你接受我们的聘请，尽快来我店上班。"这封假的邀请函写好后，我找了个太原寄来的信封，把瓤取去，换上假信，放在桌子上。姥爷回来了，他看到了这封信，同意我上太原发展。

我不知道是我的计策发挥了效力欺骗了姥爷，还是姥爷看穿了我远走他乡的决心放我离家。他识字，信封上有明确的时间，他是会有判断的。他是不想揭穿我，还是真的上当了？我至今都不明白。

　　1994年，病了两年的姥爷弃世而去……

　　如果活着，姥爷到这个春天就整整一百岁了。

　　桃花儿满山红来，杏花儿满山白，过河爬山照你来呀，琴弦拉出了泪；

　　圪台上黄酒香来，檐底下灯笼亮，小果树下花飞扬呀，这岁月难说是长；

　　北寺巷一辈辈来，春寒里暖旧爱，假信你可曾看明白呀？我远走又回来；

　　桃花就为你红来，杏花就为你白，北寺巷里走一圈呀，一圈走了一百岁……

冬殇北寺巷
——为姥姥百年诞辰而作

我在太行小城长到十九岁进学离家，因癌症折磨致很久无法进食的姥姥，执意从炕上爬起来，在众人搀扶下，托着门框满眼老泪目送我远行。那一刻我仿佛意识到，姥姥一生的能量，就是为了把我送出大山。

我出门的时候，天欲明而未明，屋里的灯光将姥姥的病体照射成一个镶嵌在门框里的铿锵剪影，刻印在我记忆深处，成了此后岁月里关于故乡、家园、亲人最深最深的痛！

很多年后，被我带到北京的表妹无意间和我说："要是姥姥能活到今天，也来你家住住，该多好啊！"我没有接话，因为人的一生总有很多遗憾，并永远无法弥补。

给"革命军烈属"的慰问信贴满了墙

妈妈生我的时候，才十七岁。那块成了今天的我的小鲜肉，对从来没有见过光明的妈妈，是个难以掇弄的东西。生怕盲女儿和她的孩子受苦，姥姥留我们在一个院子里住。于是，我在姥姥宽大衣襟下长大，成了她生命里最后的一线希望和晚年所有的精神寄托。

正是因为我的出生，姥姥才成了姥姥。那年，她四十九岁。

姥姥背着我去的最多的地方，是小城外皇母圣圪廊北端的"老姥姥家"。向北出了巷子，左拐经过槐树院、烈士园、育贤学校、孟家大院、狸狗家、四队饲养院、电厂、钞库巷北口、磨坊、王家巷北口，一直西去过了党校门前，下一个长长的大坡，穿过杜大孩家的院子，进一个幽深而静谧小院，这便是姥姥的娘家。小院黑色门框上，挂着一块两个巴掌大的暗黄色底儿的长方木牌，上面竖写着"光荣烈属"四个字。

"老姥姥"的背似乎已经有点驼了，她只一个人住在高高台阶上的北屋，插橡房的外屋零乱而昏暗。我们一般进里屋贴窗的炕上说话。屋外的光让我看清了，炕沿边的墙上贴着一幅画，是《毛主席林彪周恩来》，是我所生长的年代里，这个国家最了不起的人物。除了这幅画，墙上各处贴着的，都是县里、公社或大队每逢新年给"革命军烈属"的慰问信，一般是大红色手工纸上印的金字，庄重里令人生出一种自豪来。

但这自豪背后积聚的是"老姥姥"人生里的多少辛酸呢？或者"老姥姥"压根也不曾因此自豪呢？我太小，都无法体悟。姥姥带我来了，"老姥姥"从外屋竖柜里取出红糖罐，我似乎喝半碗糖水才能再回城去。那时候似乎实在太小了，需要姥姥背着。姥姥也算小脚，虽然她赶上了放脚，一再承认自己的脚"没缠好"，但几个指头已经变形窝在了脚掌上。她背我走远路，走走停停。好在，那时候电磨兴起不久，不少人家的石磨、石碾被淘汰后扔在街门口，所以，行程中的路边上，有两个立着的碾滚，姥姥就着这碾滚把我从她背上放下来，哄我自己往前走几步。

姥姥唯一的兄弟在抗日战争中捐躯，才有了她母亲烈属的身份。皇母圣周家本也小康，居然把唯一的男孩送上了战场。可见，他们的觉悟是有的。但是，我的这位前辈究竟在哪场战役中献身？在已知的材料中，我没有找到答案。

"咱不能卖良心。有我在，就有奶闺女在"

五四运动爆发的时候，姥姥才三岁。那时美国的传教士已经到了太行小城。所以，在姥姥成长的那些年，封闭着的太行小城，已经不是传统封建思想独大的社会了。美国基督教思想温和渗透，本土新一代知识分子崛起而活跃，五四的进取精神和外来的慈善理念，都稀释着固有的传统，影响了那代太行人。我想，生活在那个年代，可能比生活在今天只讲成功的教育环境中，更适合年轻人的成长。

1922年，小城最中心的教堂盖起来了。那年，姥姥六岁，正是适合教育的年纪。再过几年，姥姥上了美国人办的教会学校——育贤女校。当很多年后我在王宁大哥手里获得这张美国教会学校的合影时，试图去寻找姥姥年轻的模样，可惜，我未能找到。

在我幼年时代，姥姥常常和我说："天堂是我家，归家吧，世界无可挂！"直到现在，我也不知道这是不是《圣经》里的话，但却是姥姥挂在嘴上的话。这话，在现世之外，构筑了一个"天堂"，而那里才是人生真正的家！对不对呢？我不知道。

姥姥的父亲和姥爷的父亲都是山里有名望的"匠人"，我见过姥姥收藏的她父亲画的"灯笼画片"。姥姥展示给我的时候，充满了对她父亲的怀念，和对她父亲手艺的赞叹。可惜，这些画片没能保存到今天。

同龄的姥姥、姥爷成亲，是不是因为他们同行父亲约的媒？姥爷的父亲在美国人的教会里干活，姥姥的父亲是不是也在教会干过？我不能知道。定居太原的姥爷的妹妹晚年给我讲，她父亲在日本人入侵小城的时候，在教堂顶上画了美国国旗。她问父亲："为什么要画？"父亲说："看见美国国旗，日本人的飞机就不轰炸了！"

日本人没进山来，一批志士涌入山里做打日本的准备。因为革命工作繁忙颠簸，所以，他们把孩子寄养在老百姓家里。姥姥接受政府安排，把革命干部解之光家刚刚出生十二天的女儿抱在身边视如己出。那会，她应该是一生中最美好的年纪。

日本人来了，还频繁扫荡山城。姥姥、姥爷不得不举家逃难，上面有年长的需要照顾，家什需要肩挑背扛，于是年幼的奶儿成了拖累。知情的乡亲悄悄劝说姥姥："这小闺女又不是你亲生的，给她衣兜里装块石头，咱赶紧跑吧！"姥姥说："不，咱不能卖良心。有我在，就得有咱奶围女在！"估计，就如同后来背着我一样，姥姥背着玉珍姨妈逃出县城，数十里的路，是不是也需要走走停停，一直到东乡深山里的有孙姓亲戚的车上铺村。

姥姥的这段故事，一样滋养了我，使我能既有细节又有感情地创作出六幕小花戏《樱桃树》。这个戏被搬上舞台，大凡现场看过戏的，无不落泪。

死鬼舅舅对给他做鞋的姥姥说："娘，没用了"

姥姥的一生，绝不只是《樱桃树》所表达的那点感动，在她不足七十年的生命历程中，留给我更多的是怅然和悲凉。

在姥姥的信仰体系里，有外来的天堂观，更有本土的"天"的观念。仰望天堂之后，再俯观此生的不顺，姥姥总是无奈地释然道："小人命，天管定。"这里的"天"，绝对不是天堂。"天堂"是来生的快乐所在，而"天"是普通东方百姓费尽力气也挣脱不了的一个固有安排。

姥姥生过两个儿子，都先后夭折。这是她一生中最大的痛。

第一个舅舅的生死在我出生前完成了。据说，这个舅舅非常聪慧，在学校读书，作文常常得到表扬。可是，他才十四岁就得了重病，躺在炕上，看着姥姥做针线活，就问："娘，你给谁做鞋呀？"姥姥回答说："娘给你做。"舅舅说："娘，没用了。"

有一年清明节，姥姥带着我给家里的祖先们上坟。北城背后，先祭奠姥爷的父母，又去姥姥自己父亲的坟上祭拜。这之后，姥姥拉着我去一个过去不曾去的坟地，并叮嘱我说："回去不要告诉你姥爷咱们来过这里。这是你死鬼舅舅的坟。"

姥姥要有多大的坚强，才在姥爷不太主张去的夭亡的孩子坟上祭扫？这个未曾谋面的舅舅在我面前就是挤在北城背后庄稼地里的一座荒芜坟茔，而在姥姥心里，是十四年的日日牵挂和操劳和生死两隔后即使呼天抢地也无法释放的大疼痛啊!

于是,"小人命,天管定。"姥姥只能这么说。

约略到了我四五岁,"老姥姥"去世了。处理完丧事,姥姥就和她的姐姐成了仇人。因为"老姥姥"的房产写在了姥姥姐姐儿子的名下。

姥姥固执地认为自己照顾母亲更见勤勉,理所当然享有参与分配遗产的权利。姥姥还和我说,她姐姐生的孩子多,而她姐姐本人没本事,姥姥不知道替姐姐做过多少针线活。但是,"老姥姥"似乎有遗嘱,这遗嘱又经过了大队干部认定,可以发挥法律效应。但姥姥就是不服气。于是,刚会写很少的字,并且没有任何法律常识的我,就被姥姥鼓励着,伏在家里的小炕桌上,替她写了很多歪歪扭扭的申诉状。

姥姥一次又一次把这些极不规范的状子送到法院。

对姥姥去争皇母圣祖产的事,姥爷的态度不仅不积极,更明确表示不支持。姥爷的理由是:"咱家这么大院子还没有人住,去争那些干什么?"

"这里的人也死光了,你要来独霸财产了去?"

第二个舅舅比我大十来岁,从小有"羊羔疯"病。村里都叫他"疯云云"。姥姥照顾舅舅非常周到,但是疾病对舅舅的智商和口齿都摧残极大。所以,舅舅不仅脑子有点笨,而且说话也不很利索。

舅舅和我一起生活过十几年,"羊羔疯"病不分时间地点在折磨着他。有时,正在端着碗吃着饭,突然眼睛上翻,扔掉饭碗,摔倒在地就哆哆哆地抽了起来,嘴里有"呜呜呜"的无规律的鸣叫,上下牙可能还磨出声响。抽那么几分钟,病过去了,舅舅两眼痴呆,嘴角挂着白沫。

如果这事发生在家里,或者家人在身边,即使对舅舅的病无能为力,还可以力所能及地在舅舅倒地的一瞬间,扶住他,至少暂时没有生命之虞。可是,上学、上地,家人不在身边,舅舅也要抽。那么,试着想想,在那二十多年时间里,姥姥该多揪心!

我小时候,家里经常请各路医生来为舅舅瞧病,舅舅也吃了不知多少

辑外辑 养育恩深

他们开出的药方上的药。但终究无济于事。忽而有人说，舅舅的病和街门圪洞的通透有关。于是，很多年没有的大门隔扇请人重新做了装起来。忽而又有人说，舅舅的病和房前屋后的某棵树有关，于是，树被砍掉了。

但舅舅的病并未因此减轻。我上了高中之后，一段时间，舅舅开始频繁抽搐。一天夜里，我在炕上抱着被病痛折磨着的舅舅，舅舅又抽了起来。我像平时一样，紧紧抓住他的手，搂他在怀里，但在地上站着的姥爷，却突然高喊道："快穿衣裳！快穿衣裳！"

家人一时非常紧张，赶紧把准备好的死时衣裳给舅舅穿上，舅舅咽气了。这年，他二十七岁。

父母健在，舅舅不可能在家里再过一夜。次日，村人就帮助张罗安排好了一切。起灵前，姥爷让我给舅舅扣了个头，姥爷老泪纵横要送这个儿子上路，村人强力劝止，没让姥爷随棺材走出房门。

姥姥在炕上，哭过之后，她和我说："他先我走了，好！"

没几日，姥姥的姐姐在她的邻居们的陪伴下，备着礼品来慰问姥姥。我记得，姥姥在炕上躺着声嘶力竭号啕着骂："这里的人也死光了，你要来独霸财产了去？"

整个被小果树覆盖着的小院，只有姥姥的哭骂声。姥爷是不是呵斥了两句？我没有印象，但姥姥的姐姐一言未发，被数落了半日，悄悄地走了。这肯定是她们姐妹一场后的最后一面。

很坚强的人很可能轻易就被自己的亲人击垮

家里没有风波的时候，很温暖。姥姥的和善是出了名的，从来不曾和邻里红过脸。

每年家里都买一本皇历，在皇历的右上角扎孔拴线，挂在炕头，供全家人使用。姥姥会记住家里每个人的生日，姥爷也标着点什么。我很小，学着他们的样子，也开始读皇历。我对天干地支没兴趣，皇历上的对联、笑话、农业小常识，却很好。一年又一年，那时家里用过的皇历也有一大

刘红庆讲述创作感受

摞了，记载着流年如水。

姥姥有几个针线包袱和几个针线筐箩。包袱里用几本古老的书夹着全家人的鞋样。筐箩里有针头线脑，还有一个小瓶里装着水银，溜溜滚动，闪闪发光，特别好玩。

约略读到初中了，我发现姥姥针线包袱里夹鞋样的是本残缺的《辽州志》，其中不少图是我熟悉的小城的旧景或布局。姥姥用鞋样，我看夹鞋样的书。再长点，我用自己有的但阅读没什么兴趣的《红旗》杂志，换了姥姥的《辽州志》。阅读这本书，成了我研究乡土文化的起点。

在第二个舅舅去世后，姥姥的孩子就只有四个女儿了。于是，家里关于房产的未来归属，几个女儿就各动着心思。最后，我得到的结论是，一个人往往在他的敌人面前表现得英勇顽强，却很可能轻易就被自己的亲人击垮了。

姥姥气出了病，却不声不响不张扬。一年的春节，她和姥爷被房客请去吃饭，我独自在家看书，忘记照顾炉火，结果炉火灭了。姥姥吃饭回来，只好劈柴生火。"啪啪啪"几声之后，一块柴蹦起来打在姥姥脸上，她流了泪。回到房间，姥姥让我看，我似乎看不出明显的伤痕。还以为没什么大事，结果眼睛就此不行了。

家人陪着姥姥到太原看病去了。数日后传回的消息是，眼睛无治，但眼睛失明已经算不得病了，比眼睛失明重要的是查出了她的食道癌。

姥姥在太原看病的这段时间，我独自在家。因为学习任务重，倒也没有更多的慌张。等放化疗结束回到山城，姥姥还给我买了一块布料，不久，让人做成件夹克给我。

好景不长，在我准备高考的那段时间，姥姥吞咽就已经非常艰难。吃一口，吐一口。以致我拿到录取通知书准备外出上学正喜气洋洋的时候，姥姥的病日渐重了。

姥姥去世二十年后，她的四个女儿，又因为争夺房产闹翻了天，终于成了不共戴天的仇人。

两代人，都不缺房子住，却为了房子成了仇人。这是怎样的一种悲哀呢？

我的理想不是做北寺巷赵家大院的新主人

北寺巷赵家的败势大约源自20世纪40年代，当后来成了外贸局办公区的赵家祖院最后一个主人吊死之后，这种颓势就没有挽回过。院子里小果树开花结果一年又一年，院子里的人送走一个又一个。可能姥爷为他的弟弟结婚并送新人远赴东北干革命之后，院子在半个世纪的时间里，就再没进过新人。直到1994年，我在姥姥去世十年后，在院子里娶新。那天，已身患重病的姥爷，哭成个泪人。

做北寺巷赵家大院的新主人，不是我的理想，从来都不是。但是，我不是没有考虑过留在北寺巷的可能性，可外面更多的新鲜事无情地吸引着我离开，而家里除了姥爷的病体再无我留恋的东西了。于是，我选择了出走。

走出北寺巷，我用了三十年的时间做准备。三十年里，姥姥姥爷的呵护与陪伴，是我一生的幸福之源，也是我的疼痛之源。

姥姥的宿命继续到我妈身上。在妈妈病重和去世之后，我告诫自己和家人最多的，就是，我们不能被气死，即使我们活得没有前辈幸福，也不应该再在同一件事上结怨。

姥姥是太行山多元文化的传承者和守护者，她善于学习，勤于劳作。遗憾的是，她有解不开的心结，她的高傲也毁了她……

姥姥十几岁从皇母圣嫁到北寺巷来，就再没有离开。在这里她费尽力气去培育爱，而这些爱在她生前身后纷纷夭折了。还有什么比"辛勤播种爱，最后收获仇恨"更不幸的人生呢？

一代人的仇恨，让我决然离开了姥姥家。而离开北寺巷，我便成了一个有乡无家的游子。很多年里，只有我自己知道，我不停歇地努力做与家乡有关的事情，是在安慰心灵深处无家的创痛。

北寺巷的冬天很冷，很冷的冬天里，夭折了太多的温暖。写《樱桃树》，我把从前的感动献给姥姥；写一切的美好，我把未来的爱献给姥姥。我一直在努力，是想听到姥姥的声音：天堂里不再有仇恨！

如果来生与人无仇，今生何必结怨？

您说对吗，姥姥？